LOGÍSTICA APLICADA

À memória de meus pais.
À minha esposa e
À meus filhos.
A. Novaes

A meus pais, minhas irmãs e meus filhos
A.C. Alvarenga

"*Não há nada mais difícil de manejar, mais perigoso de conduzir ou mais incerto de suceder do que levar adiante a introdução de uma ordem de coisas, pois a inovação tem por inimigos todos os que se deram bem nas condições antigas, e por defensores frágeis todos aqueles que talvez possam se dar bem nas novas.*"
Maquiavel, O Príncipe, 1532

Blucher

ANTONIO CARLOS ALVARENGA
e
ANTONIO GALVÃO N. NOVAES

LOGÍSTICA APLICADA

Suprimento e Distribuição Física

3.ª edição

Logística aplicada
© 2000 Antonio Carlos Alvarenga
         Antonio Galvão N. Novaes
3ª edição – 2000
10ª reimpressão – 2017
Editora Edgard Blücher Ltda.

Blucher

Rua Pedroso Alvarenga, 1245, 4º andar
04531-934 – São Paulo – SP – Brasil
Tel.: 55 11 3078-5366
contato@blucher.com.br
www.blucher.com.br

É proibida a reprodução total ou parcial por quaisquer meios sem autorização escrita da editora.

Todos os direitos reservados pela Editora Edgard Blücher Ltda.

FICHA CATALOGRÁFICA

Alvarenga, Antonio Carlos
    Logística aplicada: suprimento e distribuição física / Antonio Carlos Alvarenga, Antonio Galvão N. Novaes. – 3ª ed. – São Paulo: Blucher, 2000.

    Bibliografia.
    ISBN 978-85-212-0268-4

    1. Logística (organização) 2. Logística empresarial I. Novaes, Antonio Galvão N. II. Título.

05-2776   CDD-658.78

Índices para catálogo sistemático:
1. Logística empresarial: Administração de empresas 658.78

APRESENTAÇÃO

No meio empresarial nunca se falou tanto em logística como agora. Muitos fatores explicam essa tendência. De um lado, a maior preocupação com os custos nas empresas. De outro, como decorrência da maior competição pelo mercado consumidor, a necessidade de garantir prazos de distribuição e oferecer um melhor nível de serviço de forma geral. Também a crescente internacionalização da economia, que leva à busca de condições de comercialização e de operação mais próximas das observadas no exterior. Outros aspectos, tais como a maior diversificação dos produtos, o uso cada vez mais intensivo da informática, o esforço crescente de exportaçao de produtos manufaturados, tudo isso favorece o desenvolvimento das modernas técnicas de logística em nosso País.

Nota-se, no entanto, um hiato entre as necessidades de solução dos problemas logísticos, muitas vezes complexos, e o nível de formação dos técnicos que militam no setor de suprimentos, distribuição e transportes das empresas, salvo, é claro, honrosas exceções. Nas escolas de Engenharia as disciplinas ligadas a Transportes, em nível de graduação, ensinam basicamente os aspectos relacionados ao projeto de vias, já que fazem parte normalmente da área de Engenharia Civil. Na pós-graduação a situação é bem melhor, mas seu alcance é muito limitado por exigir longa e intensa dedicação aos estudos. Nos cursos de Administração de Empresas e Economia, por outro lado, os assuntos ligados aos transportes e a logística são tratados, quando o são, de forma ainda mais superficial.

Falta, por assim dizer, o substrato necessário para que o pessoal do setor entenda, de forma uniforme e adequada, os princípios que orientam o projeto, a implantação e as operações de sistemas logísticos.

Nesse contexto, dois profissionais de formação semelhante, mas de trajetórias diferentes, resolveram escrever, juntos, um livro sobre logística aplicada. Um deles, pesquisador e professor universitário com vários livros técnicos publicados e longa experiência na solução de problemas de Transportes, Logística e Pesquisa Operacional. O outro, profissional de reconhecida competência nas áreas de Logística e Transporte de Mercadorias, com forte atuação na Consultoria especializada e profundo conhecimento da problemática brasileira nessa área. Como o primeiro, também professor universitário e conferencista.

Embora com metodologias diversas, os diagnósticos e as soluções desenvolvidos por ambos se aproximam muito em conteúdo e em seus resultados. A preocupação com a clareza e a simplicidade, de outro lado, também é um fator comum aos dois. O entrosamento, por isso, foi natural.

A finalidade básica do texto é então a de apresentar conceitos, técnicas e soluções na área de Logística que sejam diretamente úteis para empresários, administradores de empresas e operadores de transportes. De outro lado, o livro pode ser usado como texto introdutório nos cursos de Engenharia e Administração de Empresas. Trata-se de uma obra prática e diretamente voltada àqueles que militam ou desejam militar no setor. Apesar da linguagem simples e direta, e da ausência da preocupação com rigorismos acadêmicos, ainda assim os autores se preocuparam com os conceitos e com a atualização do ferramental metodológico.

Esperamos, portanto, que, ao apoiarmos a edição deste livro, estaremos contribuindo com a divulgação dos conceitos da Logística Aplicada, propiciando que um maior número de empresas possa usufruir deste ferramental técnico e científico.

Pedro Luiz do Oliveira Costa Neto

SOBRE OS AUTORES

Antonio G. N. Novaes, Engenheiro Naval, formado na Escola Politécnica da USP. Mestrado em Transportes Marítimos pelo Massachusetts Institute of Technology. Doutor em Pesquisa Operacional pela Escola Politécnica da USP. Professor Titular de Transporte e Logística na Escola Politécnica da USP até 1991. Hoje é Professor Titular na Universidade Federal de Santa Catarina. Consultor de empresas e de órgãos públicos. Autor de 8 livros.

Antonio Carlos Alvarenga, Engenheiro de Produção pela Escola Politécnica da USP. Pós-graduado em Pesquisa Operacional pela Escola Politécnica da USP. Foi Professor de Logística na Fundação Getúlio Vargas, na Fundação Armando Álvares Penteado (FAAP), na Fundação Carlos Alberto Vanzolini (POLI-USP). Atuou como profissional na área de logística nas empresas Copersucar, Itau Planejamento e Engenharia (ITAUPLAN), TNT, Duratex, Alcan Alumínio do Brasil e Eldorado-Veríssimo — Indústria Atacado e Varejo. Presidente da Alvarenga & Associados, Consultoria em Logística. Desenvolveu parcerias com Arthur Andersen, Andersen Consulting, Arthur D. Little, Booz Allen, Boucinhas e Campos, A. T. Kearney. Participou da criação de diversos Operadores Logísticos no Brasil.

CONTEÚDO

Parte I — CONHECIMENTOS GERAIS

1 OS SETE CONHECIMENTOS BÁSICOS. 2
1 - O processo iterativo de avanço. 2
2 - Noções sobre custo. 3
- a) Custos diretos e indiretos 4
- b) Custo fixo e custo variável 4
- c) Custo médio 5
- d) Custo marginal. 5

Custo e nível de serviço 7

3 - Classificação ABC (Lei de Pareto). 8
A classificação ABC no controle de estoques 8
A classificação ABC na empresa 9
A classificação ABC na prática 9
Um exemplo 10
Como usar a classificação ABC 13

4 - Rudimentos de estatística. 14
Média e desvio padrão da distribuição normal 14
Uso prático da média e do desvio padrão 16
Distribuição normal composta 18

5 - Custo do capital. 20
Valor do dinheiro no tempo 20
Equivalência financeira 22
Diagrama de fluxo de caixa 22
Juros simples e compostos 23
Valor presente 26
Custo do capital 27

6 - Decisão em grupo: método Delphi. 30
Caráter multidisciplinar dos problemas logísticos 30
O método Delphi 30
Um exemplo 31

7 - O enfoque sistêmico. 36
Logística e sistemas 36
Sete características importantes dos sistemas 37

*(1) O sistema é formado por componentes que interagem. 38
(2) Quando o sistema está otimizado, os componentes também o estão. 38
(3) Todo sistema tem pelo menos um objetivo. 39
(4) A avaliação do desempenho de um sistema exige medida(s)
     de rendimento. 39
(5) Sistemas criados pelo homem requerem planejamento. 40
(6) A manutenção do nível de desempenho requer controle
     permanente. 40
(7) Interação do sistema com o ambiente. 41*
Estudos de alternativas 41

Parte II — O SISTEMA INDUSTRIAL E A REDE LOGÍSTICA

2 - O SISTEMA INDUSTRIAL. 44
CONTORNOS DO SISTEMA. 44
A EVOLUÇÃO DINÂMICA DOS PROJETOS SISTÊMICOS. 44
AMBIENTE DO SISTEMA INDUSTRIAL. 44
LOGÍSTICA DE DISTRIBUIÇÃO E MARKETING. 46
LOGÍSTICA DE SUPRIMENTO. 47
A LOGÍSTICA NO SISTEMA INDUSTRIAL. 47
A LOGÍSTICA NOS DIVERSOS TIPOS DE EMPRESA. 48
RESOLVENDO OS CONFLITOS ENTRE MARKETING E LOGÍSTICA. 49
GERÊNCIA DE DISTRIBUIÇÃO NO BRASIL. 50

3 - DESENHANDO A REDE LOGÍSTICA.. 51
A REDE LOGÍSTICA. 51
O PAPEL DE INTERMEDIAÇÃO DO SETOR DE LOGÍSTICA. 51
**UTILIZANDO A REDE LOGÍSTICA PARA A OBTENÇÃO
DA SOLUÇÃO DE CONSENSO.** 52
REDE DE SUPRIMENTO E REDE DE DISTRIBUIÇÃO FÍSICA. 52
    Desenho da Rede de Suprimento 53
    Desenho da Rede de Distribuição 54
    Exemplos de desenho de rede logística 55

4 - COMPLETANDO E RACIONALIZANDO A REDE LOGÍSTICA. 61
PROCEDIMENTOS BÁSICOS. 61
    a) Inserção dos fluxos unitários. 61
    b) Incorporação do nível de serviço. 62
    c) Custos logísticos. 62
    d) Análise de consistência da rede. 62

EXEMPLO 1:	REDE DE DISTRIBUIÇÃO DE UMA INDÚSTRIA DE CALÇADOS.	63
EXEMPLO 2:	REDE DE SUPRIMENTO DE UMA INDÚSTRIA DE CALÇADOS E DE TECIDOS.	70
EXEMPLO 3:	REDE DE DISTRIBUIÇÃO REGIONAL DE UMA INDÚSTRIA DE PRODUTOS ALIMENTÍCIOS.	74

Parte III — RESOLVENDO PROBLEMAS LOGÍSTICOS

5 - O SUBSISTEMA TRANSPORTE. 80
- ANALISANDO O TRANSPORTE A PARTIR DA REDE. 80
- MODALIDADES DE TRANSPORTE. 80
  - *a) Modo rodoviário.* 82
  - *b) Modo ferroviário.* 82
  - *c) Modo marítimo de cabotagem.* 83
  - *d) Modo aéreo.* 84
- EXPLORANDO AS MODALIDADES. 85
- TRANSFERÊNCIA E DISTRIBUIÇÃO. 85
- O TRANSPORTE E O MEIO EXTERNO. 88
  - *a) Atrasos na viagem.* 88
  - *b) Oscilações nos prazos de entrega.* 88
  - *c) Políticas de estoque.* 89
  - *d) Avárias na carga e na descarga.* 89
  - *e) Necessidade de equipamentos especiais para carga e descarga.* 89
- OBJETIVOS DO SUBSISTEMA TRANSPORTE. 90
- MEDIDA DE RENDIMENTO. 90
- PLANEJANDO O SUBSISTEMA TRANSPORTE. 92
- CUSTOS DE TRANSPORTE. 94
  - *a) Custos diretos e indiretos.* 94
  - *b) Custos variáveis.* 94
  - *c) Custos fixos.* 96
- PLANILHA DE CUSTOS. 98
  - *a) Planilha de custos para frota própria.* 98
  - *b) Planilha de custos para negociação de frete.* 103

6 - RENOVAÇÃO DA FROTA E DE EQUIPAMENTOS. 106
- FATORES QUE INFLUEM NA VIDA ÚTIL. 106
- UM MODELO SIMPLIFICADO DE RENOVAÇÃO. 107
- MODELO CLÁSSICO DE RENOVAÇÃO. 111
- ANÁLISE DE SENSIBILIDADE. 115

7 - DEPÓSITOS E ARMAZÉNS. 120
- FUNÇÕES DE UM DEPÓSITO OU ARMAZÉM. 121
- O DEPÓSITO VISTO COMO UM SISTEMA. 121
- RECEBIMENTO DA MERCADORIA NO ARMAZÉM. 124
- PARÂMETROS RELACIONADOS COM O MANUSEIO DA CARGA. 124
- DOCA PARA RECEBIMENTO OU DESPACHO DE MERCADORIAS. 127
- INTEGRAÇÃO DO RECEBIMENTO E DO DESPACHO. 138
- LAYOUT DAS ÁREAS DE RECEBIMENTO E EXPEDIÇÃO. 138
- O PROCESSO DE DESCARGA DOS VEÍCULOS. 141

8 - ARMAZENAGEM DE PRODUTOS. 143
- NÍVEIS DE ESTOQUE. 143
- ESPAÇO FÍSICO PARA ARMAZENAGEM. 153
- ARRANJO DOS DIVERSOS PRODUTOS NO ARMAZÉM. 157
- FORMAS DE MOVIMENTAÇÃO E ARMAZENAGEM. 161
- FORMAS DE ARMAZENAGEM. 165

9 - DISTRIBUIÇÃO FÍSICA DE PRODUTOS. 167
- A DISTRIBUIÇÃO FÍSICA HOJE. 167
- NÚMERO DE ZONAS, PERIODICIDADE E FROTA NECESSÁRIA. 168
- DISTÂNCIA PERCORRIDA E TEMPO DE CICLO. 170
- COLETA E DISTRIBUIÇÃO. 174
- PRAZOS. 175
- CUSTO E NÍVEL DE SERVIÇO NAS TRANSFERÊNCIAS. 176
- DIMENSIONAMENTO DE UMA FROTA DE DISTRIBUIÇÃO: UM EXEMPLO. 178
- ROTEIRIZAÇÃO DE VEÍCULOS. 183

10 - APÊNDICES. 187
- A — CÁLCULO DO DESVIO PADRÃO DE UMA AMOSTRA DE VALORES. 187
- B — RELAÇÃO ENTRE DESVIO MÉDIO E DESVIO PADRÃO NUMA DISTRIBUIÇÃO NORMAL. 188
- C — ELEMENTOS DE MATEMÁTICA FINANCEIRA. 190

REFERÊNCIAS BIBLIOGRÁFICAS. 194

INTRODUÇÃO

Para que o profissional de Logística possa desempenhar bem suas atividades, é necessário que domine razoavelmente certos conceitos básicos, bem como algumas técnicas quantitativas elementares e alguns princípios de análise empresarial. O leitor perceberá que os conhecimentos básicos necessários são, na realidade, quase que cem por cento bom senso, associado a uma postura metódica e organizada. Procuramos incluir neste texto apenas os pontos que consideramos essenciais para o desempenho prático das atividades relacionadas com a Logística. Quando o assunto tratado requerer um tratamento mais sofisticado, ou quando consideramos conveniente fornecer informações complementares para aqueles que desejam se aprofundar um pouco mais, remeteremos o leitor aos apêndices do livro, onde são apresentadas certas técnicas com seu desenvolvimento analítico. Aos que desejam tão-somente um conhecimento básico, basta ler os capítulos do livro sem se preocupar com os apêndices. Deve ser lembrado que a Logística é um campo muito vasto, que incorpora de maneira integrada diversas áreas técnicas. Assim, é mais sensato ir se aprofundando aos poucos, em níveis sucessivos de conhecimento, adequando o aprendizado às necessidades da vida profissional.

Parte I
CONHECIMENTOS GERAIS

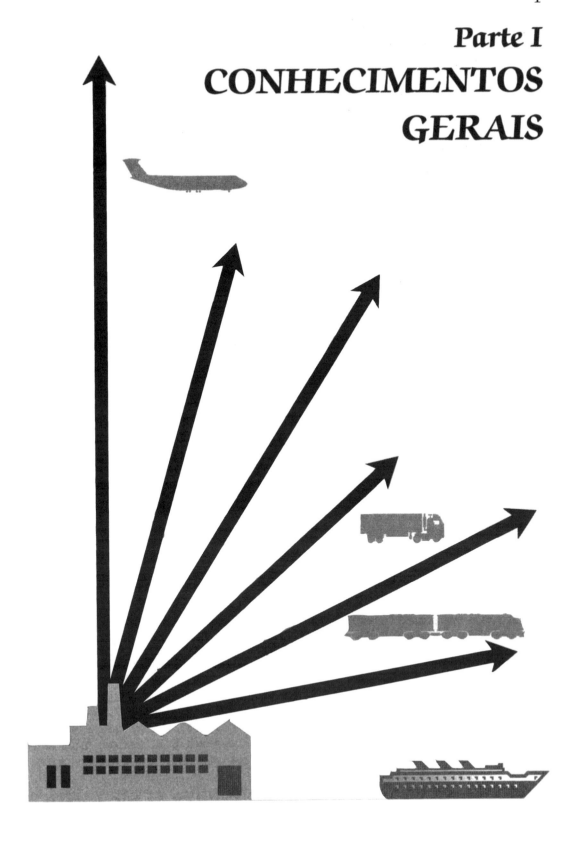

1 OS SETE CONHECIMENTOS BÁSICOS

Sete tipos de conhecimento básico ou de técnicas quantitativas consideramos fundamentais para um bom desempenho profissional do homem de Logística:

1. O Processo iterativo de avanço.
2. Noções sobre custos.
3. A classificação ABC: (Lei de Pareto)
4. Rudimentos de estatística
5. Custo do capital
6. Decisão em grupo (método Delphi)
7. O enfoque sistêmico

Neste capítulo, vamos analisar todos os sete itens listados. Na parte III do texto, voltaremos a abordar esses sete pontos básicos, como ferramentas de trabalho nas análises e na solução dos diversos exemplos práticos de logística.

1. O PROCESSO ITERATIVO DE AVANÇO

O conhecimento humano tem se desenvolvido e progredido, seguindo o processo iterativo (em japonês, *kaizen*), de tentativa e erro. Se um determinado processo está, num certo momento, no ponto A da Fig 1.1, e improvável que se chegue à meta ideal B, caminhando ao longo de uma linha reta. Quase certamente, o processo seguirá linhas sinuosas, convergentes, que vão se aproximando do ideal, sem nunca atingi-lo de forma absoluta.

Como é que se processa esse avanço convergente na empresa? As pressões dos demais setores da organização, dos superiores, dos subordinados e do ambiente externo fazem com que nos concentremos na análise do problema, identificando os fatores relevantes e levando-nos a um posicionamento. Assim, *sabemos* onde estamos, naquele momento. Buscamos, então, alternativas de ação e escolhemos aquela que permita o maior avanço com o menor uso de recursos. Vão se cortando as gorduras do sistema, passa-se a analisar o processo a um nível de resolução cada vez maior (peneira mais fina, a cada volta), a eficiência melhora e os custos caem.

Mas será sempre assim, com ganhos sempre crescentes, a evolução natural do desenvolvimento das empresas? Na realidade, chegamos, muitas vezes, a estágios de estagnação e rotina, quando parece prevalecer a monotonia e o desconsolo. As pessoas maduras e profissionalmente desenvolvidas sabem, no entanto, que mais cedo ou mais tarde virá uma fase de transição, seguida de um novo avanço. Os sistemas eletrônicos, por exemplo, utilizaram as anacrônicas válvulas por anos e anos. De repente, o transistor entrou no

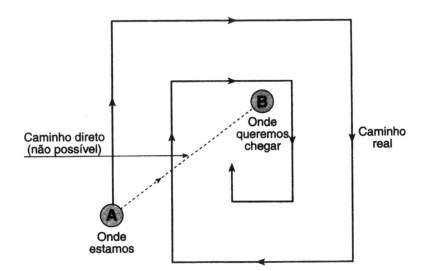

Figura 1.1 — O processo iterativo de avanço

mercado e mudou tudo. Algum tempo depois, veio o *chip* eletrônico e revolucionou tudo de novo. Seguindo um *script* menos dramático, mas ainda assim obedecendo aos mesmos princípios básicos, as empresas evoluem, transformando-se, crescendo, diversificando ou... morrendo, como tudo na vida.

Nas organizações, é comum se observar indivíduos ansiosos, que buscam desesperadamente o ótimo sem, contudo, definir, de início, os objetivos finais de sua luta (sua meta). Em Logística, esse tipo de pessoa tenta implantar novos *softwares*, adquire equipamento, desenvolve complicados estudos, num desespero para resolver todos os problemas que se lhe apresentam à frente. E, muitas vezes, continua sem resolvê-los ou, o que é pior, continua sem saber quais são os problemas reais que afligem suas empresas.

Esse tipo de ansiedade é nocivo, porque procura substituir a perplexidade diante de um problema por uma ação sem sentido, que só gasta energia e dinheiro, sem levar a soluções práticas reais. A substituição da ansiedade por um enfoque racional e iterativo, a partir da definição clara de objetivos, é a atitude correta. Os orientais sabem bem disso.

É preciso, portanto, que o profissional de Logística incorpore às suas atividades essa postura pragmática, de avanço contínuo, mas cauteloso, procurando tirar sempre lições das experiências anteriores e incorporando os resultados da análise no planejamento dos avanços futuros.

2. NOÇÕES SOBRE CUSTOS

O custo constitui a soma dos insumos (mão-de-obra, energia, materiais diversos, equipamentos, instalações fixas, etc.) necessários para realizar um determinado serviço ou operação, avaliados monetariamente.

Dependendo da maneira como é calculado, da sua composição e de outros fatores, pode-se definir diversos tipos de custo, cujos conceitos são importantes para a solução de problemas logísticos.

a) Custos diretos e indiretos

Toda indústria ou empresa de serviços apresenta certos tipos de insumo diretamente alocados às atividades produtivas. Há, por outro lado, certas despesas que estão relacionadas com a empresa no seu todo, sendo comuns a diversos setores produtivos.

Por exemplo, os motoristas de veículos de distribuição, o combustível gasto, o custo de capital dos próprios caminhões, etc. são itens diretamente alocáveis à produção do setor logístico. Já os setores de contabilidade, de vendas e de recursos humanos são relacionados com a empresa no seu todo. As despesas geradas pelo primeiro tipo de insumo são denominadas de **custos diretos**; as do segundo tipo formam os **custos indiretos**.

A divisão percentual dos custos em diretos e indiretos vai depender do ramo de atividades da empresa e de outros fatores. De uma forma geral, os custos diretos no setor industrial chegam a cerca de 80 a 85% do total, com os indiretos cobrindo os restantes 20 a 15%.

b) Custo fixo e custo variável

Os custos se relacionam com diversas variáveis operacionais, mas normalmente uma se destaca em relação às outras. Por exemplo, o custo do transporte rodoviário de carga se relaciona fortemente com a **distância percorrida** (quanto mais longe, mais caro será o transporte) e com o **tempo de viagem** (quanto mais demorada a viagem, mais caro o custo). Assim, as despesas com combustível estão fortemente correlacionadas com a distância; o salário do motorista, por sua vez, está relacionado com o tempo.

Normalmente se observa, no entanto, que uma das variáveis predomina em relação às outras. No caso do transporte rodoviário de carga, a quilometragem percorrida, ou seja, a distância, explica mais os custos do que o tempo de viagem. Além disso, o tempo de viagem e a distância percorrida estão fortemente correlacionados entre si, ou seja, quando a distância é longa o tempo também é longo, e vice-versa. Por isso, podemos tomar a distância ou **quilometragem percorrida** como variável básica de referência.

Uma vez escolhida a variável que melhor explique as variações de custo, as despesas diretas poderão ser classificadas em dois grupos. Existem aquelas que praticamente não dependem da variável explicativa. Essas formam os **custos fixos**. As que variam diretamente com a variável explicativa são denominadas de **custos variáveis**.

No caso do transporte rodoviário de carga, o custo de combustível e as despesas com pneus, por exemplo, variam diretamente com a quilometragem, e por isto são *custos variáveis*. O custo de capital e o seguro do veículo, por outro lado, não variam com a quilometragem percorrida, sendo então *custos fixos*.

Deve-se notar que nem sempre a diferenciação entre custos fixos e variáveis se refere à quilometragem percorrida. Tudo depende da modalidade de transporte e do tipo de serviço oferecido. Por exemplo, os custos operacionais de navios e de aviões costumam ser referidos ao tempo da viagem, e não à distância percorrida. Temos, então, certas despesas que não variam com o tempo de viagem (custo de capital, por exemplo) e outros insumos que variam com o tempo (combustível, por exemplo). Para aviões, é comum determinar os custos variáveis por hora de vôo; para os navios, é comum tomá-los com base num dia de viagem.

c) Custo médio

Suponhamos que o setor de distribuição física de uma certa empresa realize um esforço médio de entregas de K veículos-km por mês. Seja C_f o custo fixo mensal e C_v o custo variável, em R$ por quilômetro rodado.

O custo médio, por km, é dado pela divisão do custo global pela quilometragem, ou seja:

$$C = \frac{C_f + C_v \cdot K}{K} = \frac{C_f}{K} + C_v$$

É importante notar que, sendo K um valor estimativo, baseado quase sempre em previsões, no fim de um certo período de tempo poderemos ter um custo médio real bem acima do projetado, sempre que a produção K seja menor que a prevista. Essa situação é tanto mais grave quanto maior for a participação das despesas fixas no custo global e ilustra a necessidade de se fazer projeções realistas, bem como de se ter um sistema de custos ágil, de resposta rápida.

d) Custo marginal

Retomando o exemplo do sistema de distribuição acima, com custo fixo C_f, custo variavel C_v e produção K, o custo mensal total, num caso geral, sera dado por uma curva, do tipo mostrado na Fig. 1.2.

Dependendo das condições operacionais da empresa, a concavidade da curva pode estar voltada para baixo ou para cima. O primeiro caso geralmente ocorre quando se tem capacidade ociosa. Assim, quando se produz mais, o custo adicional desse incremento na produção é relativamente pequeno. Há também a chamada **economia de escala**, que corresponde a uma maior diluição dos custos fixos.

Suponhamos que a empresa está operando no ponto A da curva, com uma produção

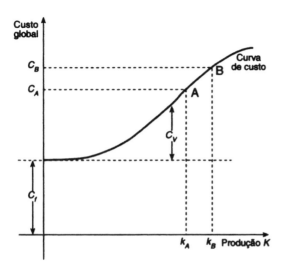

Figura 1.2 — Variação do custo de transporte com o nível de produção

mensal K_A e um custo global C_A. Suponhamos agora que a empresa incremente sua produção, levando a um nível K_B um pouco maior do que o nível anterior K_A. O custo passará do valor C_A para o valor C_B.

Denominamos **custo marginal** a relação entre a diferença de custo e a diferença de produção:

$$C_m = \frac{C_B - C_A}{K_B - K_A}$$

O significado operacional do custo marginal é o seguinte: dependendo da capacidade ociosa do sistema em causa, pode ser conveniente para a empresa fixar o frete, tomando como base não o custo médio, mas sim o custo marginal. Vamos ilustrar esse raciocínio através de um exemplo.

Uma empresa de transportes faz uma viagem regular entre os pontos A e B, com os caminhões voltando vazios de B para A. Vamos representar a distância entre A e B por d. Suponhamos agora que apareça um cliente com uma carga de retorno, com origem num ponto C, perto de B, e destinada ao ponto A (Fig. 1.3). Vamos supor que a distância entre B e C seja x, e a distância entre C e A seja y.

Antes, o caminhão percorria, ida e volta, uma distância $2*d$ para executar uma viagem completa. Para trazer a carga de retorno, fará um percurso total igual a $d + x + y$.

O acréscimo de percurso será, então:

$$a = (d + x + y) - 2 \cdot d = x + y - d$$

Qual será então o custo marginal? Será, no caso, o custo variável adicional e mais o custo extra para carregar e descarregar a carga de retorno. Ou seja, sendo C_v o custo variável (R$/km), o custo marginal seria:

$$C_m = C_v * a + (\text{custo carregar em } C) + (\text{custo descarregar em } A)$$

Nesse cálculo não entra o custo fixo, e mesmo o custo variável só é calculado em relação à distância adicional. É claro que, havendo capacidade ociosa, o custo marginal é significativamente menor do que o custo médio normal. O frete, nesse caso, deve cobrir o custo marginal e propiciar uma margem adequada de lucro.

No Cap. 5, voltaremos a abordar aspectos ligados aos custos do transporte rodoviário.

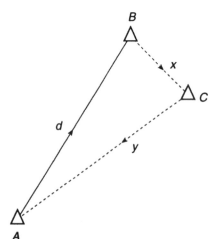

Figura 1.3 — Custo marginal — transporte de carga de retorno

Custo e nível de serviço

Conforme será visto mais adiante neste texto, denominamos de nível de serviço o conjunto de variáveis que traduzem o desempenho do sistema logístico. Por exemplo, é comum medir o nível de serviço através do prazo de entrega do produto, porcentagem de avarias, número e tipo de reclamações, etc.

Em geral, quando desejamos melhorar o nível de serviço, é natural que esperemos custos mais elevados. Ou seja, para uma melhoria de padrão, é de se esperar um acréscimo correspondente aos custos.

No caso brasileiro, no entanto, encontramos com uma certa freqüência situações operacionais não otimizadas, com custos relativamente altos. Ao se aplicar o enfoque sistêmico (Cap. 1, item 7) a solução do problema, muitas vezes ocorre uma situação inversa, com redução de custos ao mesmo tempo em que se melhora o nível do serviço. Como isso ocorre?

Na Fig. 1.4 é mostrada a variação dos custos com o nível de serviço. Num certo momento, a curva 1 representa a situação da empresa antes da reestruturação logística. Para essa situação (curva 1), o nível de serviço era N, com um custo logístico C_P.

É realizado então um esforço organizado no sentido de melhorar a operação do sistema, passando a um nível de serviço N', mais aprimorado. Se o esquema operacional vigente na empresa fosse mantido, o novo nível de serviço N' seria alcançado com um custo logístico C_Q, maior do que o valor anterior C_P (Fig. 1.4).

No entanto, a aplicação criteriosa do enfoque sistêmico leva quase sempre a uma melhor utilização dos recursos disponíveis. Uma vez realizadas as melhorias identificadas por meio da abordagem sistêmica, a curva de custo tende a se deslocar para baixo (custos menores). A empresa passaria a operar, então, ao longo da curva 2, Fig. 1.4.

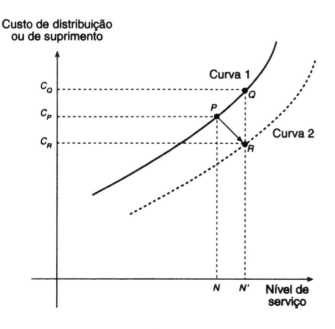

Figura 1.4 — Ganhos possíveis através do enfoque sistêmico

Nessas condições, é perfeitamente possível conseguir um custo logístico C_R, menor que o valor inicial C_P (vide Fig. 1.4), e com um nível de serviço N' melhor que o nível anterior N. Obteríamos, assim, uma melhoria no nível de serviço, ao mesmo tempo em que conseguiríamos uma redução nos custos logísticos.

Para se obter esse tipo de resultado, é necessário aplicar seriamente o enfoque sistêmico ao problema. Para sistemas já otimizados, no entanto, nem sempre se consegue uma nova curva, do tipo 2, com valores de custo inferiores ao da curva 1. Na situação brasileira, no entanto, a primeira condição ocorre com bastante freqüência, produzindo um benefício duplo para a empresa: melhoria do nível de serviço e, ao mesmo tempo, redução dos custos logísticos.

3. A CLASSIFICAÇÃO ABC (Lei de Pareto)

A maior parte das atividades empresariais, que lida com grande número de pessoas ou de itens de material, apresenta comportamento típico no que se refere ao confronto entre *valor*, de um lado, e *quantidade*, de outro. Por exemplo, considere as contas correntes de uma determinada agência bancária. Se fizermos uma análise estatística dessas contas, quase que invariavelmente iremos observar:

- um pequeno grupo de correntistas é responsável pela maior parte do dinheiro em carteira (são os correntistas com muito dinheiro na conta corrente);
- um grande número de correntistas representa, somados seus ativos, uma fração pequena do montante global (são as contas populares, pouco expressivas);
- finalmente, há um grupo intermediário que não se enquadra na primeira categoria, tampouco na segunda.

É claro que o banco, se quiser apresentar um serviço diferenciado, procurará identificar os três grupos, atendendo-os de forma diversa. O primeiro grupo (os correntistas com saldo médio elevado) constitui a categoria A, que deve receber tratamento especial.

O segundo grupo, constituído por um grande número de pequenos clientes, constitui a categoria C. Alguns bancos chegam mesmo a encerrar os serviços (fechamento da conta corrente) de clientes desse tipo.

Finalmente, o grupo intermediário, que não deve ser distinguido com um tratamento classe A, mas que tampouco deve ser descartado, constituirá a categoria B.

A classificação ABC no controle de estoques

Nas empresas é comum o emprego da classificação ABC no controle de estoques. É claro que não se pode tratar a reposição de um item de valor elevado com o mesmo critério que se adota para repor pregos no almoxarifado. Se isso ocorresse, ou o custo seria excessivo (no caso de procedermos uniformemente, tomando como referência os itens de valor mais elevado) ou o resultado final seria catastrófico (no caso de controlar os estoques como se tudo tivesse a importância de um prego). O tratamento através da classificação ABC permite, então, a escolha dos procedimentos mais adequados para cada categoria.

Em Logística, no entanto, o emprego da classificação ABC é bem mais amplo, não se aplicando unicamente ao controle de estoques. De fato, a complexidade dos problemas e o grande número de fatores e itens de natureza diversa obrigam, geralmente, a um tratamento diferenciado, com ênfase naqueles mais importantes.

A classificação ABC na empresa

Se considerarmos uma empresa típica, notaremos que:

(a) Poucos clientes participam muito no faturamento, nas vendas dos produtos; um grupo grande de clientes participa pouco no faturamento, vendas, etc.

(b) Poucos municípios, estados, regiões participam muito no faturamento; muitos municípios, estados, regiões participam pouco no faturamento.

(c) No caso de produção bastante diversificada, poucos produtos participam expressivamente do faturamento, enquanto muitos participam pouco do faturamento.

(d) No suprimento de matéria-prima e de insumos em geral, também observamos que um número pequeno de itens apresenta custo de aquisição muito elevado, enquanto muitos itens apresentam valor global pouco expressivo.

(e) Ao observarmos um caminhão carregado com produtos diversificados, ao sair de um depósito, iremos constatar com freqüência que poucos itens participam muito do peso ou volume do veículo, enquanto outros itens, em grande quantidade, participam pouco.

(f) Dentro de um armazém, notamos o mesmo fenômeno quanto à utilização de recursos diversos: poucos produtos, clientes, etc. utilizam muito tempo empilhadeiras, mão-de-obra, etc., enquanto muitos produtos, clientes, etc. utilizam pouco dos mesmos recursos.

Há uma regra prática que diz que 20% dos itens participam em 80% dos recursos. Essa regra vem do trabalho original de Pareto, economista italiano que viveu no século passado e que foi o primeiro a analisar esse tipo de fenômeno. Não se recomenda utilizar essa regra indiscriminadamente, porque cada caso é um caso, sendo mais conveniente e correto definir os pontos de corte entre as classes A, B e C por meio do levantamento e análise de dados reais.

A classificação ABC na prática

Na vida profissional e pessoal, utilizamos com freqüência o conceito de classificação ABC. O leitor, por exemplo, vai fazer um orçamento para as despesas do mês entrante e começa sempre pelos itens principais, que merecem um tratamento específico: aluguel da casa, escola particular dos filhos, prestação do consórcio do carro novo, etc. Essas despesas pertencem à categoria A. Depois aparecem certas despesas importantes, mas que podem ser estimadas grosso modo: supermercado, x R$ por mês; feira, y R$ por mês; gasolina, etc. São as despesas do grupo B. Finalmente, aparece um conjunto de despesas que não merecem ser destacadas individualmente. Essas você denomina de outras e arbitra uma porcentagem z da soma das demais. Esse grupo denominamos de classe C.

As pessoas fazem isso naturalmente no dia-a-dia, em casa e no trabalho. Por exemplo, a área de vendas cria naturalmente um grupo de produtos mais importantes, preferenciais, em função do faturamento, tipo de clientela, etc. É a classe A.

Aparece também a categoria B e, lá embaixo, em termos de importância, os produtos de pouco interesse (classe C). Já a manufatura (produção) faz sua classificação em função da complexidade da fabricação, uso de mão-de-obra, etc., gerando suas classes A, B e C próprias. É uma questão de sensibilidade e bom senso identificar esses três grupos.

Note que, ao escrever este livro, optamos por dar exemplos de transporte rodoviário. Isso porque, considerando os fluxos de carga hoje transportados no Brasil, cerca de 70% é deslocado em caminhões. Muito embora a ferrovia, a hidrovia e o transporte aéreo sejam importantes, damos ênfase ao rodoviário porque, segundo uma classificação ABC, ele ocupa o grupo A, sozinho.

UM EXEMPLO

Vamos explicar o processo de separar itens em classes A, B e C, por meio de um exemplo. Uma certa empresa industrial, com fábrica em São Paulo, envia seus produtos para 47 municípios paulistas. O faturamento mensal da indústria, em cada um dos municípios, é fornecido no Quadro 1.1. Observe que os dados são fornecidos por região geográfica, sem preocupação com os volumes faturados.

A primeira coisa a fazer será ordenar as praças na seqüência decrescente de faturamento, começando então por Campinas [faturamento (R$ 1.000,00) 79,04 por mês], e terminando com Balbinos, na região de Bauru, que apresenta um resultado de apenas (R$ 1.000,00) 0,14 por mês. No Quadro 1.2, são apresentados os municípios já ordenados, com os respectivos faturamentos. Somando-se os faturamentos das 47 praças, obtém-se o total de (R$ 1.000,00) 340,85 por mês.

Tiramos agora as porcentagens do faturamento total correspondente a cada praça. Campinas participa com 23,17% e Balbinos com apenas 0,04% do faturamento global. Na última coluna do Quadro 1.2, são apresentadas as porcentagens acumuladas.

Na coluna(3), calculamos também as freqüências acumuladas de ocorrência dos diversos itens (porcentagens). Essa porcentagem acumulada nada mais é do que o número de ordem do item (praça, no nosso caso) dividido pelo número total de itens (47 no caso), e multiplicado por 100. Exemplo: a porcentagem acumulada da praça 12, Barretos, e dada por 12 × 100/47 = 25,53% (vide Quadro 1.2, coluna 3).

Para se determinar os pontos de corte entre classes A e B, e entre classes B e C, não existe uma regra absoluta. Cada profissional utiliza uma regra prática própria, que se apóia no bom senso e na experiência. Uma regra prática para escolher o ponto de transição entre as classes A e B é observar as porcentagens acumuladas do faturamento na seqüência (coluna 6, Quadro 1.2), parando quando houver uma mudança clara no grau de participação. Por exemplo, do item 10 em diante, no Quadro 1.2, as porcentagens já são menores que 4,0%. Então, podemos considerar como classe A as praças de 1 a 9. Assim, cerca de 71% do faturamento total da indústria é representado por 9 praças, ou seja, 19% do número de praças.

Do item 18 em diante, as porcentagens mudam, caindo abaixo de 1%. Podemos considerar, então, esse ponto como transição entre as classes B e C. Ou seja, as praças de números 10 a 17 serão consideradas classe B e, daí para diante, classe C. Essa última, no exemplo, tem 30 praças, ou seja, 64% do total de praças, mas equivale a apenas 100,0 − 89,4 = 10,6% do faturamento total. Observe, então, que podemos nos concentrar em apenas 36% das praças (cerca de um terço do total de praças), se dermos atenção especial às classes A e B. Mas, com isso, estaremos cobrindo cerca de 90% do faturamento da empresa!

Há analistas que preferem trabalhar com um gráfico para determinar os pontos de transição entre as classes. Para isso, você deve pegar uma folha de papel quadriculado e colocar na escala horizontal a porcentagem acumulada de cada item, extraída da coluna

A CLASSIFICAÇÃO ABC (LEI DE PARETO)

(3) do Quadro 1.2. Na escala vertical, marque as respectivas porcentagens acumuladas do faturamento, ou seja, os valores indicados na coluna (6) do Quadro 1.2. Depois, é só unir os pontos resultantes, obtendo-se a curva apresentada na Fig. I .5. Observe as faixas correspondentes a cada uma das classes.

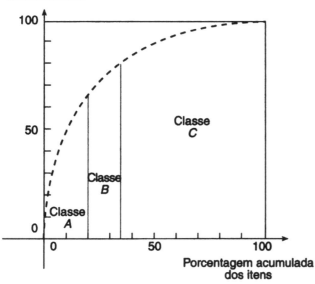

Figura 1.5 — Curva ABC típica.

Quadro 1.1 Praças e respectivos faturamentos mensais (R$ 1.000) (Exemplo de classificação ABC)

Região de Campinas		Pradópolis	0,92	Região de S. J. Rio Preto	
• Campinas	79,04	• São Simão	1,26	• S. J. Rio Preto	22,44
• Americana	14,52	• Serrana	1,70	• Votuporanga	6,22
• Limeira	17,91	• Patrocínio Paulista	1,07	• Jales	4,59
• Rio Claro	13,11	• Restinga	0,41	• Tanabi	2,41
• Sumaré	12,14	• Rifaina	0,39	• Ibirá	0,97
• Cordeirópolis	1,13	Região de Bauru		• Bady Bassit	0,33
• Valinhos	5,83	• Bauru	22,23	• Álvares Florense	0,78
• Cosmópolis	2,73	• Arealva	0,80	• Cardoso	1,42
• Brotas	1,33	• Cafelândia	2,08	Região de Barretos	
• São Pedro	1,55	• Balbinos	0,14	• Barretos	8,69
• Corumbataí	0,33	Região de Araraquara		• Colina	1,38
• Itirapina	0,83	• Araraquara	15,23	• Jaborandi	0,64
Região de Rib. Preto		• São Carlos	14,23	• Colômbia	0,39
• Ribeirão Preto	37,89	• Descalvado	2,41	Região de Catanduva	
• Franca	17,67	• Matão	4,52	• Catanduva	8,67
• Barrinha	1,50	• Rincão	0,86	• Itajobi	1,72
• Cravinhos	2,02	• Ribeirão Bonito	1,00	• Urupês	1,42

Quadro 1.2 Ordenação das praças, segundo a ordem decrescente de faturamento (Exemplo de classificação ABC)

1 Número Ordem	2 Praça	3 Freqüência acumulada (%)	4 Faturamento mensal (R$ 1000,00)	5 % Faturamento	6 % Acumulada
1	Campinas	2,13	79,04	23,17	23,17
2	Ribeirão Preto	4,25	37,89	11,11	34,28
3	S.José Rio Preto	6,38	22,44	6,58	40,86
4	Bauru	8,51	22,23	6,52	47,38
5	Limeira	10,64	17,91	5,25	52,63
6	Franca	12,76	17,67	5,18	57,81
7	Araraquara	14,89	15,23	4,47	62,28
8	Americana	17,02	14,52	4,26	66,54
9	São Carlos	19,15	14,23	4,18	70,72
10	Rio Claro	21,28	13,11	3,85	74,57
11	Sumaré	23,40	12,14	3,56	78,13
12	Barretos	25,53	8,69	2,55	80,68
13	Catanduva	27,66	8,67	2,54	83,22
14	Votuporanga	29,79	6,22	1,82	85,04
15	Valinhos	31,91	5,83	1,71	86,75
16	Jales	34,04	4,59	1,35	88,10
17	Matão	36,17	4,52	1,33	89,43
18	Cosmópolis	38,30	2,73	0,80	90,23
19	Descalvado	40,42	2,41	0,71	90,94
20	Tanabi	42,55	2,41	0,71	91,65
21	Cafelândia	44,68	2,08	0,61	92,26
22	Cravinhos	46,80	2,02	0,59	92,85
23	Itajobi	48,94	1,72	0,51	93,36
24	Serrana	51,06	1,70	0,50	93,86
25	São Pedro	53,19	1,55	0,46	94,32
26	Barrinha	55,32	1,50	0,44	94,76
27	Cardoso	57,45	1,42	0,42	95,18
28	Urupês	59,57	1,42	0,42	95,60
29	Colina	61,70	1,38	0,41	96,01
30	Brotas	63,83	1,33	0,39	96,40
31	São Simão	65,96	1,26	0,37	96,77
32	Cordeirópolis	68,08	1,13	0,33	97,10
33	Patroc. Paulista	70,21	1,07	0,31	97,41
34	Ribeirão Bonito	72,34	1,00	0,29	97,70

1	2	3	4	5	6
35	Ibirá	74,47	0,97	0,28	97,99
36	Pradópolis	76,59	0,92	0,27	98,26
37	Rincão	78,72	0,86	0,25	98,52
38	Itapirina	80,85	0,83	0,24	98,76
39	Arealva	82,98	0,80	0,24	99,00
40	Álvares Florense	85,11	0,78	0,23	99,23
41	Jaborandi	87,23	0,64	0,19	99,42
42	Restinga	89,36	0,41	0,12	99,54
43	Colômbia	91,49	0,39	0,11	99,65
44	Rifaina	93,62	0,39	0,11	99,76
45	Corumbataí	95,74	0,33	0,10	99,86
46	Bady Bassit	97,87	0,33	0,10	99,96
47	Balbinos	100,00	0,143	0,04	100,00
	TOTAL		340,85		100,00

Agora, voce deve estar pensando que diferença há entre as classes A e B? Já sabemos que a classe C corresponde aos diversos, ou seja, constituí um grupo de itens para os quais não vale a pena considerar cada um individualmente. Os itens da classe A, por outro lado, são muito importantes e merecem tratamento individualizado

Voltemos ao Quadro 1.2, por um instante. As praças que formam a classe B são: Rio Claro, Sumaré, Barretos, Catanduva, Votuporanga, Valinhos, Jales e Matão, num total de oito. Rio Claro pode ser anexado à Limeira, pois são próximas. Sumaré e Valinhos seriam anexadas à Campinas. Jales e Votuporanga podem fazer parte de São José do Rio Preto, e assim por diante. Dessa forma, resolvemos a questão da classe B: não demos um tratamento individualizado a cada praça como no caso da classe A, mas também não colocamos todas numa mesma vala comum, como é o caso da classe C.

Como usar a classificação ABC

Depois de obtidos os pontos de corte entre as classes, vem a indagação: como trabalhar com elas? Suponhamos que fizemos, na nossa indústria, uma classificação ABC dos produtos por ela fabricados. Em termos do Planejamento e Controle da Produção (PCP), o setor de produção da empresa estará preocupado em obter com maior freqüência e de forma mais controlada os itens A de matéria-prima, considerando prioritariamente os produtos da classe A a serem fabricados. Obviamente, as matérias-primas da categoria C e os produtos da classe C receberão menor atenção.

É preciso notar, no entanto, que nem sempre é o nível de faturamento que deve ser tomado como base na classificação ABC. Por exemplo, se a indústria distribui seus produtos pelo País inteiro, por meio de terceiros (transportadoras e caminhoneiros autônomos), e se o frete é aproximadamente proporcional às toneladas quilômetros transportadas, então, um critério possível para classificar as praças seria considerar o produto da quantidade consumida pela distância à fábrica. Esse produto, em transportes, é denominado *momento de transporte*. Obviamente, cada caso é um caso, mas é importante salientar que a classificação ABC deve ser feita em relação à variável que melhor explique, em cada caso, a ordem de importância dos diversos itens considerados.

No setor de vendas, ocorre freqüentemente um fenômeno peculiar. Muitas vezes, o pessoal dessa área insiste em dizer que não fazem diferenciação de clientes, tratando os da classe *C* exatamente como são os da classe A. Na prática, é óbvio que isso não acontece. Os clientes da classe *A* são muitas vezes tratados com deferência especial, recebidos na diretoria e sendo atendidos ao telefone com maior atenção e cortesia. No Banco, tal situação ocorre todos os dias com os correntistas: é claro que o gerente vai dar atenção especial a uma pessoa que tenha muito dinheiro e que o aplique sempre naquela agência.

Na prática, o tratamento a um problema de classe *A* sempre terá implicações mais importantes. As questões da classe *C*, por sua vez, serão abordadas de tal forma a não se gastar mais recursos que os eventuais resultados. É necessário frisar, no entanto, que não se deve, por isso, abandonar tudo que se insere na classe *C*. O cliente que hoje é *C* poderá passar à classe *A*, daqui a algum tempo. Da mesma forma, se a empresa está fabricando produtos da classe *C*, deve haver uma razão estratégica para isso, pois, caso contrário, tais produtos já deveriam estar fora de linha, há tempos. O que se deve ter em mente é que a atenção e o detalhe que se dedicam a análise de problemas (ou itens) das diferentes classes devem ser necessariamente diferentes.

O profissional que adotar, de forma abrangente, esse critério de classificação *ABC* no ataque aos problemas logísticos, acabará desenvolvendo soluções melhores. Essa diferenciação no tratamento das questões é um dos pilares do enfoque sistêmico (vide Cap. 1, item 7). Pelas características tipicamente sistêmicas dos problemas logísticos, é fundamental que o profissional da área consiga distinguir problemas, subsistemas e soluções de forma classificada, separando nitidamente os da classe *A* daqueles que formam a classe *C*.

4. RUDIMENTOS DE ESTATÍSTICA

No tratamento e análise de dados operacionais ou de custo, é comum nos depararmos com variações nos valores observados, exigindo um tratamento estatístico, ainda que elementar. O profissional de Logística, mesmo não dominando as técnicas matemáticas e estatísticas, acabará sendo forçado a fazer cálculos e, para isto, poderá usar metodos aproximados, cuja precisão é normalmente suficiente nas aplicações práticas. Aqueles que possuírem maior domínio dessas técnicas poderão ler adicionalmente as matérias apresentadas nos apêndices e, se quiserem aprofundar o estudo, consultar a bibliografia.

Neste capítulo, apresentaremos alguns aspectos básicos de cálculo estatístico que nos ajudarão a analisar os dados quantitativos nas aplicações práticas.

Média e desvio padrão da distribuição normal

Suponhamos, por exemplo, que desejamos analisar a carga (em kg) de um veículo de distribuição física ao sair do depósito para cumprir um roteiro de entregas urbanas. Para isso, levantamos a carga total do veículo em 10 dias diferentes, obtendo os valores indicados na coluna (b), do Quadro 1.3.

Quadro 1.3 Cálculo do desvio médio de uma amostra de dados estatísticos

a Observação número	b Valor observado Wi (kg)	c Desvio	d Valor absoluto do desvio Wi-W
1	4.817	583	583
2	5.023	789	789
3	3.776	−458	458
4	5.196	962	962
5	2.992	−1.242	1.242
6	4.331	97	97
7	3.535	−699	699
8	4.253	19	19
9	4.750	516	516
10	3.664	−570	570
	S = 42.337		−S'= 5.935

W = valor médio = S/n = 42.337/10 = 4.234 kg
DM = desvio médio = S'/n = 5.935/10 = 593,5 kg
s = desvio padrão = 1.253. DM = 744 kg

O carregamento médio é obtido somando-se todos os dez valores (valor S no Quadro 1.3) e dividindo-se o resultado pelo número de observações (dez, no caso). Obtemos, assim, um carregamento médio de 4.234 kg por veículo.

Outro parâmetro importante, que mede a dispersão dos valores observados em torno da média, é o **desvio padrão**. A determinação do desvio padrão, pelo método estatístico clássico, exige que se calculem os quadrados dos desvios em relação a média, dificultando um pouco a tarefa para aqueles que não dominam as técnicas matemáticas.

Um método bastante simples, que pode ser usado por qualquer pessoa, permite que se estime rapidamente o valor do desvio padrão de um conjunto de dados. Para aqueles que preferem utilizar o método estatístico clássico, são apresentadas no Apêndice A as instruções para os cálculos. O método simplificado, para cálculo rápido a mão, é apresentado a seguir.

Após calculada a média, conforme visto anteriormente, determinamos os desvios dos valores observados em relação a ela. Esses desvios são colocados na coluna (c), do Quadro 1.3. O primeiro desvio da coluna (c) é igual à diferença de 4.817 (coluna b) menos a média 4.234, resultando no valor 583. Repete-se a mesma operação para cada linha do quadro, notando-se que alguns valores são negativos.

Na coluna (d), por sua vez, são colocados os valores dos desvios considerando-se **sempre** o sinal positivo. Isso, em Matemática, corresponde a se obter os **valores absolutos** dos desvios.

Somamos agora os valores absolutos dos desvios, ou seja, somamos todos os valores da coluna (d), obtendo o total S' = 5.935. O desvio médio (DM) é agora calculado, dividindo-se a soma S' pelo número de observações (n) que, no caso, é igual a 10. Temos, então, um desvio médio de 593,5 kg.

O desvio padrão é calculado, multiplicando-se o valor do desvio médio por 1,25:

$$s = \text{desvio padrão} = 1{,}25 * DM = 1{,}25 * 593{,}5 = 742 \text{ kg}$$

O valor do desvio padrão calculado pelo método clássico (vide Apêndice A) e $s = 725$ kg. Há, assim, um erro de 2,3% nesse exemplo, erro perfeitamente aceitável nas aplicações práticas. Deve-se notar que o método aproximado, já descrito, admite como premissa que os valores observados são regidos por uma distribuição normal. O método clássico, por sua vez, vale para qualquer caso. Esse aspecto, no entanto, não restringe muito as aplicações práticas do método porque as amostras obtidas para estudos logísticos, na sua maioria, são quase sempre regidas por distribuições normais.

Uso prático da média e do desvio padrão

Uma vez calculados (ou estimados) a média e o desvio padrão, pode-se perguntar agora: o que fazemos com eles?

O desvio padrão é muito útil para se estimar faixas de variação prováveis da variável, no caso de distribuições normais ou aproximadamente normais.

Se considerarmos a área abaixo da curva normal, e limitada por um desvio padrão de cada lado do valor médio, teremos uma cobertura de 68,3% da área total (Fig. 1.6 a). Se considerarmos um intervalo de dois desvios padrões de cada lado da média, a cobertura passa a 89,5% ou praticamente a 90% dos casos. Finalmente, com três desvios padrões de cada lado da média, estaremos cobrindo 99,7% dos casos, ou seja, praticamente 100%.

O que isso significa?

Vamos calcular os intervalos de variação do carregamento do veículo de distribuição para as três situações já especificadas. Vimos que o carregamento médio *w* é igual à 4.234 kg (Quadro 1.3). O desvio padrão, por sua vez, foi estimado em 742 kg.

Se considerarmos o intervalo de um desvio padrão em torno da média, o intervalo resultante será:

- valor superior do intervalo = 4.324 + 742 = 5.066 kg
- valor inferior do intervalo = 4.324 – 742 = 3.582 kg

Em termos estatísticos, podemos dizer então que, observando o carregamento ao longo de vários dias, notaremos que o peso da carga estará compreendido entre 3.582 kg e 5.066 kg, em cerca de 68% dos casos.

Calculando agora o intervalo para dois desvios padrões:

- valor superior do intervalo = 4.324 + 2 × 742 = 5.808
- valor inferior do intervalo = 4.324 – 2 × 742 = 2.840

Podemos afirmar agora que, em cerca de 90% dos casos observados, o carregamento do veículo de distribuição estará compreendido entre 2.840 e 5.808 kg.

Finalmente, para três desvios padrões:

- valor superior do intervalo = 4.324 + 3 × 742 = 6.550
- valor inferior do intervalo = 4.324 – 3 × 742 = 2.098

A conclusão, para intervalo de 3 *s*, e que o carregamento estará compreendido entre 2.098 e 6.550 kg, em 99,7% dos casos, ou seja, quase 100% das possibilidades. Usualmente

RUDIMENTOS DE ESTATÍSTICA

Desigualdade de Tchebicheff

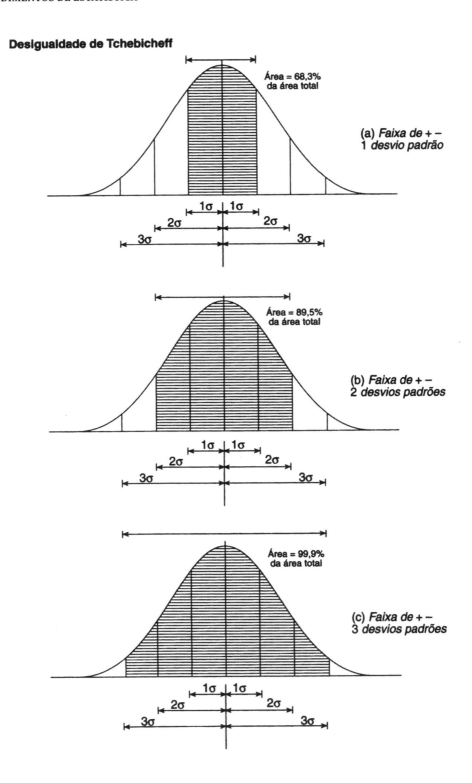

Figura 1.6 — Distribuição normal: intervalos simétricos em relação à média

consideramos, na prática, o intervalo correspondente a dois desvios padrões, que cobre, como vimos, cerca de 90% das possibilidades. Assim, podemos dizer para o exemplo do Quadro 1.3, que a possibilidade de se ter o carregamento entre 2.840 kg e 5.808 kg é de 90%.

Muitos problemas práticos envolvem apenas um limite da variável, na maioria dos casos o limite superior. Por exemplo, se a capacidade útil do veículo de distribuição é 6.000 kg, uma pergunta que se faz comumente: qual é a probabilidade de o peso da carga exceder esse valor?

Considerando de novo os intervalos de um, dois e três desvios padrões, **agora somente acima da média**, obtemos os resultados indicados na Fig. 1.7.

Vê-se agora que, para dois desvios padrões acima da média, tem-se uma cobertura de 97,7% das possibilidades ou, praticamente, 98% dos casos.

Distribuição normal composta

Em certos casos, precisamos analisar a dispersão de uma variável que, por sua vez, é a soma de outras variáveis normais ou, aproximadamente normais.

Suponhamos, por exemplo, um veículo de distribuição que efetue o seguinte roteiro:

(a) percurso do depósito até a zona de distribuição (até primeira entrega), com tempo médio de 25 minutos e desvio padrão de 7 minutos;

(b) parada para descarga e entrega da mercadoria, num total de 26 pontos, com tempo médio de 7 minutos e desvio padrão de 5 minutos por parada;

(c) deslocamento entre paradas, na zona de distribuição, com tempo médio de 8 minutos entre paradas sucessivas, e desvio padrão de 3 minutos;

(d) percurso de volta ao depósito, com tempo médio de 27 minutos e desvio padrão de 8 minutos.

Desejamos analisar o tempo total de ciclo do veículo.

O tempo médio de ciclo T_c é calculado somando-se os tempos médios de cada segmento do percurso:

$$T_c = 25 + 26*7 + (26-1)*8 + 27 = 434 \text{ min} = 7\text{h } 14 \text{ min}$$

Notar que o número de deslocamentos entre pontos de parada sucessivos é igual ao número total de pontos (no caso, 26) menos um.

Precisamos calcular agora o desvio padrão do tempo de ciclo. Para isso, somamos as variâncias de cada componente, que são iguais aos desvios padrões elevados ao quadrado:

$$\text{var}(T_c) = 7^2 + 26 \times 5^2 + (26-1) \times 32 + 8^2 = 988$$

O desvio padrão de T_c é igual à raiz quadrada da variância, ou seja, $s = 31,4$ min.

Adicionando-se dois desvios padrões em relação à média:

$$434 + 2 \times 31,4 = 497 \text{ min}$$

Podemos dizer, então, que o tempo de ciclo do veículo não ultrapassará 497 min, ou 8 h 17 min, em 98% dos casos (vide Fig. 1.7).

Muitas outras aplicações da Estatística podem ser úteis para o profissional de Logística. Se conseguir aplicar com desenvoltura os rudimentos aqui apresentados, será capaz de resolver a grande maioria dos problemas. Daí por diante, se tiver tempo e disposição, poderá estudar procedimentos estatísticos mais sofisticados.

RUDIMENTOS DE ESTATÍSCA

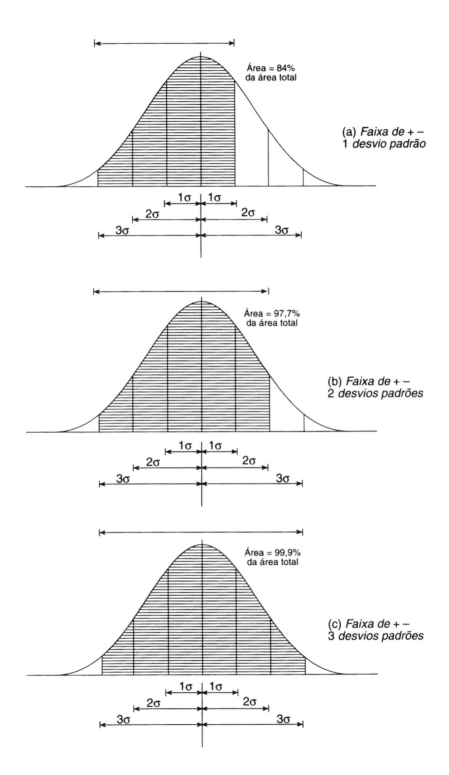

Figura 1.7 — Distribuição normal: cobertura monocaudal

5. CUSTO DO CAPITAL

Nos estudos logísticos, deparamos freqüentemente com a necessidade de considerar investimentos em ativos diversos, tais como veículos, equipamentos de movimentação de carga (empilhadeiras, por exemplo), instalações fixas (depósitos, centros de distribuição), etc.

Um dos aspectos é o de apropriar esses investimentos na forma de custos. Por exemplo, se um veículo novo custa R$120.000,00 e estamos computando o custo mensal do mesmo, como definir um **custo de capital** para ele?

Outro problema se refere a comparação de alternativas. Suponhamos que, para resolver um certo problema, definimos três alternativas de solução: *A, B, C.* De um lado, devemos comparar os níveis de serviço gerados pelas alternativas individualmente. Mas um elemento importante na comparação será representado, obviamente, pelas condições econômico-financeiras de cada uma delas. Como, então, determinar qual das alternativas é a melhor?

É muito comum também o problema de definir a melhor época para a substituição de um certo tipo de equipamento usado por um novo, para isso levamos em conta aspectos econômicos e financeiros.

Todos esses problemas, dentre outros, requerem um conhecimento de análise de investimentos, ainda que elementar, para sua solução. O objetivo deste capítulo é o de fornecer ao leitor o mínimo necessário para que possa resolver as questões mais comuns dessa natureza.

Valor do dinheiro no tempo

Os empreendimentos econômicos dos mais variados tipos necessitam de recursos financeiros. Em alguns casos, o dinheiro é necessário para iniciar as operações. Noutros, deseja-se expandir os negócios, ampliando as instalações, adquirindo novos equipamentos, etc. Há também necessidade de recursos para operar o sistema (capital de giro). Nesses casos, a empresa é obrigada a levantar pelo menos uma parte dos recursos a partir de fontes externas.

O processo de obtenção de recursos financeiros se apóia naqueles que têm dinheiro disponível num certo momento, mas não precisam despendê-lo de imediato. Esse tipo de indivíduo, empresa ou banco está disposto, então, a emprestar seus recursos a outras empresas por um certo período de tempo e mediante garantias. Além disso, essa operação é sempre feita **mediante uma certa remuneração**. Ou seja, para o tomador do dinheiro (aquele que recebe o empréstimo) haverá um custo financeiro envolvido na transação, custo esse que inclui juros, taxas, impostos, etc. Esse custo financeiro vai depender de uma série de fatores.

O primeiro fator está relacionado com o *grau de escassez do dinheiro*: quanto maior a procura de recursos em relação à oferta, maior o preço que o tomador terá de pagar para conseguir o empréstimo.

O segundo aspecto está ligado ao **risco** de o tomador não conseguir pagar o empréstimo nas datas aprazadas. Se o tomador é uma empresa, e dependendo do ramo de negócio, da situação econômica do País e das condições de mercado, poderá haver um risco maior ou menor de inadimplência (não cumprimento dos prazos de pagamento), ou até mesmo de falência do empreendimento. A compensação para cobrir um risco maior ou menor é conseguida através de um acréscimo (*spread*) na taxa de juros.

No mercado financeiro, a forma usual de expressar o custo do dinheiro é através dos **juros**. No Brasil, aparece também a **correção monetária**, comumente separada dos juros. Isso porque, como é difícil projetar corretamente a inflação futura por prazos relativamente longos, fica mais fácil considerá-la a parte, calculando-a através de um índice já conhecido. Nos países em que a inflação é baixa, não existe a correção monetária. A possível desvalorização da moeda é embutida nas taxas de juros, como uma parcela adicional de risco.

Deve-se observar que, mesmo no caso brasileiro, não há uma separação tao nítida entre correção monetária e juros. De fato, como os índices oficiais nem sempre refletem corretamente a inflação, a possibilidade de se observar uma correção monetária oficial, aquém do esperado no futuro, faz com que se aumente a taxa de juros de forma a cobrir esse risco adicional inflacionário.

Talvez você esteja pensando que tudo isso nada tem a ver com a empresa onde trabalha, porque seus diretores só investem recursos próprios, não fazendo dívidas. Mesmo que isso ocorra, sua empresa deve desenvolver raciocínio idêntico ao analisar seus investimentos. Por quê?

A razão para isso é que os investimentos na empresa devem ser sempre comparados com outras formas de aplicação do dinheiro. Dois aspectos devem ser sempre considerados nessas comparações: os ganhos previstos e os riscos envolvidos na operação.

Em geral, aceita-se um rendimento menor para um certo investimento quando o risco envolvido é pequeno. Para investimentos mais arriscados, é necessário dar uma remuneração maior aquele que empresta. Veja, por exemplo, o caso da caderneta de poupança. Nos países desenvolvidos, a poupança oferece uma taxa de juros baixa, mas o governo garante integralmente os depósitos até um determinado valor. É claro que estamos falando de países avançados, em que o governo não confisca, sem mais aquela, parte dos depósitos dos investidores. Quem aplica seu dinheiro na poupança está pensando mais na segurança do que na obtenção de um bom rendimento para seu dinheiro.

Outros tipos de investimento podem render mais, mas certamente não serão tão garantidos como a poupança. Um investidor pode, por exemplo, comprar ações na Bolsa de Valores e obter ganhos apreciáveis. Mas está sujeito a longos períodos de baixa, a empresa (ou empresas) em que investiu seu dinheiro pode(m) deixar de dar bons resultados, etc. O rendimento final poderá ser até menor do que a poupança e, em alguns casos, poderá ser negativo.

Assim, se os diretores da sua empresa acham melhor aplicar seus próprios recursos na firma, ótimo. Mas o custo do dinheiro estará implícito de qualquer forma, pois poderiam aplicá-lo noutro empreendimento externo, e obter assim um rendimento satisfatório.

Dessa forma, podemos considerar que há sempre um custo do dinheiro quando investimos em algum bem durável. Esse custo do capital é derivado do fato de não se ter o dinheiro disponível para outra aplicação alternativa rentável. Esse custo implícito, que deve ser considerado mesmo quando utilizamos recursos próprios, é denominado de **custo de oportunidade do capital**.

Equivalência financeira

É por meio dos juros ou da taxa de oportunidade do dinheiro que se estabelece a equivalência, no tempo, entre duas ou mais aplicações diferentes.

Suponhamos que você quer comprar um automóvel no valor de R$13.095,23, mas dispõe de apenas R$6.547,61, no momento. Mas você vai receber uma quantia daqui a um mês, e oferece pagar não os R$5.952,38 restantes, mas R$6.547,61, em trinta dias. Supondo que você dê todas as garantias de praxe e o vendedor aceite sua oferta, o que isso significa?

Significa que a importância de R$6.547,61, que irá passar de suas mãos para as do vendedor daqui a trinta dias, **equivale** aos R$5.952,38 na data presente. Está implícita, nessa equivalência, uma taxa de juros de 10% ao mês, já que o acréscimo é de 10% e o período é de apenas um mês.

Observamos assim que, por meio dos juros aceitos por ambas as partes, **tornamos equivalentes** importâncias diferentes, que ocorrem em instantes diversos do tempo.

Se o vendedor do automóvel não aceitasse sua proposta de pagamento, e supondo que suas garantias fossem adequadas, é provável que a taxa de juros de 10% ao mês estivesse abaixo dos valores vigentes no mercado. Nesse caso, você tentaria um acordo, aumentando sua oferta. Ao se definir finalmente a transação, ocorreria então a equivalência, válida para você (que propôs pagar daquela forma) e para o vendedor (que aceitou receber os pagamentos previamente estabelecidos).

Diagrama de fluxo de caixa

Para analisar equivalências mais complexas, é conveniente representar num diagrama as importâncias pagas ou recebidas. Na escala vertical, representamos os **valores recebidos** com sinal positivo e acima do eixo horizontal; e os **valores pagos** com sinal negativo, abaixo do eixo. Identificamos esses valores por meio de flechas verticais colocadas nos instantes de tempo apropriados.

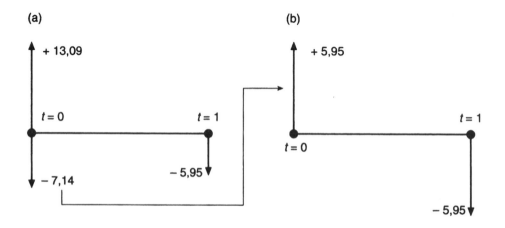

Figura 1.8 — Diagrama de fluxo de caixa

CUSTO DO CAPITAL

Na Fig 1.8a representamos a transação da compra do automóvel, exemplificada anteriormente. No instante $t = 0$ você recebe um bem (o automóvel) no valor de R$13.095,23. Essa importância, positiva porque corresponde a um valor recebido (o carro), é representada por uma flecha vertical acima do eixo, com o valor + 13.

Mas você ofereceu pagar R$7.142,85 de entrada. Colocamos, então, no diagrama de fluxo de caixa, no instante zero, uma flecha igual a –7,14 (negativa, pois trata-se de um pagamento).

No instante $t = 1$ (um mês), você deverá pagar R$6.547,61; esse valor é representado por uma flecha igual a –6,54 no diagrama (Fig. 1.8a).

Para um mesmo instante no tempo, podemos somar algebricamente todos os valores representados. Assim, para $t = 0$, temos um valor positivo (+13,09) e um valor negativo (– 7,14), resultando num valor líquido de +5,95. Na Fig. 1.8b é apresentado o diagrama de fluxo de caixa após as simplificações.

Juros simples e compostos

Os juros, no Brasil, são normalmente computados mensalmente. Ou seja, ao fim de cada mês, os juros incidentes até aquele instante são incorporados ao saldo devedor. Essa operação é denominada **capitalização dos juros**.

Certas operações financeiras, embora pouco freqüentes, não prevêem a capitalização dos juros. Suponhamos, por exemplo, que você, ao comprar um automóvel, convenceu o vendedor a financiar a dívida de R$5.952,38, da seguinte forma: (a) durante quatro meses, você pagará juros de 10% ao mês sobre o saldo devedor; (b) nesse período, você vai pagar também uma parte do principal (isto é, da importância inicialmente devida), igual à R$1.488,09/mês. O esquema de pagamento é apresentado a seguir:

— *fim do mês 1*:
- dívida: $ 5.952,38
- juros (10% de $ 5.952,38): $ 595,23
- amortização: $ 1.488,09
- total a pagar: $ 2.083,33
- saldo devedor: $ 5,95 – 1,48 = $ 4.464,28

— *fim do mês 2*:
- dívida: $ 4.464,28
- juros (10% de 4.464,28): $ 446,42
- amortização: $ 1.488,09
- total a pagar: $ 1.934,52
- saldo devedor: $ 4,46 – 1,48 = $ 2.976,19

— *fim do mês 3*:
- dívida: $ 2.976,19
- juros (10% de $ 2.976,19): $ 297,61
- amortização: $ 1.488,09
- total a pagar: $ 1.785,71
- saldo devedor: $ 2,97 – 1,48 = $ 1.488,09

— *fim do mês 4*:
- dívida: $ 1.488,09
- juros (10% de 1.488,09): $ 148,00
- amortização: $ 1.488,09
- total a pagar: $ 1.636,90
- saldo devedor: $ 1,48 − 1,48 = 0,00

Nesse esquema, observamos que os pagamentos mensais, incluindo amortização e juros, são desiguais: variam de R$2.083,33, no primeiro mês, a R$1.636,90, no quarto mês. A vantagem é que os juros vão sendo pagos à medida que vencem. Esse tipo de cálculo dos juros recebe o nome de *juros simples*.

Além da desvantagem apontada (pagamentos desiguais) apresenta ainda um outro inconveniente: se você tivesse que pagar sua dívida em, digamos, 60 meses, seria necessário repetir os calculos mês a mês, formando uma longa tabela.

Por tudo isso, parece ser vantajoso estabelecer um esquema em que os juros são incorporados à dívida tão logo vençam. Como já dissemos, isso corresponde a capitalizar os juros (ou seja, incorporá-los ao capital no momento em que são devidos).

Vamos analisar duas alternativas de pagar a dívida de R$5.952,38, considerando juros capitalizados ou, como se diz comumente, adotando-se *juros compostos*.

A primeira alternativa seria pagar todo o saldo devedor ao fim do quarto mês. Nesse caso, o valor total a ser pago no fim do período será (dedução no Apêndice 3):

$$V = (1 + j)^n V_0$$

onde:

V_0 = montante inicial da dívida (no caso, R$5.952,38);
V = valor total a pagar, incluindo principal e juros;
j = taxa mensal de juros, em porcentagem (no caso, 10%), e dividida por 100
n = número de períodos decorridos (no caso, 4 meses)

Para o nosso exemplo, temos então $n = 4$ e $j = 10/100 = 0,1$, levando à:

$$V = (1 + 0,1)^4 \cdot 500 = (1,1)^4 \cdot 500 = 1,4641 \cdot 500 = R\$8.714,28$$

Nesse caso, os juros vão sendo capitalizados, mês a mês, da seguinte forma:

— *fim do mês 1*:
- dívida: $ 5.952,38
- juros: (10% de 5.952,38) $ 595,23
- saldo devedor: $ 6.547,61

— *fim do mês 2*:
- dívida: $ 5.952,38
- juros: (10% de 5.952,38) $ 654,76
- saldo devedor: $ 7.202,38

— *fim do mês 3*:
- dívida: $ 7.202,38
- juros: (10% de 7.202,38) $ 720,23
- saldo devedor: $ 7.922,61

— *fim do mês 4*:
- dívida: $ 7.922,61
- juros: (10% de 7.922,61) $ 791,66
- saldo devedor: $ 8.714,28
- pagamento efetuado: $ 8.714,28
- saldo final: $ 0,00

Vemos, então, que os juros vão se acumulando mês a mês, passando a fazer parte do saldo devedor. Há, assim, a incidência de juros sobre juros, até que o débito final seja finalmente pago pelo devedor no fim do quarto mês.

A outra forma de pagar a dívida (mais usual) é por meio de parcelas mensais iguais. Para isso, temos de lançar mão de uma fórmula um pouco mais complicada:

$$A = FRC \cdot V_0$$

onde:

A = valor da prestação mensal e igual, a ser paga durante n meses;

V_0 = valor inicial da dívida, no caso $5.952,38;

FRC = **fator de recuperação do capital**, dado pela seguinte expressão (Apêndice 3):

$$FRC = \frac{j \cdot (1+j)^n}{(1+j)^n - 1}$$

onde j é a taxa mensal de juros (em %) dividida por 100.

Para o nosso caso, com $n = 4$ e $j = 10/100 = 0,1$:

$$FRC = \frac{0,1 \cdot (1+0,1)^4}{(1+0,1)^4 - 1} = 0,31547$$

Assim, a prestação mensal será:

$$A = FRC \cdot V_0 = 0,31547 \cdot 5.952,38 = R\$\ 1,87$$

O esquema de pagamento mês a mês é agora o seguinte:

— *fim do mês 1*:
- dívida: $ 5.952,38
- juros: (10% de 5.952,38) $ 595,23
- total devido: $ 6.547,61
- pagamento efetuado: $ 1.877,73
- saldo devedor: (5,95 − 1,87) $ 4.669,88

— *fim do mês 2*:
- dívida: . $ 4.669,88
- juros: (10% de 4.669,88) $ 467,02
- total devido: $ 5.136,90
- pagamento efetuado: $ 1.877,73
- saldo devedor: (5,13 – 1,87) $ 3.259,16

— *fim do mês 3*:
- dívida: $ 3.259,16
- juros: (10% de 3.259,16) $ 325,95
- total devido: $ 3.585,11
- pagamento efetuado: $ 1.877,73
- saldo devedor: (3,58 – 1,87) $ 1.707,38

— *fim do mês 4*:
- dívida: $ 1.707,38
- juros: (10% de 1.707,38) $ 170,71
- total devido: $ 1.878,09
- pagamento efetuado: $ 1.877,73
- saldo devedor: (arredondado) $ 0,00

Como se vê, calculando o valor das prestações por meio do *FRC* (fator de recuperação do capital), o acerto entre o saldo da dívida e dos juros vai sendo feito mês a mês, zerando o saldo devedor por ocasião do último pagamento. Esse sistema apresenta a vantagem de se ter um pagamento fixo mensal, não exigindo o cálculo dos juros mês a mês.

Valor presente

Quando comparamos fluxos de caixa diferentes, não conseguimos visualizar de imediato se ambos são financeiramente equivalentes, ou não. Uma forma de comparar esquemas financeiros alternativos é o de calcular o **valor presente** de cada um e compará-los por meio desse parâmetro.

Suponhamos, por exemplo, que sua empresa deverá pagar X cruzeiros ao fim de n meses, e que a taxa de oportunidade mensal seja j. Se P é o valor presente de X (que desejamos conhecer), então, conforme Apêndice 3:

$$P = \frac{x}{(1+j)^n}$$

Suponhamos, por outro lado, que sua empresa vai pagar um determinado bem em prestações mensais iguais a Y, durante m meses, à taxa j. O valor presente P desses pagamentos é dado por (vide Apêndice 3):

$$P = \frac{Y}{FRC}$$

onde *FRC* é o fator de recuperação do capital anteriormente definido, dado por:

CUSTO DO CAPITAL

$$FRC = \frac{j \cdot (1+j)^m}{(1+j)^m - 1}$$

Após calcular os valores presentes de cada alternativa, efetuamos a comparação. A data escolhida para analisar o valor presente coincide normalmente com o início do projeto.

Suponhamos, por exemplo, que sua empresa vai adquirir um veículo por R$119.047,61, e recebeu duas propostas de fornecimento. A primeira, que chamamos de alternativa A, pede um pagamento inicial (entrada) de R$59.523,80, e mais dez pagamentos mensais de R$7.714,28. A alternativa B implica numa entrada de R$47.619,04 e num pagamento único de R$83.333,33 ao fim de 4 meses. Qual das propostas é mais vantajosa?

Vamos admitir que a taxa de oportunidade da sua empresa seja de 2% ao mês (não considerando a inflação). Vamos primeiramente calcular o valor presente da proposta A. Para isso, vamos determinar o fator de recuperação do capital (FRC) para $n = 10$ e $j = 0,02$ (ou seja, 2% dividido por 100):

$$FRC = \frac{0,02 \cdot (1+0,02)^{10}}{(1+0,02)^{10} - 1} = 0,11133$$

Assim, o valor presente dos dez pagamentos mensais de R$ 7.714,28 é igual a:

$$P = \frac{7.714,28}{0,11133} = R\$69,29$$

Para determinar o valor presente da alternativa A, devemos somar o valor acima com a entrada (que é paga na data zero e por isso já é um valor presente):

$$P_A = 59,52 + 69,29 = R\$128,81$$

No caso da alternativa B, devemos inicialmente calcular o valor presente do pagamento único de R$83.333,33 a ser efetuado após 4 meses:

$$P = \frac{83.333,33}{(1+0,02)^4} = \frac{83.333,33}{1,08243} = R\$76.987,26$$

O valor presente da alternativa B é finalmente obtido, somando-se a entrada (R$47.619,04) com o valor calculado acima:

$$P_B = 47,61 + 76,98 = R\$124.606,30$$

Vemos que o valor presente da alternativa B é o menor, o que leva a recomendar essa alternativa sob o ponto de vista econômico. Sob o ponto de vista financeiro, no entanto, a alternativa A poderia ser a escolhida caso a empresa não dispusesse de recursos para pagar o veículo em apenas quatro meses. Nesse caso, teria de optar por um esquema de pagamento mais escalonado, arcando, em decorrência, com um custo financeiro um tanto maior.

Custo do capital

Quando a empresa realiza um investimento, em equipamentos ou outro bem qualquer, é necessário calcular um custo mensal equivalente ao capital investido. Isso porque o valor total do investimento não pode ser apropriado de uma só vez, no mês em que foi realizada a operação de compra. O correto é estimar a vida útil do bem e calcular a parcela de custo do capital a ser alocada a cada período unitário de tempo (o mês, por exemplo). Esse valor é então somado aos demais custos operacionais, de forma a se chegar ao custo total.

A forma mais simples de fazer isso é o de calcular o custo de aquisição do bem sem levar em conta os custos financeiros envolvidos. Suponhamos, por exemplo, que um bem vai ser adquirido por I R$, tendo uma vida útil de n meses. Ao fim da vida útil, o bem ainda terá um valor econômico, ou seja, poderá ser vendido a terceiros, trazendo uma receita extra para a empresa que o vendeu. Esse valor de revenda é chamado de **valor residual**, e é representado por VR. Assim, a empresa terá desembolsado, na aquisição do bem, um valor líquido igual a diferença $I - VR$. Se dividirmos esse valor pela vida útil n do bem (em meses), teremos a parcela do capital a alocar mensalmente:

$$C = \frac{I - VR}{n}$$

Essa forma simplista de calcular o custo do investimento não inclui os efeitos financeiros advindos do fato de que o capital empatado é desembolsado na data zero e o retorno (parcelas do capital recuperadas mês a mês) vai ser apropriado ao longo de n meses. Não obstante esse fato, esse critério é o adotado pela Receita Federal para o cálculo da depreciação contábil, para fins de imposto de renda de pessoa jurídica.

Uma forma mais correta de calcular o custo do capital considera não somente a parcela do investimento propriamente dito, como também os custos financeiros incorridos. Para isso, imaginamos que a empresa fosse pagando o bem adquirido mês a mês, durante os n meses correspondentes à vida útil do bem, a uma taxa de juros igual à taxa de oportunidade da empresa. Devemos lembrar que esse esquema é puramente fictício, não refletindo uma operação real. De fato, a empresa pode ter adquirido o bem a vista, ou financiado o mesmo num prazo diferente da sua vida útil. Por exemplo, se a vida do bem for de 5 anos, ou 60 meses, é possível que a empresa tenha pago o mesmo (um veículo, por exemplo) num prazo de apenas 6 meses, com 30% de entrada. No entanto, para o cálculo do custo mensal do capital, consideramos as parcelas distribuídas uniformemente pelos n meses da vida útil do bem.

Imaginemos, então, que o fluxo de caixa fictício seja feito durante n meses, à taxa de oportunidade j. Conforme visto anteriormente, o custo mensal C do capital, é dado então pela expressao:

$$C = FRC \cdot I$$

$$FRC = \frac{j \cdot (1+j)^n}{(1+j)^n - 1}$$

Por exemplo, suponhamos que a empresa adquiriu um veículo por um valor I = R$119.047,61, sendo que a vida útil do mesmo é de 60 meses (cinco anos). Suponhamos também que a taxa de oportunidade real da empresa (sem considerar a inflação) seja de 2% ao mês. Para n = 60 e j = 0,02 (isto é, 2% dividido por 100), temos FRC = 0,02877, levando a:

$$C = FRC \cdot I = 0{,}02877 \cdot 119.047{,}01 = R\$ \ 342$$

CUSTO DO CAPITAL

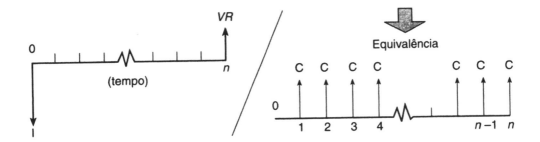

Figura 1.9 — Custo mensal equivalente

A empresa deveria, então, alocar aos custos operacionais um valor adicional de R$3.425,00, para levar em conta o custo de investimento do veículo.

Freqüentemente, somos obrigados a considerar, no cálculo do custo de capital, uma estimativa do valor residual do veículo ao fim de sua vida útil. Devemos lembrar que nada é jogado fora: se um equipamento deixou de ser útil para sua empresa, ele poderá ser adquirido por outra pessoa ou organização, passando a servir a outro dono, daí por diante. Mesmo que seja destinado ao sucateamento ou ao desmonte, ainda assim o bem terá um valor de revenda, ou **valor residual**, que denominamos de VR.

Temos, então, um fluxo de caixa simples, representado na Fig. 1.9a. No instante zero, a empresa está investindo um valor I; no instante n (fim da vida útil), receberia uma quantia VR, correspondente ao valor de revenda do veículo. Esse fluxo de caixa simples (Fig. 1.9a) deve ser transformado no fluxo de caixa equivalente, indicado na Fig. 1.9b. Ou seja, queremos calcular a parcela mensal constante C que apresente o mesmo valor presente do fluxo de caixa (Fig. 1.9a).

O valor presente do fluxo de caixa da Fig. 1.9a, como vimos, é dado por:

$$P = I - \frac{VR}{(1+j)^n}$$

Na expressão acima, o valor residual VR aparece com sinal negativo, porque é uma receita ou entrada de dinheiro, enquanto I é um desembolso.

Para determinar o custo mensal equivalente (série uniforme de pagamentos), multiplicamos agora o valor presente P pelo fator de recuperação do capital (FRC), calculado para uma taxa j e prazo de n meses:

$$C = FRC \cdot P$$

Existe uma fórmula mais simples para determinar C, que está deduzida no Apêndice 3, que é a seguinte:

$$C = (I - VR) \cdot FRC + VR \cdot j$$

Suponhamos, por exemplo, que o veículo do exemplo anterior (I = R$119.047,61, n = 60 meses, taxa de oportunidade de 2% ao mês) tenha um valor residual de 20% do valor inicial ao fim de sua vida útil, ou seja, VR = R$23.809,52. Já sabemos que FRC, para esse caso, é igual a 0,02877 e, portanto, (em reais):

$$C = (119{,}04 - 23{,}80) \cdot 0{,}02877 + 23{,}80 \cdot 0{,}02 = 2{,}74 + 0{,}47 = R\$3{,}21$$

Comparando esse último valor com o obtido anteriormente (valor residual nulo), vemos que a diferença é relativamente pequena, cerca de 6%. A razão para isso é que o valor hipotético de revenda do veículo só ocorrerá num futuro distante (60 meses após a data zero), sendo descontado a uma taxa mensal j e, conseqüentemente, o valor presente acaba sendo pouco expressivo.

Outra forma alternativa de calcular o custo mensal do investimento é por meio da seguinte fórmula aproximada:

$$C = \frac{I - VR}{n} + I \cdot j$$

Essa fórmula não é exata, mas é fácil de aplicar porque não requer o cálculo, mais complicado, do fator de recuperação do capital *FRC*. Para o exemplo anterior temos:

$$C = \frac{119{,}15 - 23{,}80}{5} + 119{,}15 \cdot 0{,}02 = 19{,}06 + 2{,}38 = R\$\ 21{,}45$$

Nota-se, no entanto, que o erro do resultado é muito grande (cerca de 23%), o que nos leva a desaconselhar seu uso, recomendando o emprego da expressão correta.

6. DECISÃO EM GRUPO: Método Delphi

Caráter multidisciplinar dos problemas logísticos

Os problemas logísticos requerem soluções sistêmicas que envolvem decisões de natureza diversa dentro da empresa. Por exemplo, ao definir um determinado prazo de entrega para os produtos de uma firma (nível de serviço), ocorrerão efeitos diretos e indiretos na operação da frota, nos níveis de estoque, nos custos e até mesmo nos investimentos (maior número de veículos, maior quantidade de equipamentos para movimentação da mercadoria no armazém, etc.).

No item 7, a seguir, analisaremos em maior detalhe o enfoque sistêmico aos problemas logísticos. De acordo com esse enfoque, o profissional de Logística deverá desenvolver e analisar alternativas diversas de solução, considerando a empresa no seu todo, e trazendo os resultados para uma discussão aberta com os setores de marketing, finanças, produção, entre outros.

Na avaliação das alternativas de solução para o problema logístico, aparecem, quase sempre, variáveis quantitativas (custos, investimentos, prazos de entrega), junto com variáveis qualitativas (satisfação do cliente, imagem da empresa). Se todas as variáveis pudessem ser convertidas num único valor resultante, quantificável, a comparação entre as alternativas seria bastante mais fácil. Não é o que acontece, no entanto, na maioria das situações reais.

O método Delphi

O método Delphi é uma das formas empregadas para contornar esse tipo de dificuldade. Foi desenvolvido na década de 50 pela Rand Corporation (California, EUA) e permite que

DECISÃO EM GRUPO: Método Delphi

se chegue a soluções de consenso para problemas de avaliação individual difícil. Consiste em se obter avaliações individuais de diversos especialistas e reciclar o processo várias vezes até que se consiga uma convergência aceitável.

O nome *Delphi* está ligado a uma localidade da Grécia antiga, Delfos, onde se situava o templo do deus Apolo e seu oráculo. O *Projeto Delphi*, realizado com o patrocínio da Força Aérea Norte-Americana, recebeu esse nome em alusão ao famoso oráculo grego.

O objetivo principal do método Delphi é, então, o de traduzir avaliações intuitiva e individual de diversos especialistas num resultado único, que incorpore o conhecimento global do grupo de forma sistemática. Supõe-se, para isso, que o conteúdo do resultado assim obtido seja igual ou melhor que o julgamento individual de cada membro do grupo (isto é, todos juntos tendem a errar menos que cada um separadamente).

A sistemática de aplicação do método Delphi prevê: (a) um grupo razoável de especialistas, em geral não maior do que vinte pessoas; (b) a elaboração criteriosa de um questionário por parte de um coordenador; (c) aplicação do questionário a cada membro do grupo, sem comunicação entre os participantes; (d) cálculo estatístico dos resultados; (e) reciclagem do processo tantas vezes quanto necessário, até que se obtenha um nível de convergência satisfatório.

O entendimento do método Delphi ficará mais claro através de um exemplo simples.

UM EXEMPLO

O grupo de Logística de uma indústria de produtos manufaturados precisa definir as variáveis e os respectivos pesos que melhor espelhem a opinião dos clientes sobre a empresa. Os clientes, no caso, são estabelecimentos varejistas que comercializam os produtos da indústria. O objetivo da aplicação do método Delphi, nesse caso, é o de decidir entre duas alternativas, que denominaremos genericamente *A* e *B*.

Para a aplicação do método foram convocados:

(a) Francisco, responsável pela área de finanças;

(b) Alfredo, homem de marketing;

(c) João, gerente de distribuição da empresa;

(d) Orlando, setor de vendas;

(e) Manoel, gerente de produção;

(f) Carlos, coordenador do grupo e responsável pela aplicação do método Delphi.

O coordenador preparou um questionário em que pedia ao participante que registrasse, na ordem de importância, quatro fatores que, na sua opinião, influem no conceito dos clientes em relação à empresa. Pediu também que o entrevistado atribuísse uma nota a cada fator assinalado (de zero a cinco), nota esta que representa o grau de importância do atributo, segundo a opinião do entrevistado.

Os questionarios foram encaminhados a cada participante (separadamente), com uma semana de prazo para a resposta. Cada membro deveria consultar, então, os colegas de sua seção e, em seguida, preencher o formulário.

Expirado o prazo, Carlos recebeu as respostas indicadas no Quadro 1.4. A partir dessas respostas, o coordenador procurou extrair uma lista única de fatores. Muito

Quadro 1.4 Respostas ao questionário prévio preparado pelo coordenador (Método Delphi)

Participante	Fator	Nota
Francisco	• Ausência de avárias no produto	5
	• Prazo para pagamento da fatura	4
	• Mix de produtos oferecidos	3
	• Entrega na data programada	2,5
Alfredo	• Prazo de entrega máximo de 2 dias	5
	• Rapidez nas comunicações com a empresa (resposta rápida as solicitações)	4
	• Freqüência de visitas de vendedores	3
	• Frota pintada com o logotipo da empresa	3,5
João	• Prazo de entrega	4,5
	• Escolha da transportadora pelo cliente	4,5
	• Ausência de danos na mercadoria	3,5
	• Facilidade de comunicação do cliente com a empresa	3,5
Orlando	• Prazo para pagamento das faturas	5
	• Freqüência das visitas dos vendedores	4,5
	• Ausência de avárias na mercadoria	4,5
	• Mix de produtos oferecidos	3,5
Manoel	• Ausência de danos nos produtos	5
	• Embalagem adequada	5
	• Entrega de pequenos lotes (freqüência de entrega)	4
	• Prazo de pagamento das faturas	3,5

embora frases como *entrega na data programada* ou *prazo de entrega máximo de dois dias* sejam formalmente diferentes, Carlos procurou enfeixá-las em fatores homogêneos mais gerais. Por exemplo, para o caso citado, Carlos resumiu tudo num fator único: *prazo de entrega*.

O coordenador somou então as notas atribuídas aos diversos fatores (já compactados) e listou-os na ordem decrescente de importância. O resultado obtido está indicado no Quadro 1.5.

Fica claro, desde logo, que a hierarquização indicada no Quadro 1.5 e os respectivos pesos não podem ser adotados sem uma revisão. Isso porque um participante do grupo pode ser mais severo do que outro e, assim, uma nota *quatro* do primeiro poderá, talvez, ser mais significativa do que um *cinco* de outro colega menos rigoroso. Por isso, o coordenador deve revisar os pesos, definindo sua própria tabela (obviamente com critério).

Após revisão criteriosa dos resultados do Quadro 1.5, Carlos e os demais técnicos do grupo de Logística chegaram à lista final dos fatores e dos respectivos pesos, apresentada no Quadro 1.6.

Quadro 1.5 Lista dos fatores e respectivos pesos

Fator	Notas	%
Ausência de avarias nos produtos:	5 + 3,5 + 4,5 + 5 = 18,0	22,2
Prazo de pagamento das faturas:	4 + 5 + 3,5 = 12,5	15,4
Prazo de entrega:	2,5 + 5 + 4,5 = 12,0	14,8
Freqüência das visitas dos vendedores:	3 + 4,5 = 7,5	9,3
Rapidez de comunicação com a empresa:	4 + 3,5 = 7,5	9,3
Mix de produtos:	3 + 3,5 = 6,5	8,0
Embalagem adequada:	5,0	6,2
Escolha da transportadora pelo cliente:	4,5	5,6
Freqüência das entregas:	4,0	4,9
Pintura da frota:	3,5	4,3
Total	81,0	100,0

Quadro 1.6 Lista revisada dos fatores e respectivos pesos

	Fator	Peso
1.	Ausência de avarias nos produtos	23
2.	Prazo de entrega	18
3.	Prazo de pagamento das faturas	18
4.	Rapidez de comunicação com a empresa	14
5.	Embalagem adequada	8
6.	Pintura da frota (imagem da empresa)	7
7.	Freqüência de visitas dos vendedores	3
8.	Mix de produtos	3
9.	Freqüência da entrega	3
10.	Escolha da transportadora pelo cliente	3
	Total	100

Quadro 1.7 Folha a ser preenchida individualmente pelos participantes

	Atributo ou fator	Nota (de 0 a 5) Alternativa A	Alternativa B
1.	Ausência de avarias	☐	☐
2.	Prazo de entrega	☐	☐
3.	Prazo de pagamento faturas	☐	☐
4.	Facilidade de comunicação com a empresa	☐	☐
5.	Embalagem adequada	☐	☐
6.	Pintura da frota (imagem)	☐	☐
7.	Freqüência de visitas dos vendedores	☐	☐
8.	Mix de produtos	☐	☐
9.	Freqüência de entrega	☐	☐
10.	Escolha da transportadora pelo cliente	☐	☐

A segunda etapa do trabalho se inicia agora. Carlos prepara uma descrição sucinta das alternativas *A* e *B*, apresentando as características relevantes de cada uma. Junto com esse texto, o coordenador encaminha uma folha contendo os fatores indicados no Quadro 1.6, na mesma ordem, mas sem os pesos. Duas colunas em branco são destinadas a receber as notas, que devem ser atribuídas a cada fator, para cada alternativa (Quadro 1.7).

As notas devem ser atribuídas, conforme o impacto de cada alternativa no atributo considerado, da seguinte forma:

Nota

- O impacto (positivo) e quase nulo 1
- Há um pequeno impacto positivo 2
- Há um impacto positivo moderado 3
- Há um impacto positivo forte 4
- Há um impacto positivo muito forte 5

Vamos tomar como exemplo ilustrativo o fator *prazo de entrega*. As notas atribuídas pelos cinco participantes para cada alternativa foram as seguintes:

	Alternativa A	Alternativa B
Francisco	4	2
Alfredo	3	2
João	5	1
Orlando	2	1
Manoel	3	1

Ordenando as notas na escala crescente, para cada alternativa, temos:

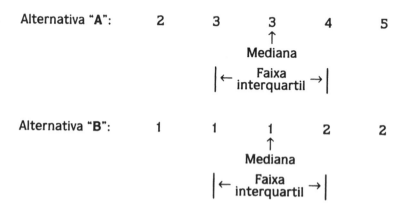

A mediana é o valor situado no meio de cada seqüência. A faixa interquartil cobre 25% das ocorrências de cada lado da mediana, aproximadamente.

Depois de calcular as medianas das notas para cada atributo e as respectivas faixas

DECISÃO EM GRUPO: Método Delphi

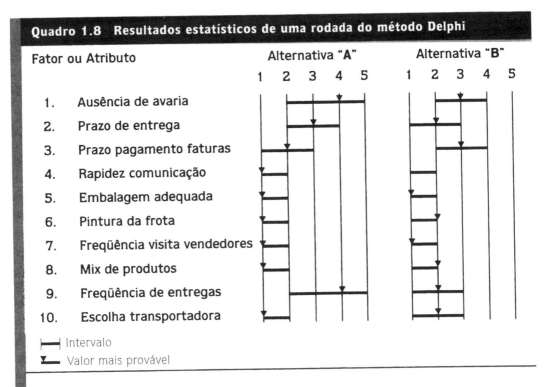

interquartil, o coordenador envia novamente o questionário para cada membro do grupo. Nessa nova rodada, são apresentadas as medianas de cada atributo e as respectivas faixas. O coordenador não deve permitir que os participantes fiquem sabendo das avaliações individuais dos demais, devendo fornecer apenas as medianas e as faixas interquartil. É de se ressaltar, da mesma forma, que não deve haver comunicação de qualquer espécie entre os membros do grupo.

O resultado do cálculo para cada fator, e por alternativa, está indicado no Quadro 1.8. Esse quadro será encaminhado, então, aos participantes para que refaçam suas avaliações.

A idéia é a seguinte: se um dos participantes deu uma nota muito discrepante em relação ao restante do grupo (muito fora da faixa interquartil), ele poderá reanalisar a questão, em contacto com seus colegas de seção, e rever a nota. Note-se que essa revisão não é obrigatória: os participantes poderão repetir as mesmas notas, se quiserem. Acontece que, se todos estiverem motivados a obter uma solução de consenso (e nisso muito infuirá a atuação mediadora do coordenador), os participantes não terão razão para permanecerem intransigentes. A experiência da aplicação do método Delphi a inúmeros casos, no Brasil e no exterior, permite afirmar que normalmente os conceitos tendem a convergir para limites aceitáveis, à medida que o processo é reciclado.

É claro que grupos pequenos de pessoas (no exemplo, apenas cinco) não permitem que se chegue a resultados plenamente satisfatórios. O número ideal de participantes situa-se entre dez e vinte membros.

Quadro 1.9 Resultado final da aplicação do método Delphi

Fator ou Atributo	Peso	Alternativa "A" Nota(*)	Alternativa "A" Pontos(**)	Alternativa "B" Nota(*)	Alternativa "B" Pontos(**)
1. Ausência avarias	23	4	92	3	69
2. Prazo de entrega	18	3	54	2	36
3. Prazo pagamento faturas	18	3	54	3	54
4. Rapidez comunicação	14	1	14	1	14
5. Embalagem adequada	8	1	8	1	8
6. Pintura da frota	7	1	7	2	14
7. Freqüência visita vendedores	3	1	3	1	3
8. Mix de produtos	3	1	3	1	3
9. Freqüência da entrega	3	4	12	2	6
10. Escolha transp.	3	1	3	2	6
Total	100		250		213

(*) As notas correspondem às medianas obtidas na última rodada do método Delphi.
(**) Produto do peso pela respectiva nota.

Após algumas iterações do processo, o coordenador obtém, finalmente, os resultados indicados no Quadro 1.9. Observe que o coordenador explicitou agora os pesos de cada atributo. As notas que aparecem no Quadro 1.9 correspondem às medianas obtidas na última rodada do método Delphi. É aconselhado efetuar pelo menos três iterações do método Delphi, de forma a se obter resultados o mais próximo possível da situação de consenso.

Somando-se os pontos da alternativa A e da B obtêm-se, respectivamente, os totais de 250 e 213. Esse resultado indica que a alternativa A tende a ser melhor aceita pelos clientes, visto, é claro, segundo a óptica dos diversos departamentos da empresa. Para uma decisão final, seria necessário, ainda, comparar investimentos, custos operacionais, etc., de forma a possibilitar uma avaliação mais completa do problema.

O método Delphi, neste exemplo, permitiu, então, analisar as alternativas segundo fatores subjetivos, conduzindo a uma avaliação final bastante próxima do consenso.

7. O ENFOQUE SISTÊMICO

Logística e sistemas

Muito embora o conhecimento da Teoria de Sistemas e a aplicação de seus princípios sejam importantes no exercício profissional e no desenvolvimento científico, ainda assim, observamos que muita gente os ignora, cometendo erros imperdoáveis, por desconhecê-los. No caso das empresas e órgãos do Governo, por exemplo, pode-se atribuir parte da culpa pelo mau planejaniento e a má operação de seus serviços a excessiva departamentalização da máquina estatal. Assim, um órgão do Governo, digamos, pode tratar da operação de um porto regional, enquanto outro órgão é responsável pelo acesso terrestre (uma ferrovia, por exemplo). Os dois não se entrosam e muitas vezes o conjunto (sistema) não funciona, porque um deles não colabora ou porque a interface entre ambos está ruim. Mais importante do que melhorar cada subsistema individualmente seria muito mais proveitoso, em termos globais, pensar no sistema como um todo.

Há setores da atividade humana em que, bem ou mal, com ou sem a utilização dos conceitos de sistemas, as coisas vão se desenrolando de forma ineficiente, com custos elevados, mas ainda assim sobrevivendo. Outras atividades ou processos, no entanto, não conseguem se desenvolver sem que se lance mão do enfoque sistêmico. É o caso, literalmente, de um avião. Não basta juntar as asas de um DC3 com os motores de um Boeing 737, a fuselagem de um DC-9 e os sistemas de controle de um Fokker para se obter um avião que voe realmente. Esse conjunto justaposto de partes, ainda que parecendo um avião e bem montado, certamente não sairá do chão, mesmo com 10 km de pista.

No caso da Logística, o enfoque sistêmico é igualmente vital. Os setores que se interpenetram dentro da empresa, sempre que um problema logístico importante surge, são múltiplos e de visões antagônicas: *marketing*, produção, comercialização, transporte, finanças, etc. Assim, longe de ser um modismo, os conceitos de Teoria de Sistemas e, na prática, o enfoque sistêmico, constituem um dos pilares básicos da Logística Aplicada. Aliás, não é outra a situação em domínios correlatos como, por exemplo, *Marketing*, *Kanban*, *Just in Time*, etc.

Segundo Churchman, uma definição simples e universalmente aceita para sistema é *um conjunto de partes coordenadas para realizar um conjunto de finalidades.* Um animal, por exemplo, é um sistema com muitas partes (subsistemas) que atuam de forma coordenada e integrada para atender a várias finalidades: autoconservação, reprodução, criação da prole, etc.

Na formação educacional anglo-saxônica e japonesa, o conceito de sistema está muito mais presente que na brasileira. Veja-se, por exemplo, a Constituição norte-americana, muito mais enxuta, em contraposição à brasileira, bem prolixa e contendo aspectos de pequena importância ao lado de tópicos de alta relevância para a sociedade em geral. A redundância, a mistura do essencial com o secundário, tudo isso é muito do latino e, nós brasileiros, talvez nos tenhamos sobressaído dos demais povos nesta matéria.

No enfoque sistêmico, é muito importante identificar com clareza as relações de causa e efeito entre os elementos que formam o sistema. Não basta conhecer as partes em detalhe como, por exemplo, o motor, as asas, a fuselagem de nosso hipotético avião. Sem conhecer as variáveis que influem na sustentação da aeronave, na sua governabilidade (direção, subida-descida, etc.), na rigidez estrutural, etc. será impossível construir algo que realmente voe.

A Teoria dos Sistemas procura definir princípios e propriedades que sejam comuns a qualquer tipo de sistema, seja no reino animal, seja na mecânica, ou mesmo nas atividades empresariais e governamentais. Não é objetivo deste texto discutir aspectos muito genéricos. No entanto, é necessário analisar alguns aspectos importantes, cujo conhecimento é vital para as aplicações práticas.

Sete características importantes dos sistemas

Das inúmeras propriedades e características dos sistemas, selecionamos sete que consideramos essenciais para o entendimento básico do assunto e para a aplicação prática do assim chamado enfoque sistêmico. Essas sete características são apresentadas e discutidas a seguir.

(1) O sistema é formado por componentes que interagem

Tanto no dia-a-dia, como nos grandes avanços tecnológicos e científicos, quase tudo na vida é constituído por conjuntos mais ou menos complexos (sistemas), formados por componentes ou subconjuntos interagindo entre si e com o meio ambiente.

O corpo humano é um dos exemplos mais maravilhosos de sistema na acepção plena da palavra. Uma forma de desmembrá-lo ou analisá-lo é a da identificação dos órgãos: coração, cérebro, pulmões, rins, fígado, etc. Outra forma estaria ligada, por exemplo, às funções externas e apresentação do sistema corpo: cabeça, tronco e membros. Percebe-se, assim, que a classificação dos componentes ou subsistemas vai depender do objetivo que temos em mente. Conforme o tipo de solução de um problema, para o qual devemos achar uma solução, diversa será a sua divisão em subsistemas.

Aspectos sociais também refletem as características típicas de sistemas. Numa reunião de um grupo de pessoas para discutirem determinado assunto, temos um coordenador ou presidente, um relator ou secretário e membros ou componentes. Se, de repente, entrar na sala um homem de vendas de cigarro, talvez ele faça de imediato uma classificação em fumantes e não fumantes. É claro que por trás disso tudo estão os objetivos da análise, sem os quais o problema perde seu interesse prático.

É importante frisar que os componentes que formam um sistema (ou seja, seus subsistemas) não são meramente colocados juntos, numa simples justaposição de elementos um ao lado do outro. Ao contrário, quanto mais complexo for o sistema, maior a interação entre os componentes: o funcionamento de um deles implica, quase sempre, na participação orquestrada dos demais, ou de boa parte deles. Quando fazemos exercício físico, por exemplo, o coração bate mais forte para melhor irrigar as células; o pulmão, por sua vez, aumenta também o volume da respiração, de forma a fornecer mais oxigênio à corrente sangüínea.

(2) Quando o sistema está otimizado, os componentes também o estão

É muito comum se ouvir a afirmação de que o ótimo do conjunto (sistema) não coincide necessàriamente com a agregação dos ótimos dos componentes (subsistemas). Ou seja, não podemos considerar isoladamente cada componente do sistema e otimizá-lo separadamente, como se os outros componentes e o conjunto não existissem. Se fizermos isso, chegaremos muitas vezes a aberrações, sem maiores conseqüências práticas.

Suponhamos, por exemplo, que lhe peçam para projetar um motor elétrico para um veículo de carga especial. Você é engenheiro mecânico, especializado no projeto de motores. Ninguém lhe diz nada sobre as restrições do projeto, finalidade, condições de operação, etc. Como você é um bom profissional, vai estudar o assunto e acaba desenvolvendo um motor muito econômico e barato. Ótimo! Só que, ao se juntarem os elementos do projeto, acaba-se descobrindo que o peso das baterias, necessárias para movimentar o veículo, suplanta em muito o peso útil do mesmo. Então, em lugar de transportar a carga, seu veículo carregaria tão somente as baterias.

Fica claro, então, que não se pode projetar um sistema, otimizando cada componente isoladamente. Como, então, se deve proceder?

Existem formas de otimizar algo, impondo restrições exógenas, permitindo que se chegue às melhores soluções, mas respeitando, ao mesmo tempo, as chamadas condições de contorno. Assim, ao ligarmos um certo componente ao conjunto, ele estará apto a responder eficientemente aos diversos tipos de solicitações externas. Tomemos, por exemplo, o distribuidor de um automóvel. O avanço ótimo varia com a rotação do motor. Não existe assim um avanço ótimo único (como, aliás, acontecia com os carros antigos), mas uma gama de situações que dependem da marcha do veículo. Uma ligação do distribuidor com o carburador, devidamente ajustada, vai permitir que se adapte o avanço da ignição de forma a otimizar a performance do veículo.

Podemos, então, dizer que, para se chegar a sistemas bem projetados, é necessário que seus subsistemas também estejam otimizados. No entanto, a otimização dos subsistemas não é feita de forma autônoma, mas considerando as inter-relações das partes entre si.

(3) Todo sistema tem pelo menos um objetivo

Como já vimos anteriormente, o conhecimento humano tem se desenvolvido e progredido seguindo o processo iterativo, de tentativa e erro. Os sistemas, de uma forma geral, têm um ou mais objetivos bem definidos. No caso dos sistemas projetados e construídos pelo homem, é preciso, antes de mais nada, definir claramente o que se pretende com sua criação.

No ambiente empresarial, as pessoas desenvolvidas em termos sistêmicos conseguem estabelecer para onde deve caminhar a firma, o departamento, etc. Ou seja, essas pessoas procuram definir claramente os objetivos. Exemplos: alcançar uma participação no mercado (*market share*) de 30%; diminuir de um dia o prazo de entrega numa determinada região, etc.

No ataque aos problemas logísticos, a definição de objetivos implica, quase sempre, em compatibilizar metas conflitantes de setores diversos (vendas × produção, por exemplo). Isso, mais do que nunca, exige uma postura sistêmica firme e persistente, como veremos adiante.

(4) A avaliação do desempenho de um sistema exige medida(s) de rendimento

As variáveis ou parâmetros que utilizamos para identificar onde estamos no processo evolutivo, ou se já alcançamos nosso objetivo, constituem as medidas de rendimento do sistema. Sinônimos de rendimento são freqüentemente usados: nível de serviço, produtividade, qualidade, eficácia, eficiência, etc. As nuances semânticas são muito exploradas por defensores desse ou daquele termo; para nós, o que importa é a escolha adequada das variáveis e sua correta avaliação. Ou seja, o mais importante não é a busca do termo mais adequado e sim o processo de como medir o rendimento na prática e avaliá-lo corretamente. De fato, muitas vezes são escolhidos parâmetros de difícil quantificação prática, invalidando métodos de concepção brilhante, mas de realização inviável.

Um ponto importante a considerar quando se escolhem as variáveis é, então, a possibilidade de quantificá-la, ou pelo menos qualificá-la (isto é, definir uma classificação hierárquica clara, representada por conceitos do tipo *A*, *B*, *C*, etc. ou *ótimo*, *bom*, *regular*, *ruim*, etc.). Por exemplo, o subsistema vendas de uma empresa demanda prazo de entrega do subsistema logística. Nesse caso, a variável *prazo de entrega* deve ser uma das medidas incluídas no nível de serviço desejado. Essa variável pode ser mensurável ou quantificável em dias, horas, etc., conforme a necessidade, podendo então fazer parte do nível de serviço, ou medida de rendimento do sistema.

(5) Sistemas criados pelo homem requerem planejamento

Sendo os sistemas entes complexos por sua própria natureza, é de se esperar que, na vida real, a aplicação do enfoque sistêmico não seja tão fácil. Para se conseguir bons resultados, é necessário muito exercício, paciência e sobretudo método.Há pessoas (poucas, infelizmente) que já nascem com esse dom, tornando-se estadistas, líderes religiosos, grandes empresários, etc. sem terem passado por alguma universidade. A visão sistêmica é, neles, algo natural que os acompanha desde o berço.

Para o comum dos mortais, como nós, é necessário seguir disciplinadamente a sistemática do enfoque sistêmico. Em linhas gerais, o planejamento envolve as seguintes etapas:

(a) Identificar claramente os componentes (subsistemas), formando uma estrutura adequada à análise.
(b) Considerar cada componente também como um sistema.
(c) Estabelecer com clareza o objetivo pretendido.
(d) Estabelecer as medidas de rendimento do sistema e definir as variáveis que irão representá-las.
(e) Criar alternativas viáveis, envolvendo processos e/ou tecnologias diferentes e cobrindo uma gama ampla de rendimento. Descartar, de imediato, apenas as alternativas que se mostram inegavelmente inviáveis.
(f) Analisar as implicações de cada alternativa em cada um dos componentes (subsistemas).
(g) Otimizar os subsistemas de forma integrada.
(h) Calcular o rendimento e o custo, para cada alternativa, de cada componente ou subsistema.
(i) Integrar os subsistemas de cada uma das alternativas, de forma a gerar soluções consistentes para o sistema.
(j) Avaliar as alternativas por meio da relação custo/benefício, custo/nível de rendimento ou outra metodologia de avaliação econômica.

(6) A manutenção do nível de desempenho requer controle permanente

Não basta planejar e implantar bem um sistema. Para que ele continue a desempenhar adequadamente suas funções, sem perder seus objetivos e sem degradar seu nível de serviço, é necessário estabelecer controles de forma a mantê-lo no rumo certo. Numa empresa, por exemplo, cada setor (subsistema) é obrigado a fazer concessões de forma a se adaptar ao objetivo de um sistema que está sendo implantado. Se forem deixados livres, sem controle (*laissez faire*), cada subsistema buscará sua própria otimização. Como sabemos, o ótimo individual isolado de cada subsistema raramente coincide com o ótimo sistêmico global. Assim, deixando que cada um cuide de si isoladamente, o sistema acabará sendo desvirtuado com o tempo.

Retomando o sistema avião: os controles são fundamentais para manter o rumo desejado, de forma a garantir o alcance de seu objetivo, ligar os pontos X e Y de forma segura e rápida.

Como é efetuado o controle? Em primeiro lugar, temos de garantir os objetivos pretendidos, isto é, não podemos deixar que os objetivos vão mudando ao sabor das circunstâncias. Atuamos então sobre as variáveis que influem no rendimento, nos custos e na interação do sistema com o ambiente externo. Em termos práticos, estabelecemos controle de qualidade, controle de custos, controle dos prazos de entrega, controle jurídico (contratos, pendências, responsabilidades), etc. Há, assim, um *feedback* (retroalimentação) no sistema, permitindo que se faça as correções de rumo, de forma a garantir os objetivos desejados.

(7) Interação do sistema com o ambiente

Tudo aquilo em que o responsável pelo sistema (gerente) não pode efetivamente interferir, faz parte do que se chama de *ambiente* ou mundo externo. O ambiente limita o desenvolvimento livre de um determinado sistema por meio de restrições, premissas, normas, diretrizes, etc.

Há restrições reais e fictícias, essas últimas muito perigosas, porque impedem muitas vezes a evolução e o progresso. O homem sistêmico, trabalhando na área de Logística, deve considerar sempre as restrições externas como fictícias, enquanto estiverem apenas no papel, na cabeça ou na boca dos outros. *Você não pode fazer isso porque o mercado não está preparado ou porque há uma regulamentação que impede*, etc. Esse tipo de frase você ouve periodicamente de seus colegas, chefes ou, muito provavelmente, de sua própria boca ao meditar sobre as alternativas possíveis.

Essa postura, de supor fictícia qualquer restrição externa até prova em contrário, é salutar. As pressões contrárias que se seguirão, devidamente discutidas e aclaradas, fazem com que o responsável pelo *sistema* perceba com segurança as fronteiras do possível, encontrando os verdadeiros limites das restrições.

Veja, por exemplo, o que aconteceu com o projeto de enviar um homem à Lua. Uma restrição externa importante era o efeito gravitacional: o foguete precisaria levar tanto combustível para retornar a Terra, que o peso resultante inviabilizava o projeto. Estava, assim, definido um impasse. Tal restrição, no entanto, era fictícia e foi contornada através da construção do sistema em estágios, que vão sendo abandonados no espaço à medida que são usados. Na volta, o peso resultante é muito menor, exigindo menos combustível para propulsão e aliviando, assim, o peso do conjunto. Essa solução seria impensável, talvez, vinte anos antes da missão, e foi alcançada por meio do enfoque sistêmico, suplantando, entre outras coisas, as restrições fictícias.

As considerações que fizemos sobre o enfoque sistêmico serão repisadas ao longo do texto, pois são extremamente importantes para se conseguir avanços reais na área de Logística. Devemos lembrar sempre que o enfoque sistêmico, na vida real, não é tão difícil de se aplicar, exigindo apenas que sejamos metódicos e persistentes.

Estudos de alternativas

Uma das características típicas do enfoque sistêmico é não se restringir a apenas uma solução viável, mas ampliar a análise através do estudo de soluções alternativas.

Na Engenharia clássica, um bom profissional consegue realizar normalmente um projeto que atenda os objetivos colocados pelo contratante. Sua experiência profissional e o conhecimento de técnicas mais modernas garantem, de certa forma, o bom resultado de seu trabalho.

Quando, no entanto, há conflitos mais profundos de natureza multidisciplinar, ou quando as restrições técnicas, operacionais ou sócio-econômicas são muito severas, o método clássico de se fazer um projeto já não dá mais bons resultados. Nessas condições, é preciso lançar mão do enfoque sistêmico e analisar várias alternativas factíveis que combinam os fatores multidisciplinares de formas diversas.

No início do processo, selecionamos um número variado de alternativas, cobrindo extensivamente o espectro de possibilidades. Para isso, combinamos as váriaveis do problema de formas diversas. Suponhamos, para raciocinar, que nosso problema contemple duas variaveis x e y.

Primeiramente, selecionamos as alternativas formadas pelas combinações dessas variáveis. Esquematicamente, seriam os pontos de tipo A na Fig. 1.10.

Depois de realizar o estudo das alternativas numa primeira rodada (nível de precisão menor), observaremos que muitas delas não são factíveis ou são dominadas por outras alternativas (custam mais, por exemplo, e não produzem benefícios positivos em relação às demais alternativas). Nesse ponto do estudo, eliminamos as alternativas inviáveis e as dominadas, restando um número menor de possibilidades a examinar em maior detalhe na próxima rodada. Na Fig. 1.10 teremos, então, um conjunto de pontos do tipo B, conjunto este mais compacto que o anterior.

Ao fim, quando as alternativas restantes forem apresentadas para discussão numa reunião congregando os diversos setores da empresa (vendas, produção, finanças, suprimentos, etc.), teremos apenas as soluções relevantes. Para essas, teremos informações suficientemente detalhadas e precisas. Com isso, evitamos a dispersão (análise de alternativas de menor relevância misturadas com outras realmente importantes) e ganhamos em objetividade e tempo, nas discussões e na tomada de decisões.

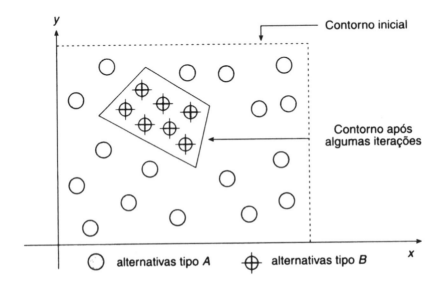

Figura 1.10 — Redução iterativa de soluções

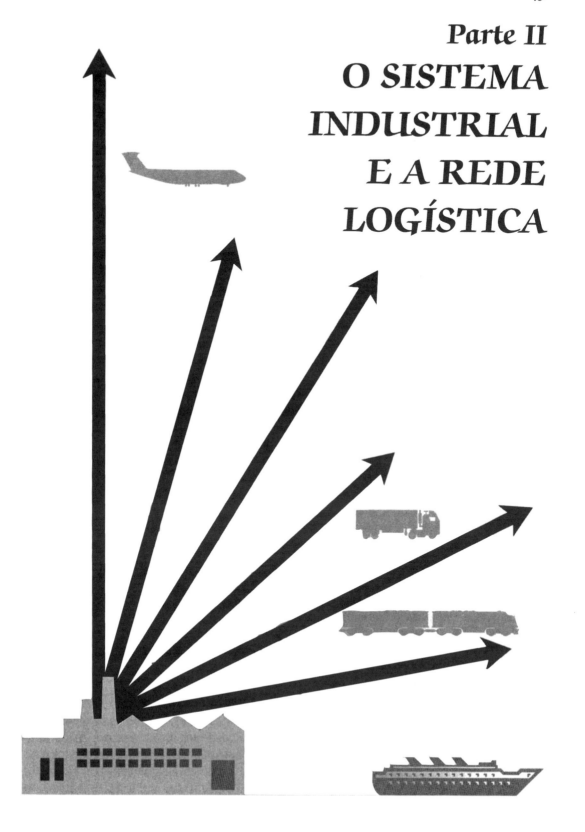

Parte II
O SISTEMA INDUSTRIAL E A REDE LOGÍSTICA

2 O SISTEMA INDUSTRIAL

CONTORNOS DO SISTEMA

Já vimos que todo sistema apresenta interfaces com o ambiente. Se considerarmos o Sistema Industrial, onde estabeleceríamos os contornos do mesmo? No Brasil, é comum se chamar de *Indústria* apenas o subsistema voltado à fabricação ou manufatura de produtos. Na verdade, o Sistema Industrial é muito mais do que isso, englobando, além dos diversos estágios da manufatura, a obtenção da matéria-prima, a armazenagem dos produtos semi-acabados e acabados, as lojas de comercialização e, por último, na seqüência, o consumidor (Fig. 2.1).

As vantagens de estabelecer esse contorno amplo para o Sistema Industrial são múltiplas. Evitamos, antes de mais nada, resultados insatisfatórios ou mesmo inadequados. Além disso, podemos ter certeza de que os problemas que surgirem ao longo do processo poderão ser imediatamente enquadrados num dos subsistemas que o compõe. Dessa forma, eliminamos a possibilidade de ter que rever os contornos do nosso sistema ao depararmos com problemas não vislumbrados no início do processo.

O Sistema Industrial, para nós, é composto então dos elementos indicados acima e mostrados na Fig. 2.1. Isso não impede que, ao longo do texto, façamos referência à *indústria*, quando estamos pensando apenas na manufatura. Nessas ocasiões, estaremos utilizando a terminologia corriqueira e, como tal, deve ser entendida.

A EVOLUÇÃO DINÂMICA DOS PROJETOS SISTÊMICOS

Uma regra prática recomendada para se dar início ao enfoque sistêmico é começar pela análise de seu ambiente, identificando as restrições que agem sobre o nosso sistema. Na verdade, o processo é dinâmico, ou seja, ele se repete inúmeras vezes, numa espiral convergente. À medida que vamos evoluindo, a precisão vai aumentando, em razão do maior nível de conhecimento do sistema. Na Fig.2.2 é mostrada, de forma esquemática, a espiral do enfoque sistêmico. Partimos de um ponto A, com nível de precisão ainda baixo. Vamos resolvendo os problemas B, C, D... até que conseguimos fechar nosso projeto numa primeira aproximação. Ao voltar novamente ao ponto inicial (ponto A), possuímos maior nível de conhecimento sobre o processo e refazemos novamente a análise, agora com maior precisão. A espiral continua até um nível de precisão que nos satisfaça.

AMBIENTE DO SISTEMA INDUSTRIAL

Vamos considerar agora a empresa na qual trabalhamos como sendo o nosso *sistema*. É uma indústria típica, que fabrica produtos consumidos no varejo. Nesse caso, as matérias-primas, de um lado, e o mercado consumidor, na outra ponta, passam a ser ambiente para

AMBIENTE DO SISTEMA INDUSTRIAL

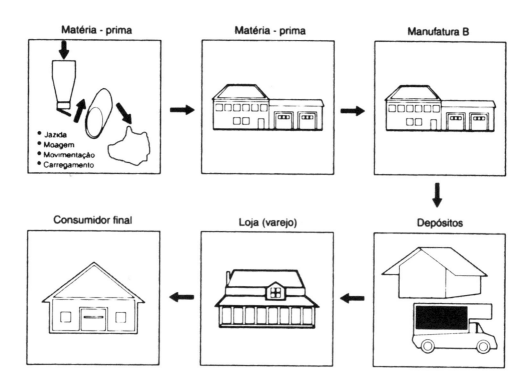

Figura 2.1 — O sistema industrial

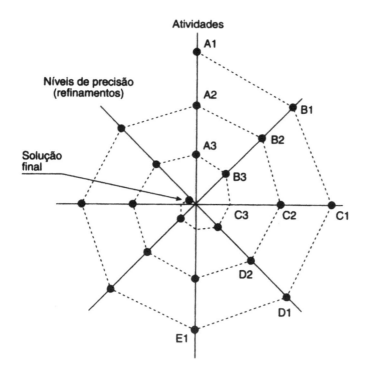

Figura 2.2 — A espiral do enfoque sistêmico

o sistema em análise. Se o mercado consumidor faz parte do ambiente, então não podemos controlá-lo. Esse mercado será uma premissa para nós, ou seja, consideramos suas características qualitativas e quantitativas como elementos para orientar as ações de nossa empresa. Com isso, geramos conceitualmente um grande subsistema dentro de nosso sistema *empresa*: a área de *marketing*.

LOGÍSTICA DE DISTRIBUIÇÃO E MARKETING

Segundo a óptica da Logística, a área de Marketing, atendida pela primeira, e composta de: (a) pesquisa de mercado; (b) distribuição; (c) vendas; (d) comunicação, etc.

As pesquisas de mercado visam conhecer o que o consumidor deseja: tipo do produto, quantidade, dimensão, preço, cor, acabamento, etc.

A distribuição define como devem ser os canais de comercialização. Se o produto é comercializado no atacado, as vendas podem ser efetuadas em grandes lotes, a partir da fábrica ou de depósitos próprios estrategicamente localizados ou de depósitos de terceiros (atacadistas). Se é comercializado no varejo, desejamos definir que tipo de estabelecimento venderá o produto, qual o lote mínimo, com que freqüência, etc. O conceito de varejo tem sofrido mudanças radicais nos últimos anos, com a expansão do *franchising* por exemplo. Esse tipo de comercialização alterou o ciclo clássico da evolução dos empreendimentos varejistas que, antes, passavam por um processo de maturação mais lenta, com empresas crescendo e se aperfeiçoando, enquanto outras, menos capazes, acabavam por desaparecer.

O setor de vendas corresponde à finalização do processo junto ao consumidor, através do atendimento de seus pedidos.

Há uma competição natural e salutar entre os subsistemas *Marketing* e *Logística* numa indústria típica. As idéias geradas na área de marketing tendem a ser mais abstratas, pois esse setor lida com fatores subjetivos. Já a Logística trata de problemas bastante mais concretos (estoques, frota, prazos de entrega, etc.). A compreensão dessas diferenças fará com que as relações conflitantes entre Marketing e Logística sejam resolvidas de forma a se obter soluções melhores quando visto no seu todo o Sistema Industrial em que a empresa está inserida.

Os conflitos entre Marketing e Logística tendem a ser bem mais pronunciados nas indústrias que comercializam seus produtos no varejo. Há também um grande número de indústrias cujos clientes são outras indústrias (fornecedoras de peças, componentes, etc.). A interação entre Logística e Marketing, nesses casos, requer igualmente um tratamento cuidadoso.

Quase todas as questões ou soluções relativas ao Sistema Industrial são vistas sob ópticas diferentes pelo setores de Marketing e de Logística. Exemplos:

(a) Deve a indústria manter um depósito próprio ou deve trabalhar através de atacadistas (terceiros)?

(b) Deve estabelecer um Centro de Distribuição centralizado ou deve manter depósitos regionais?

(c) Deve operar com frota própria, pintada nas cores da empresa com seu logotipo, ou deve utilizar caminhões de terceiros?

(d) Que modos de transporte deve utilizar e em que circunstâncias: rodoviário, ferroviário, marítimo, aéreo?

O ponto importante a ser considerado na administração desses conflitos é exatamente este: equacionar o problema sob os dois enfoques conflitantes, mantendo o objetivo central (do sistema no seu todo) como meta, e integrando as soluções parciais de cada setor (subótimos) de modo a otimizar o conjunto.

LOGÍSTICA DE SUPRIMENTO

Quando consideramos as relações com o ambiente no que diz respeito à matéria-prima, notamos a existência de um subsistema, dentro da indústria, denominado Logística de Suprimento ou algo semelhante. Seus componentes principais são:

(a) Extração ou retirada da matéria-prima na sua origem e preparo da mesma para o transporte.

(b) Deslocamento da matéria-prima desde a jazida até o local de manufatura, que corresponde ao transporte da mesma.

(c) Estocagem da matéria-prima na fábrica, aguardando que os produtos sejam manufaturados.

No processo de suprimento, surgem problemas diversos daqueles encontrados na logística de distribuição de produtos acabados. Um problema típico é o da diversificação da aquisição da matéria-prima. Muitas vezes, não é conveniente para a indústria se abastecer a partir de apenas um fornecedor, por motivos estratégicos. Então, aparecem questões do tipo: quantas devem ser as fontes fornecedoras? Qual a distância máxima a partir da qual deixa de ser interessante transportar a matéria-prima? Qual o mix ideal (quantidades a partir de cada fornecedor)? Qual a modalidade de transporte a ser utilizada em cada caso?

A LOGÍSTICA NO SISTEMA INDUSTRIAL

Se tomarmos o setor de manufatura (a fábrica) como ponto de referência básica, podemos identificar algumas especializações típicas no que se refere à Logística.

Chamamos de Logística de Materiais aquela que lida com os fluxos de materiais de fora para dentro da manufatura, incluindo matéria-prima e outros insumos (peças, componentes, outros produtos acabados que vão integrar o processo produtivo). A Logística de Materiais é tambem chamada de Suprimento, Abastecimento e, em empresas menores, de *setor de compras*. Envolve atividades ligadas à extração e transporte de suprimentos, armazenagem de insumos matéria-prima, etc.

A Logística de Distribuição Física opera de dentro para fora da manufatura. Envolve as transferências de produtos entre a fábrica e os armazens próprios ou de terceiros, seus estoques, os subsistemas de entrega urbana e interurbana de mercadorias, os armazéns e depósitos do sistema (movimentação interna, embalagem, despacho, etc.) além de outros aspectos.

A Logística Interna, que cuida dos aspectos logísticos dentro da manufatura em si, e por isso inserida dentro do PCP (programação e controle da produção), é usualmente tratada com o auxílio de metodologia própria, bastante específica. Japoneses e americanos, por meio de *MRP II, Kanban, Just-in-Time*, etc., desenvolveram técnicas e procedimentos bastante eficazes, mas que fogem ao escopo central deste texto.

É importante observar que os conceitos apresentados acima são necessariamente relativos. Assim, a Logística de Suprimento de uma certa indústria pode representar, para outra que lhe fornece componentes ou produtos intermediários, exatamente sua Logística de Distribuição.

A LOGÍSTICA NOS DIVERSOS TIPOS DE EMPRESA

As indústrias que transformam matéria-prima bruta, tal como minérios (de ferro, bauxita), madeira, etc. em insumos para outras indústrias, dedicam especial atenção à Logística de Suprimento, pois é nessa fase de seu sistema industrial que se concentram os maiores problemas. A distribuição de seus produtos (lingotes, placas, tarugos, no caso de produtos metálicos semi-acabados; tábuas, pontaletes, caibros, etc. no caso de produtos de madeira) é uma operação relativamente mais simples, pois são adquiridos em quantidades maiores, entregues em menor número de destinos, etc.

As empresas atacadistas, por sua vez, se caracterizam pelo fato de que os produtos são idênticos aos insumos, uma vez que não há fabricação, mas apenas comercialização em larga escala. Da mesma forma como recebem os insumos (produtos fornecidos por fabricantes) de forma concentrada, e os vendem também em grandes lotes, o processo logístico nas duas pontas (entrada e saída) é bastante semelhante. Essas empresas se caracterizam pela ênfase na armazenagem de produtos de forma a atender a política de preços, variações na demanda, etc.

As empresas transportadoras, por sua vez, têm semelhanças, em termos logísticos, com os atacadistas. Recebem mercadorias diversas numa ponta, e as transportam para destinos diversos. A grande diferença é que as atividades de armazenagem são mínimas, apenas durante o curto período necessário para efetuar a triagem e o despacho.

Certas empresas transportadoras, no entanto, se especializam em carga fracionada ou parcelada (pacotes, pequenas caixas). Nesse caso, o processo de coleta e de distribuição adquire aspectos bastante peculiares em termos de frota (tipo de veículo), roteiros, operações nos depósitos, etc.

As empresas varejistas, por sua vez, se caracterizam por receber mercadoria concentrada em grandes lotes, proveniente diretamente das indústrias ou de atacadistas, e distribuição pulverizada, atendendo aos inúmeros clientes que adquirem os produtos nas suas lojas. O processo de distribuição (entrega) de produtos aos clientes é bastante complexo porque, muitas vezes, envolve veículos especiais, problemas de roteirização, etc., além de excessivo número de itens para processar, documentar e coordenar.

Finalmente, um tipo de empresa que nós, usuários, quase nunca pensamos que tenha problemas de logística: o banco. Apesar da automação bancária, a maior parte das transações implica na emissão de papel (documentos). O próprio cheque, quando é depositado numa conta-corrente, deve chegar a agência do emitente para conferir assinatura, etc. Dessa forma, a operação bancária exige, com muita freqüência, o transporte de documentos que deve atender a restrições rígidas de tempo (por exemplo, os cheques compensados de uma agência devem chegar com tempo suficiente para serem verificados e retornados à compensação no caso de não terem fundos, quando a assinatura não confere, etc.).

Em Logística, tanto o Suprimento como a Distribuição Física são, em princípio, igualmente importantes. A maior ênfase num ou noutro vai depender das características próprias de cada empresa.

RESOLVENDO OS CONFLITOS ENTRE MARKETING E LOGÍSTICA

Os conflitos conceituais entre Marketing e Logística, quando bem administrados, levam a soluções globais (sistêmicas) melhores. Há, por assim dizer, uma relação dialética entre o profissional de Marketing e o de Logística, que tende a privilegiar um em detrimento do outro, caso o problema não seja colocado nos seus devidos termos, ou seja, a nível sistêmico.

O setor de Logística atua sobre problemas concretos (produtos a serem transportados, prazos de entrega, níveis de estoque, depósitos). Já o profissional de Marketing trabalha, na maior parte dos casos, com conceitos e variáveis abstratas (tendências do mercado, nível de serviço desejado pelos clientes, etc.). Dessa forma, a área de Marketing formula suas expectativas em relação ao atendimento aos clientes, mas numa forma um tanto vaga e sem quantificar as implicações em termos de custo, operação, recursos de pessoal, etc.

Assim, *distribuição* dos produtos para os clientes, na mente de um profissional de Marketing, reflete um desejo ou aspiração. Para o profissional de Logística, no entanto, essa questão tem de ser concretizada de forma real, física, daí o nome *Distribuição Física* usado nesse último setor.

Quando o setor de Marketing pensa nos clientes, visualiza atributos tais como: satisfação, entrega nos prazos adequados, volume de vendas, etc. Para o profissional de Logística, é necessário ir além desses conceitos. Ele precisa viabilizá-los concretamente, por meio do transporte adequado, armazéns e depósitos estrategicamente localizados, etc.

O leitor não deve concluir, no entanto, que a área de Logística da empresa é mais importante que a de Marketing, ou mais nobre. Esse tipo de atitude, ainda que não explícita, gerará distorções sérias, com o setor de Logística impondo soluções sem ouvir as demais áreas. Se o enfoque imposto pela direção da empresa for o sistêmico, deverá haver uma disputa construtiva entre as duas áreas, levando às soluções de equilíbrio que melhor atendam à empresa. Como?

Para cada desejo do consumidor, que o pessoal de Marketing procura transmitir e atender de forma um tanto abstrata, o setor de Logística tenta resolver a questão de forma concreta, analisando a quantidade de recursos necessários, os custos envolvidos e o nível de rendimento das diversas alternativas de solução. Os resultados dessa análise, englobando sempre que possível mais que uma alternativa, serão submetidos ao setor de Marketing, que deve participar da escolha, assumindo conjuntamente as implicações da nova política da empresa. Outros setores, como Produção, Finanças, etc. também devem participar e concordar com a solução adotada.

A prática empresarial brasileira mostra que, salvo raras exceções, essa atuação sistêmica das áreas de Marketing e Logística de uma empresa é pouco encontrada, prevalecendo quase sempre o setor de vendas sobre os demais. O conceito de Marketing, muito embora o termo seja largamente empregado, é, por sua vez, freqüentemente distorcido, havendo predomínio das funções de *venda* nas empresas e, realmente, pouca atividade de *marketing* propriamente dito. Assim, o verdadeiro conhecimento dos anseios dos clientes, que seria conseguido por meio de pesquisas de mercado, entrevistas, etc., e devidamente avaliados e interpretados, é substituído pela análise empírica e subjetiva. E, nesses termos, é obvio que se torna difícil um entendimento mais racional e profissional com outros setores da empresa, entre eles o de Logística.

A Logística, por sua vez, é confundida muitas vezes com transporte, coleta/entrega, armazenagem, etc., quando sua característica principal é a integração sistêmica com o restante da empresa, principalmente Marketing.

A fase de renovação industrial, pela qual começamos a passar no momento em que se busca aumento da qualidade e dos níveis de produtividade e redução de custos, exige que se resolvam com brevidade essas imperfeições. A catalisação desse processo de renovação e modernização deve ser feita com maior velocidade, em razão das dimensões continentais do País e da competitividade crescente observada no mercado internacional.

GERÊNCIA DE LOGÍSTICA (SUPRIMENTO, MANUFATURA E DISTRIBUIÇÃO) NO BRASIL

Na atual fase de evolução da Logística, observamos, nas grandes empresas, três papéis típicos atribuídos aos gerentes de distribuição.

Um dos enfoques é o de atribuir ao gerente dessa área não só a administração da rede de suprimento, manufatura e distribuição física, como também a responsabilidade pela política de estoques da empresa. Esse tipo de enfoque possibilita maior flexibilidade na gestão global do sistema logístico. De fato, quando for necessário reduzir *lead-time*, o gerente poderá compensar o acréscimo no custo por meio de uma diminuição nos níveis de estoque.

Outro tipo de enfoque, oposto ao primeiro, corresponde a designar gerentes parciais de manufatura, suprimento, distribuição e logística, mas sem nenhuma voz ativa sobre o estoque, que é controlado totalmente por Finanças e Vendas.

3 DESENHANDO A REDE LOGÍSTICA

A REDE LOGÍSTICA

Tanto a logística de suprimento como a de distribuição física dependem, para sua boa conceituacção e implementação, da correta representação e análise da REDE.

O que vem a ser REDE logística? É a representação físico-espacial dos pontos de origem e destino das mercadorias, bem como de seus fluxos e demais aspectos relevantes, de forma a possibilitar a visualização do sistema logístico no seu todo.

O leitor pode perguntar: por que a representação da rede é tão importante? Na verdade, o conceito de rede pode ser bastante abstrato: um conjunto de nós (pontos de origem ou destino) que devem ser atendidos através de ligações (meios de transporte existentes), nas quantidades preestabelecidas, etc. O setor de Marketing da empresa quase sempre possui uma visão abstrata da rede: conhece os canais de distribuição, os clientes e suas localizações, e sabe que os produtos devem ser deslocados desde as fábricas e armazéns até eles. Sabe também que determinados prazos devem ser respeitados e que os custos logísticos devem ser mantidos relativamente baixos, sob pena de provocar a reação do setor de Finanças.

Essa *rede idealizada* vista pelo pessoal de Marketing mistura, quase sempre, aspectos essenciais com detalhes secundários, porque a questão é olhada estritamente sob uma óptica específica, a mercadológica, quando sabemos que o problema logístico é de natureza sistêmica.

Assim, as idéias do setor de Marketing, em relação à rede logística, devem ser analisadas e depuradas de forma a se chegar a um resultado de consenso, no qual sejam contemplados custos, estrutura operacional e nível de atendimento aos clientes.

O PAPEL DE INTERMEDIAÇÃO DO SETOR DE LOGÍSTICA

O setor de Marketing da empresa reflete as aspirações do mercado consumidor. Essas aspirações precisam ser tornadas concretas, de forma que o setor de Logística possa executá-las dentro dos limites aceitáveis de prazos e de custos. Deve haver, então, um processo iterativo entre os dois setores, de forma a atender, na prática, os anseios do setor de Marketing (que reflete os desejos do mercado).

Na verdade, há um terceiro setor da empresa que raciocina de forma oposta ao setor de Marketing: é a área de Finanças. De forma sistêmica, o pessoal de Logística fará o papel de intermediador entre Marketing e Finanças, levando a uma solução que satisfaça a ambos e a empresa no seu todo.

De início, o setor de Marketing da empresa vai manifestar suas expectativas em relação:

- ao nível de serviço desejado para atendimento dos clientes ou usuários internos;

- ao modo (ou modos) de transporte desejados para realizar as transferências e distribuição (caminhão, trem, avião, navio);
- às vantagens e desvantagens da utilização de frota própria ou de terceiros (a primeira, por exemplo, pode ser um veículo importante de propaganda e de imagem mercadológica, quando pintada de forma eficaz);
- à opinião sobre as vantagens mercadológicas de manter depósitos regionais versus a solução de se ter um esquema centralizado.

Se deixarmos a área de Marketing discutindo a questão com o setor de Finanças da empresa, veremos que seus pontos de vista vão conflitar de forma quase radical. No que se refere ao nível de serviço, mais especificamente aos prazos de entrega das mercadorias, o setor de Marketing preconiza limites rígidos, os mais curtos possíveis. Para Finanças, tanto faz: prazos curtos ou longos não fazem parte de suas preocupações imediatas.

Para o setor de Marketing, com referências aos possíveis modais, a escolha recai no meio de transportes mais nobre e mais rápido, ou seja, idealmente o aéreo. Já o pessoal de Finanças pensará em usar o mais econômico.

Abrir depósitos regionais em grande número, de forma a atender mais prontamente os clientes e dar-lhes melhor assistência, é, sem dúvida, o que sente o pessoal de Marketing. Finanças, por sua vez, optaria por um esquema centralizado de forma a reduzir pessoal, investimentos e custos de operação.

O setor de Logística fará, por assim dizer, a harmonização desses dois extremos, levando a uma solução de consenso.

UTILIZANDO A REDE LOGÍSTICA PARA A OBTENÇÃO DA SOLUÇÃO DE CONSENSO

Se colocássemos em volta de uma mesa de reuniões o pessoal de Marketing e o pessoal de Finanças, e tentássemos coordenar uma discussão sobre este assunto, sem nenhum instrumento de apoio, logo chegaríamos a uma verdadeira Babel, sem nenhum tipo de entendimento prático. Isso porque a idealização do problema pelos dois grupos seria tipicamente abstrata e conceitualmente muito diversa.

Por isso, é necessário elaborar o desenho da rede antes desse diálogo. Essa é a forma mais prática e mais direta de se chegar a um consenso com objetividade e eficiência.

O desenho da rede permitirá a visualização das incoerências e anseios de forma patente. Assim, os conflitos de interesse entre Marketing e Finanças serão resolvidos sobre uma base concreta, adequadamente representada.

Coordenando essa discussão, o setor de Logística irá trabalhar de forma sistêmica, gerando soluções alternativas diversas que cubram, o melhor possível, a gama de possibilidades.

REDE DE SUPRIMENTO E REDE DE DISTRIBUIÇÃO FÍSICA

Os anseios, traduzidos em nível de serviço, política de estoques, custos, etc. diferem bastante entre o setor de Suprimento e a Distribuição Física. É possível, no entanto, coordenar o transporte de insumos com a transferência/distribuição de produtos acabados em certos casos, de maneira a aproveitar o retorno dos veículos. Com isso, reduzem-se custos, pois parte da frota deixará de retornar vazia a seus pontos de origem.

O desenho da Rede de Suprimentos, de um lado, e o da Rede de Distribuição Física, de outro, deve ser realizado de forma separada, sempre que possível. Num segundo instante, procurar-se-á integrar as duas redes, se isso for possível.

Vamos discutir e exemplificar, a seguir, o método de elaboração das Redes de Suprimento e de Distribuição Física, de forma prática. E necessário frisar que o bom desenho da rede tem muita importância no sucesso da racionalização da empresa em termos logísticos.

Desenho da Rede de Suprimento

Algumas características importantes devem ser consideradas na elaboração do desenho da Rede de Suprimento.

Em primeiro lugar, as origens dos suprimentos são bastante variadas. Podemos classificar as origens de acordo com os critérios diversos, a saber:

(a) *Quanto ao tipo de terminal, nos casos em que os suprimentos são transferidos a partir de outros meios de transporte*:
- portos marítimos (ou fluviais);
- aeroportos;
- pátios ferroviários;
- terminais intermodais;

(b) *Quanto ao tipo de fornecedor*:
- indústria ou produtor;
- atacadista (intermediário);
- Jazida da própria empresa;

(c) *Quanto à geografia*:
- Estados, Capitais, regiões do interior;
- municípios;
- países (importação);

Para cada problema específico, haverá um mix característico de origens, mix esse que depende da natureza dos produtos, diversificação da linha de produção da empresa, dispersão geográfica, etc.

Os destinos dos suprimentos são, em geral, as unidades de produção da empresa (fábricas) e os armazéns ou depósitos.

Alguns cuidados devem ser tomados ao se desenhar a rede.

A distribuição espacial dos nós (pontos de origem, fábrica, depósitos ou armazéns, etc.) na representação gráfica deve ser feita de forma esquemática, mas garantindo a visualização das condições reais do problema. Se quisermos representar a rede na escala exata, com as ligações seguindo os percursos reais (estradas), etc., poderemos chegar a um desenho de difícil compreensão. Mas, por outro lado, se o desenho da rede for muito abstrato, sem guardar uma

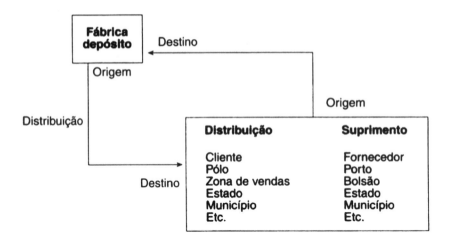

Figura 3.1 — Redes de distribuição e de suprimentos: caracterização simétrica

relação físico-espacial com a rede real, acabaremos por dificultar, ou mesmo bloquear, a percepção e a criatividade dos participantes. Outro aspecto a evitar é o cruzamento de fluxos importantes na representação da rede. Tais cruzamentos podem ser quase sempre evitados, escolhendo-se tentativamente uma distribuição conveniente dos pontos no papel.

Desenho da Rede de Distribuição

O processo para elaboração do desenho da Rede de Distribuição é análogo ao da Rede de Suprimentos. Normalmente, a rede de Distribuição Física é mais complexa que a Rede de Suprimentos. Pode haver, no entanto, situações inversas, pois, como já dissemos, a Logística se caracteriza, entre outras coisas, pela grande variedade de casos e possibilidades.

Na distribuição física, os pontos de origem da mercadoria são constituídos pelas fábricas e pelos depósitos, próprios ou de terceiros (atacadistas, por exemplo). Os pontos de destino, por sua vez, podem ser classificados segundo os mesmos critérios definidos para os pontos de origem, no caso da Rede de Suprimento (vide seção anterior). Isso porque as características dos dois processos (Suprimento e Distribuição Física) são opostas. Isso fica mais claro por meio de um diagrama, conforme mostra a Fig. 3.1. A caracterização da Rede de Distribuição é oposta a da Rede de Suprimentos.

Valem aqui as mesmas observações quanto à clareza de representação feitas para o desenho da Rede de Suprimentos. Um aspecto complementar muito importante, válido para os dois tipos de rede, refere-se à busca iterativa do melhor desenho para a rede.

Ao se elaborar o primeiro desenho da rede, vai-se notar uma série de defeitos que dificultam o entendimento do processo. Após uma análise cuidadosa de todos os defeitos de representação, omissões, erros, etc., volta-se novamente ao papel, traçando-se uma rede melhorada. A segunda tentativa, se realizada com atenção e criatividade, vai se apresentar com menos imperfeições que a primeira. Nova revisão crítica é então feita, desenhando-se mais uma vez a rede e prosseguindo-se iterativamente até que se chegue a um desenho claro e bem estruturado espacial e funcionalmente.

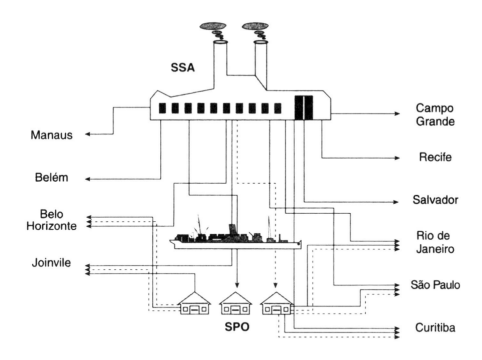

Figura 3.2 — Rede de distribuição de uma unidade produtiva para diversos centros consumidores, com um armazém de distribuição regional

Tendo em vista a necessidade de uma solução sistêmica para os problemas logísticos, de forma a permitir uma solução de consenso que compatibilize racionalmente os anseios das áreas de Marketing e Finanças da empresa, é fundamental que se elabore um bom desenho da rede de operação (Suprimento e Distribuição). Esse passo é a base para que se chegue a soluções efetivas na área de Logística, e deve ser sempre seguido nas aplicações práticas.

O processo é ilustrado através de exemplos de desenho da Rede de Distribuição Física, apresentados a seguir.

Exemplos de desenho de rede logística

Vamos analisar, a seguir, o processo espontâneo de desenho de redes de distribuição com algum detalhe, tomando, para isso, exemplos típicos e comentando-os à medida que são apresentados. A maior parte das redes aqui apresentadas foi desenhada, de forma espontânea, por alunos em seminários sobre Logística, refletindo experiências profissionais variadas e níveis diversos de criatividade.

O primeiro exemplo é o da Fig. 3.2, correspondendo a uma Rede de Distribuição de uma indústria que mantêm uma fábrica em Salvador e um depósito regional em São Paulo. Pode-se observar um total de dez centros de consumo, representados na rede por capitais e por um pólo regional importante: Joinvile.

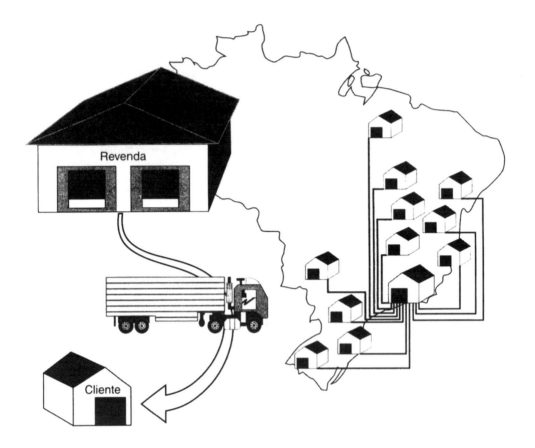

Figura 3.3 — Rede de distribuição nacional

Percebe-se que um trabalho de simplificação da rede original foi feito previamente por meio da classificação ABC dos centros consumidores. O resultado apresentado na rede da Fig. 3.2 reflete apenas o grupo A.

Outro aspecto a considerar é o campo de ação do centro de distribuição de São Paulo, que atende somente as regiões mais próximas: Rio de Janeiro e Belo Horizonte, de um lado, a região sul (Curitiba, Joinvile) e a região sudeste (a praça de São Paulo), de outro.

Observa-se também que o modo rodoviário, predominante, é complementado pelo modo marítimo (cabotagem). Embora não explicitado na rede, o transporte marítimo é utilizado marginalmente para certos tipos de produto, deslocando fluxos de Salvador até São Paulo, via porto de Santos.

Algumas observações podem ser feitas em relação à rede da Fig. 3.2. Em primeiro lugar, o seu autor não explorou melhor a distribuição espacial dos centros consumidores. De fato, os centros consumidores situados no lado esquerdo do desenho englobam duas cidades do Norte do País (Manaus e Belém), aparecendo logo abaixo Belo Horizonte e, a seguir, Joinvile. Numa distribuição espacial mais representativa, os retângulos de Manaus e Belém seriam colocados ao alto e mais juntos entre si. Belo Horizonte, por sua vez, poderia permanecer onde está, com Joinvile ficando na parte de baixo do desenho.

Figura 3.4 — Rede de distribuição regional (Nordeste)

No lado direito, Campo Grande, por sua vez, está muito deslocado no topo dos centros consumidores. A representação gráfica ficaria certamente melhor se Campo Grande fosse colocado à esquerda, ao meio-termo entre Belo Horizonte e Joinvile.

Não há também no desenho referência ao significado dos traços que interligam os nós da rede. Supõe-se que os traços cheios representam o modal rodoviário. O marítimo é representado de forma mais clara, indicado por um pequeno navio desenhado a seu lado e por uma linha tracejada.

O segundo exemplo é apresentado na Fig. 3.3 e é bastante semelhante, na sua estrutura, ao exemplo anterior. Ambos os exemplos mostram uma fábrica e um centro de distribuição, complementados por um conjunto de armazéns de distribuição locais.

Em que o exemplo da Fig. 3.3 é melhor ou pior do que o da Fig. 3.2 ?

Como aspecto positivo do exemplo da Fig. 3.3 podemos destacar a visualização imediata e clara dos pontos de distribuição. As ligações entre a fábrica e o centro de distribuição, de um lado, e os pontos de distribuição, de outro, dão uma idéia bastante sugestiva dos principais fluxos. No entanto, não há identificação das localidades (cidades) onde estão a fábrica, o armazém central e os pontos locais de distribuição. Entende-se que os símbolos alocados aos diversos centros de consumo representem pontos de revenda, mas isso não fica claro ao se olhar o desenho.

O terceiro exemplo é apresentado na Fig 3.4. Refere-se a uma rede de distribuição regional, englobando os Estados da Bahia, Sergipe, Alagoas e Pernambuco. A rede é centrada em Feira de Santana, onde está instalada a fábrica.

Centros locais de distribuição estão situados em Vitória da Conquista, Itabuna e Salvador, na Bahia; Aracaju, em Sergipe; Maceió e Arapiraca, em Alagoas e, finalmente, Guaranhuns e Caruaru, em Pernambuco. Notar as linhas mais cheias nas ligações entre os centros de distribuição.

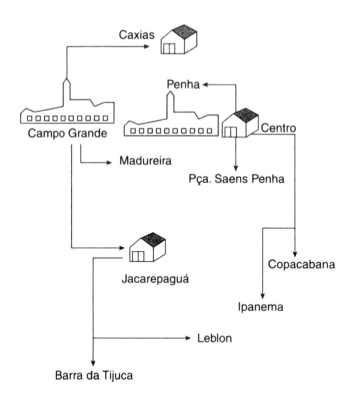

Figura 3.5 — Rede de distribuição na Região Metropolitana do Rio de Janeiro

Os centros de distribuição regionais atendem às cidades localizadas nos seus entornos. Pode-se observar que a área de influência de um centro distribuidor não está necessariamente restrita aos limites administrativos estaduais. Por exemplo, Arapiraca atende cidades do sertão de Pernambuco. Isso se dá em função das ligações rodoviárias existentes, estrutura geoeconômica da região, etc.

Como falhas na representação da rede da Fig. 3.4, podemos apontar: (a) a não identificação das localidades secundárias, muito embora se tenha uma idéia razoável dos municípios em função de sua posição geográfica no mapa; (b) a falta de definição clara da simbologia adotada, como, por exemplo, o significado do edifício estilizado (casa) que aparece ao lado de cada centro de distribuição e que, na verdade, indica a existência de um armazém.

O quarto exemplo, apresentado na Fig. 3.5, refere-se a uma rede de distribuição local, cobrindo a cidade do Rio de Janeiro. O sistema é formado por duas fábricas, uma localizada em Bonsucesso e a outra, em Campo Grande.

Os depósitos de distribuição estão localizados junto às fábricas e nos seguintes pontos: Centro, Saens Pena, Jacarepaguá e Caxias. São mostradas, de forma esquemática, as regiões de consumo, a saber: Leblon, Ipanema, Copacabana, etc., sendo indicadas, por meio de ligações, aos pontos de origem dos fluxos.

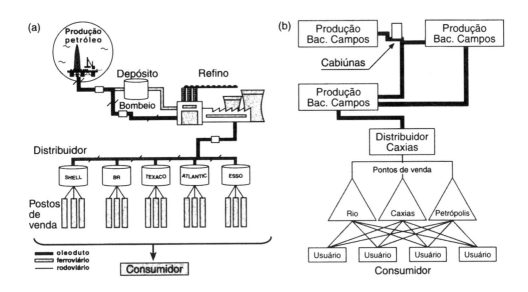

Figura 3.6 — Rede de distribuição de protlutos de petróleo

Na Fig 3.6a, temos um exemplo de rede de distribuição de produtos de petróleo. As representações dos elementos não está relacionada com a localização geografica dos pontos, mas sim com a estrutura de produção e comercialização dos produtos.

De uma forma geral, o petróleo é deslocado, a partir dos pontos de extração, para as instalações de refino. Notam-se dois modais diferentes nesse deslocamento: o modo dutoviário e o modo ferroviário. No primeiro caso, o petróleo é bombeado ao longo de oleodutos até a instalação de refino. No segundo caso, o petróleo é transportado em vagões até os tanques (depósitos), para posterior deslocamento até a refinaria.

Da refinaria, os produtos de petróleo são transportados em dutos até os tanques das empresas distribuidoras. Daí, a gasolina e demais derivados de petróleo são levados em caminhões para os postos de venda ao consumidor.

O mesmo sistema é representado de forma diferente, na Fig. 36b, considerando agora a vinculação dos elementos da rede com os pontos geográficos onde estão situados.

Finalmente, é apresentado, na Fig. 3.7, um exemplo bastante simplificado de rede, ilustrando a distribuição de minério de ferro de Carajás para os principais países consumidores (Japão, União Soviética, Romênia, Alemanha e Coréia). O minério produzido na região de Carajás é transportado de trem até o porto de Itaqui, em São Luís, no Maranhão. É, então, embarcado em navios mineraleiros, com destino aos países acima indicados.

Seria esse exemplo de rede uma representação muito pobre do sistema logístico em questão? A resposta a essa pertunta vai depender, obviamente, dos objetivos a serem alcançados com o desenho da rede. No presente caso, trata-se de uma representação bastante simples do processo de distribuição a nível macro, podendo ser perfeitamente aceitável para um estudo de escopo mais abrangente.

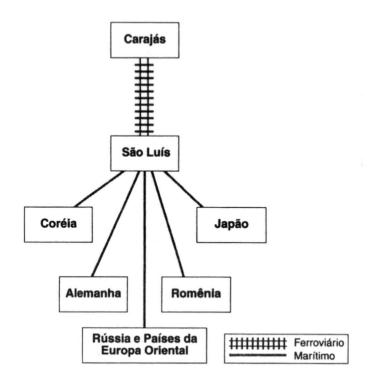

Figura 3.7 — Rede logística de distribuição de Minério de Ferro

A colocação da Coréia perto do Japão no desenho melhoraria o entendimento, sob o ponto de vista geográfico, sem prejudicar a representação gráfica. De uma forma geral, a rede da Fig. 3.7 não pode ser condenada a priori simplesmente porque é despojada e porque contém poucos elementos.

No proximo capítulo, voltaremos a abordar o problema do desenho da rede logística, considerando agora a estruturação da mesma e entrando em mais detalhes sobre os dados necessários à sua análise.

4 COMPLETANDO E RACIONALIZANDO A REDE LOGÍSTICA

No capítulo anterior, analisamos alguns casos de representação gráfica da rede logística, elaborados de forma espontânea por participantes de seminários de Logística. Vimos que a criatividade e uma boa distribuição espacial são fatores importantes para se conseguir um desenho adequado da rede logística.

O processo, no entanto, não termina com o simples desenho da rede. São necessários mais alguns passos, voltados à complementação das informações e à racionalização da própria rede.

Neste capítulo, vamos discutir os procedimentos necessários para se chegar a uma representação completa e racionalizada de uma rede logística. Posteriormente, ao fim deste capítulo, abordaremos alguns exemplos de forma a ilustrar os principais pontos levantados.

PROCEDIMENTOS BÁSICOS

Uma vez obtido um desenho satisfatório da rede logística, passamos a complementá-la e racionalizá-la através de alguns procedimentos descritos a seguir.

(a) Inserção dos fluxos unitários

Inicialmente, é necessário definir a forma mais adequada de medir os fluxos. Nos casos de cargas densas, o mais comum é representar os fluxos em toneladas por unidade de tempo (t/dia, t/mês, etc.). Cargas volumétricas são medidas, por sua vez, em metros cúbicos por unidade de tempo (m^3/dia, m^3/mês, etc.). Quando a carga for transportada unicamente na forma unitizada (*pallets*, contêineres), podemos também medir os fluxos nessas unidades.

Uma vez definida a unidade de medida, procedemos à análise dos fluxos em cada rota. Tomando um período de tempo representativo (amostra), calculamos o fluxo médio e o respectivo desvio médio em cada rota. Para isso, utilizamos as técnicas de Estatística discutidas no Cap. 3.

(b) Incorporação do nível de serviço

Os principais fatores que compõem o nível de serviço de um sistema logístico são: prazo de entrega, avarias na carga, extravios e reclamações diversas.

O prazo de entrega é normalmente medido em dias. Deve-se distinguir, na quantificação dos prazos de entrega, se o tempo é medido em dias úteis, ou em dias corridos. Normalmente, levanta-se o prazo de entrega em dias úteis, sendo os resultados posteriormente convertidos para dias corridos, de forma a possibilitar entendimentos com o setor de vendas.

De todas as variáveis que compõem o nível de serviço, o de entrega é a mais importante. No entanto, é necessário quantificar os demais fatores com igual cuidado, pois a atitude dos clientes em relação ao sistema vai depender muito dos níveis reais desses parâmetros.

As variáveis do tipo avarias, extravios, reclamações, etc. são em geral expressas em porcentagem referida a uma base adequada e bem conhecida. Por exemplo, as avarias são normalmente representadas em valores monetários, tomando-se como referência o valor total das mercadorias entregues. Ou, se as entregas ocorrem em grande número e pequenas quantidades, podem ser expressas percentualmente em função do número de itens, do número de notas fiscais, etc..

As variáveis relacionadas com o nível de serviço devem ser quantificadas por rota, calculando-se os valores médios e os respectivos desvios médios.

(c) Custos logísticos

Os custos logísticos devem ser levantados por tipo de produto e por rota, considerando amostras significativas e computando todas as despesas incidentes, incluindo além do custo de transporte ou do frete (no caso de o transporte ser realizado por terceiros), ad valorem, taxas, etc..

Em seguida, para cada rota e cada tipo de produto, divide-se o custo calculado pelo fluxo médio, obtendo-se os custos unitários de transporte (R\$/t, R\$/m^3, etc.).

(d) Análise de consistência da rede

Antes de proceder à análise logística da rede, é necessário verificar seus elementos de forma a garantir a consistência e a qualidade dos resultados.

Caso haja centros de distribuição, é necessário verificar se a soma dos fluxos de entrada coincide aproximadamente com a soma dos fluxos de saída, em cada uma das instalações (continuidade dos fluxos). Da mesma forma, somando-se os fluxos originados ou destinados a determinados pontos ou regiões, o resultado deve apresentar valor igual ou próximo àquele apresentado nas estatísticas da empresa. Por exemplo, suponhamos que a empresa tenha dividido sua área de atuação em regiões geoeconômicas. Uma dessas regiões, digamos, é formada pelos estados do Rio Grande do Sul, de Santa Catarina e do Paraná. Somando-se os fluxos ao longo das diversas rotas que servem aquela região, o resultado deverá estar próximo do valor apresentado nas estatísticas da empresa. Assim, se a região Sul absorve 25% do movimento, e a soma dos fluxos resultou numa porcentagem de 20%, é sinal de que algo está errado: pode ter ocorrido um erro na quantificação dos fluxos, é possível que tenhamos esquecido de algum fluxo importante ou, quem sabe, as estatísticas da empresa estejam ultrapassadas.

Outros tipos de análise devem ser feitos em relação aos elementos da rede logística, visando conferir o nível de consistência da mesma.

Observando duas rotas distintas, podemos notar, por exemplo, que os desvios médios dos prazos de entrega são bastante diferentes. Cabe, então, averiguar a causa de tal discrepância. É possível que a transportadora, que serve a rota com maior desvio médio, não esteja mantendo o nível de serviço requerido pela empresa. Isso pode ser um problema da transportadora, que não consegue manter os padrões exigidos, como pode ser também o resultado da falta de definição clara desses requisitos. Em qualquer dos casos, será necessário balancear o sistema de maneira a se conseguir um nível de desempenho o mais uniforme possível.

Outra possibilidade, ao se encontrar prazos de entrega muito diferentes em rotas diversas, e a de se ter variações significativas nos níveis de desempenho dos vários grupos de vendas da empresa. Por exemplo, um grupo de vendas, responsável por uma determinada região, talvez seja mais eficiente que os demais, levando a prazos de entrega (e/ou desvios médios) menores que os alcançados pelos outros. Nesse caso, deve-se buscar a razão da diferença de desempenho, tentando eliminar as discrepâncias.

Deve-se notar que a solução global e sistêmica do problema logístico da empresa não deve ser buscada sem que, antes, os problemas corriqueiros de operação, vendas, informação, controle, etc., sejam superados na sua forma convencional. E a análise de consistência da rede ajuda, em muito, na eliminação dessas distorções. Somente quando terminarmos esse processo de complementação e acerto da rede é que poderemos partir para a efetiva solução dos problemas logísticos.

A seguir, vamos analisar alguns exemplos de redes de distribuição física e de suprimento, de modo a deixar mais claros os procedimentos discutidos até aqui.

EXEMPLO 1: REDE DE DISTRIBUIÇÃO DE UMA INDÚSTRIA DE CALÇADOS

Uma grande indústria de calçados tem unidades de produção (fábricas) nas seguintes localidades/regiões:

(A) Região Nordeste
   (a) Campina Grande (Paraíba)
   (b) João Pessoa (Paraíba)
   (c) Santa Rita (Paraíba)
   (d) Jaboatão (Pernambuco)

(B) Região Sudeste
   (a) Pouso Alegre (Minas Gerais)
   (b) Mogi-Mirim (São Paulo)
   (c) Franca (São Paulo)
   (d) São José dos Campos (São Paulo)

(C) Região Sul
   (a) Veranópolis (Rio Grande do Sul)
   (b) São Leopoldo (Rio Grande do Sul)

Os centros consumidores, onde os produtos da indústria em questão são comercializados, cobrem praticamente todo o território nacional. Ao longo da costa, do sul para o norte, temos: Porto Alegre, Blumenau, Curitiba, São Paulo, Rio de Janeiro, Vitória, Salvador, Aracajú, Maceió, Recife, João Pessoa, Natal e Fortaleza. Os centros consumidores das regiões Centro-Oeste, Oeste e Norte são: Campo Grande, Belo Horizonte, Brasília, Goiânia, Cuiabá, Porto Velho, Rio Branco, Manaus, Belém, São Luís e Bela Vista.

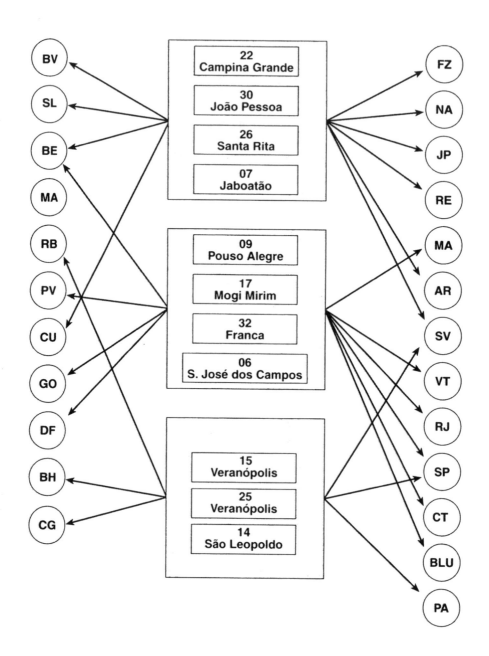

Figura 4.1 — Rede de distribuição de calçados – Exemplo 1

Inicialmente, representamos, na Fig. 4.1, a rede completa de distribuição de calçados, indicando as ligações entre as diversas fábricas e os centros consumidores. Notar que Cuiabá, Porto Velho e Rio Branco, à esquerda no gráfico, não estão ligados a nenhuma das dez fábricas. Isso porque as tonelagens consumidas nesses centros, por sua pequena expressão no total dos fluxos, foram consideradas pertencentes a categoria C, segundo uma classificação ABC, sendo, portanto, excluídas da análise.

PROCEDIMENTOS BASÍCOS - EXEMPLO 1

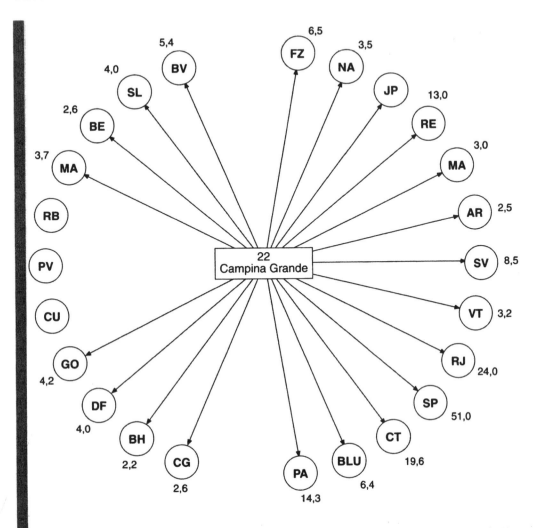

Figura 4.2 — Detalhamento da rede de Distribuição de Calçados do Exemplo 1, com pólo em Campina Grande

Observe que, se colocássemos as tonelagens médias mensais de cada fluxo no desenho da rede (Fig. 4.1), o resultado, em termos de visualização gráfica, deixaria a desejar. Como então contornar essa dificuldade?

A técnica utilizada é a da expansão da rede da Fig. 4.1 numa sequência de redes parciais, cada uma delas representada num gráfico separado. Na Fig. 4.2 estão representados os fluxos mensais e os respectivos desvios médios (em toneladas), destinados aos diversos centros consumidores a partir da fábrica de Campina Grande. Observa-se que, enquanto Campo Grande consome 11 toneladas por mês, em média, São Paulo absorve 310 toneladas mensalmente. A Fig. 4.3 é uma representação análoga para a fábrica de Jaboatão, Pernambuco. Aqui os fluxos são mais expressivos, com Belo Horizonte consumindo 1.239 toneladas por mês e São Paulo 546 toneladas mensais.

A distribuição a partir da fábrica de Mogi Mirim, São Paulo, é apresentada na Fig. 4.4. Notar que essa fábrica tem alcance mais regional, enviando 73% de sua produção de

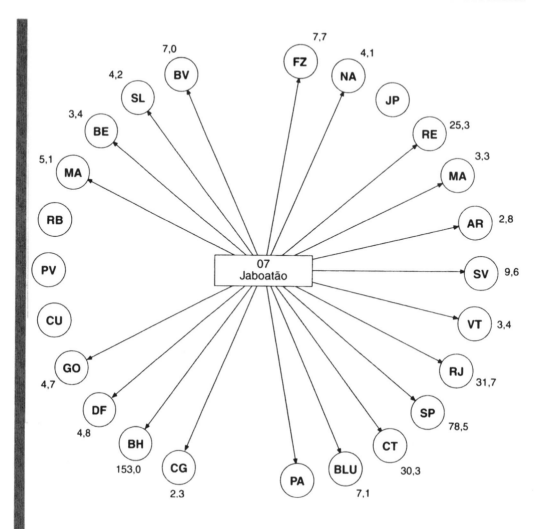

Figura 4.3 — Detalhamento da rede de Distribuição de Calçados do Exemplo 1, com pólo em Jaboatão.

calçados para os centros consumidores de São Paulo, Rio de Janeiro e Belo Horizonte.

Temos agora a rede de distribuição representada graficamente, com uma versão completa (Fig. 4.1) e diversas versões expandidas, indicando os fluxos a partir das várias unidades produtoras (fábricas). Qual a utilidade da rede assim estruturada?

Vamos tomar como exemplo o processo de distribuição no Rio Grande do Sul, dos calçados produzidos nas fábricas de Campina Grande e de Jaboatão. A primeira fábrica envia 75 toneladas de produto por mês para Porto Alegre (Fig. 4.2). Na verdade, dessas 75 toneladas, uma parte (44 toneladas) é destinada ao interior do Rio Grande do Sul, sendo as 31 toneladas restantes absorvidas na Grande Porto Alegre.

Além do fluxo direto Campina Grande-Rio Grande do Sul, há também um fluxo indireto, via depósito de São Paulo, conforme mostrado na Fig. 4.5. São 76 toneladas mensais de calçados, transportados a partir da fábrica de Campina Grande até São

PROCEDIMENTOS BASÍCOS - EXEMPLO 1

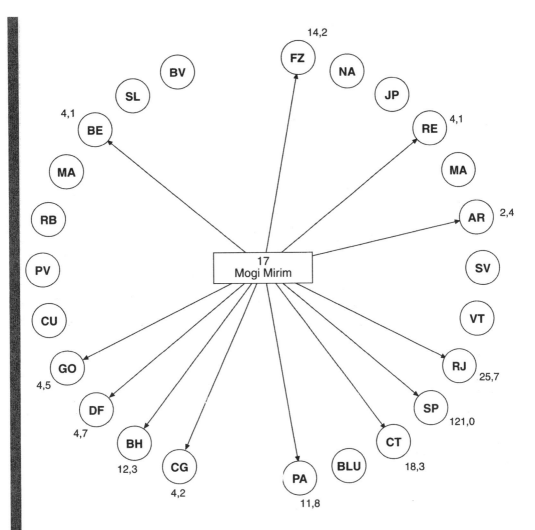

Figura 4.4 — Detalhamento da rede de Distribuição de Calçados do Exemplo 1, com pólo em Mogi Mirim.

Paulo, onde o produto é descarregado e posteriormente redespachado para Porto Alegre. Por que ocorre isso? Para entender essa questão, temos de elucidar, neste ponto, um conceito importante, ligado ao pagamento do frete.

Suponhamos que os clientes gauchos preferissem contratar, eles mesmos, a transportadora para levar os calçados comprados, desde o depósito de São Paulo até o destino final no Rio Grande do Sul. Esse tipo de acerto do frete, em que o comprador se encarrega de providenciar o transporte, pagando diretamente o frete à transportadora, é denominado modalidade FOB, que vem do inglês *free on board*.

O termo provém da prática marítima e significa que a carga é posta à disposição do comprador, ou cliente, no cais do porto ou na plataforma de embarque do armazém, conforme o caso. O cliente apanha, ou manda apanhar, o produto naquele ponto, cessando ali a responsabilidade do produtor em relação a prazos de entrega, integridade da carga, extravios, etc.

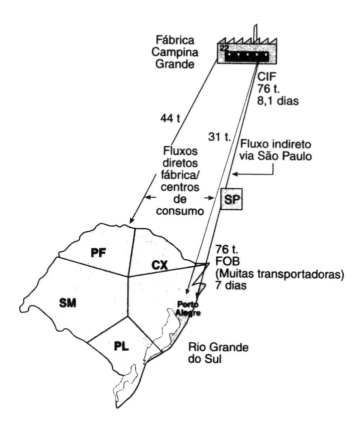

Figura 4.5 — Detalhamento dos fluxos destinados ao Rio Grande do Sul a partir de Campina Grande.

A modalidade alternativa é denominada operação CIF, abreviação da expressão em ingles *cost, insurance, freight* (custo, seguro, frete). Nessa modalidade, a indústria que vende o produto se encarrega do transporte e a entrega do mesmo até o depósito do destinatário. Assim, no pagamento do preço da mercadoria, já estariam incluídos o valor ou custo do produto propriamente dito (*cost*), o seguro do transporte (*insurance*) e o respectivo frete (*freight*).

Na linguagem corrente, chamamos de transporte CIF àquele em que o produtor se encarrega de realizá-lo até o depósito ou estabelecimento do cliente; transporte FOB, por outro lado, é aquele em que o cliente contrata diretamente a transportadora para retirar a mercadoria no armazém do fabricante.

Voltemos agora para a situação mostrada na Fig. 4.5. Observamos que 76 toneladas de calçados fabricados em Campina Grande são retiradas do armazém de São Paulo na modalidade FOB. Esse produto, no entanto, é trazido de Campina Grande a São Paulo na modalidade CIF, portanto, sob a responsabilidade da empresa produtora. Que tipos de problemas essa sistemática acarreta?

Em primeiro lugar, gasta-se cerca de 8,1 dias no percurso Campina Grande — São Paulo e mais 7 dias de São Paulo a Porto Alegre. Um forte incentivo seria, obviamente,

PROCEDIMENTOS BASÍCOS - EXEMPLO 1

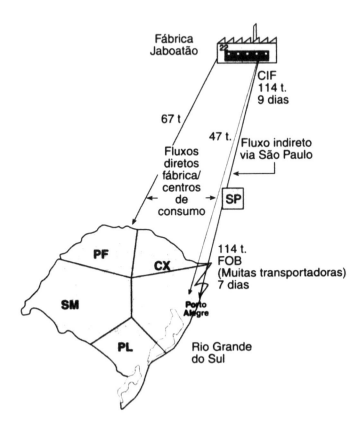

Figura 4.6 — Detalhamento dos fluxos destinados ao Rio Grancle do Sul a partir de Jaboatão.

reduzir o prazo total de entrega, se possível. Outro problema surge no depósito de São Paulo, com o redespacho dos lotes de calçados para os vários clientes gauchos. Em conseqüência dessa situação, o armazém de São Paulo é obrigado a atender muitas transportadoras, com lotes pequenos, encarecendo a operação e congestionando o terminal.

Há, portanto, duas idéias pairando no ar: (a) eliminar o redespacho, em São Paulo, das 76 toneladas mensais provenientes de Campina Grande e destinadas a Porto Alegre; (b) efetuar, se possível, a distribuição na região de Porto Alegre separadamente da distribuição no interior do Rio Grande do Sul. A última proposição se coloca quando percebemos que haveria ganhos sensíveis de tempo e de custo se a carga destinada ao interior do Rio Grande do Sul não passasse pelo depósito de Porto Alegre. Mas, para isso, seriam necessários fluxos mais expressivos, de modo a justificar zonas de entrega (bolsões) mais compactas. Como se pode obter esse adensamento dos fluxos?

Para isso, lembramos que o caminhão que vem de Campina Grande para o Rio Grande do Sul passa por Pernambuco, mais precisamente perto de Jaboatão. Porque então não unir (integrar) os fluxos destinados ao Rio Grande do Sul e provenientes das fábricas de Campina Grande e de Jaboatão, destinados ao Rio Grande do Sul, num único subsistema logístico?

Com essa idéia em mente, desenhamos o esquema de distribuição Jaboatão—Rio Grande do Sul (Fig. 4.6), análogo ao elaborado anteriormente para a fábrica de Campina Grande.

Somando-se os fluxos destinados ao Rio Grande do Sul, tanto os provenientes de Campina Grande, como os originados em Jaboatão, temos:

(a) Produtos destinados à região de Porto Alegre:
$$31 + 47 + 76 + 114 = 268 \text{ t/mês}$$

(b) Produtos destinados ao interior de Rio Grande do Sul:
$$44 + 67 = 111 \text{ t/mês}$$

Uma vez definidos os fluxos assim agregados, eliminando o redespacho em São Paulo, podemos agora analisar a subdivisão do Rio Grande do Sul em bolsões regionais de distribuição. Cinco bolsões ou zonas de distribuição foram então definidos, com pólos localizados nas seguintes cidades: Porto Alegre, Pelotas, Santa Maria, Passo Fundo e Caxias do Sul (Fig. 4.6).

EXEMPLO 2: REDE DE SUPRIMENTO DE UMA INDÚSTRIA DE CALÇADOS E DE TECIDOS

A estruturação de uma Rede de Suprimento é análoga ao processo visto anteriormente para analisar as redes de distribuição. Algumas vezes, no entanto, a Rede de Suprimento se apresenta de forma mais complexa, porque a diversidade de insumos e as inúmeras origens acabam sobrecarregando a representação gráfica.

Na Fig. 4.7, é apresentada a Rede de Suprimento de uma indústria de grande porte que fabrica calçados e tecidos. As unidades produtoras (fábricas) estão localizadas no Nordeste (Paraíba e Pernambuco), no Sudeste (São Paulo e Sul de Minas) e no Sul (Rio Grande).

Observe que a representação da Rede de Suprimento, na Fig. 4.7, está sobrecarregada de *nós* (pontos diversos) e de *ligações* (fluxos).

Em primeiro lugar, a vinculação dos nós da rede com sua posição geográfica exata não é necessária, sendo até desaconselhada. De fato, se tentássemos marcar sobre o mapa do Brasil os pontos correspondentes às unidades de produção e às fontes de matéria-prima, observaríamos uma forte concentração de pontos em algumas regiões, com outros setores permanecendo quase vazios. Optou-se, por isso, por representar as regiões através de *bolsões* questão, identificados nas Figs. 4.7 e 4.8 por retângulos com cantos arredondados, num total de três (Nordeste, Sudeste e Sul).

A figura 4.8 refere-se à rede de confecções, sendo que a 4.8A contém somente os fluxos "A" e "B".

É óbvio que o desenho da rede não deve ser executado rigorosamente em escala. Dentro dos bolsões, o arranjo espacial dos nós e dos fluxos obedece a um determinado esquema espacial. Os bolsões, por sua vez, são interligados externamente por outros traços. Dessa forma, se adotássemos uma escala gráfica rigorosa, alguns setores do gráfico poderiam ser bem representados no desenho, enquanto outros permaneceriam

PROCEDIMENTOS BASÍCOS - EXEMPLO 2

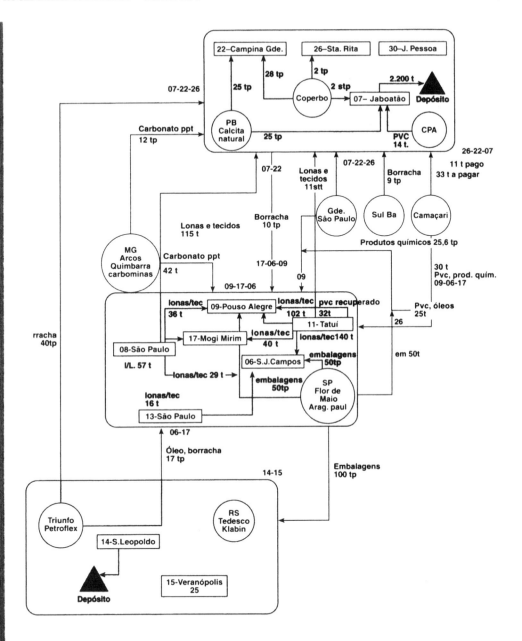

Figura 4.7 — Rede detalhada de suprimentos - Exemplo 2

sobrecarregados e confusos. Dessa forma é importante frisar que o bom desenho da rede logística não pressupõe a representação em escala. Ao contrário, tal prática é normalmente evitada, porque acaba complicando a representação gráfica.

Outro aspecto a se notar refere-se à característica tipicamente iterativa do processo de estruturação da rede logística. O profissional de logística não deve pensar que um técnico junior, ou mesmo um desenhista, poderá estruturar a rede numa única tentativa,

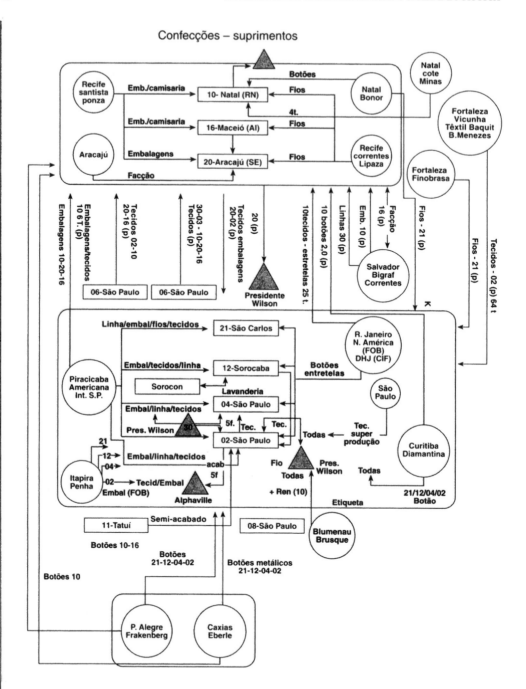

Figura 4.8 — Rede detalhada de suprimentos - Exemplo 2

apenas com uma orientação geral. É quase certo que uma representação satisfatória somente será alcançada após duas ou três iterações. Aconselha-se ao profissional sênior gastar um certo tempo analisando os esquemas preliminares da rede e sugerindo alterações e melhorias que só a experiência profissional pode trazer.

PROCEDIMENTOS BASÍCOS - EXEMPLO 2

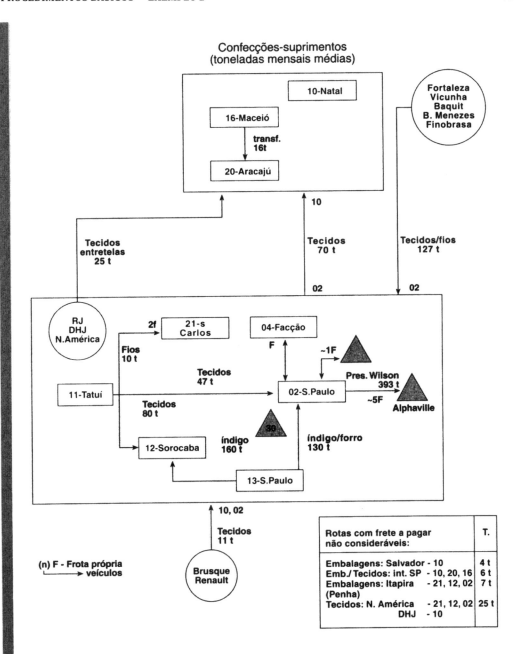

Figura 4.8a — Rede detalhada de suprimentos - Exemplo 2

EXEMPLO 3: REDE DE DISTRIBUIÇÃO REGIONAL DE UMA INDÚSTRIA DE PRODUTOS ALIMENTÍCIOS

Vamos retomar o exemplo apresentado no Cap. 1, item 3 sobre classificação ABC, referente à distribuição de produtos alimentícios (massas, biscoitos, farinha, óleo comestível, margarina e gordura) fabricados em parte na Região Metropolitana de São Paulo e, em parte, em Campinas.

Os bolsões de distribuição dos produtos no Estado de São Paulo são os seguintes:
- São Paulo, Capital
- Campinas
- Rio Claro
- Araraquara
- Ribeirão Preto
- Franca
- Barretos
- Catanduva
- São José do Rio Preto
- Votuporanga
- Bauru

Inicialmente, representamos os pólos dos bolsões num mapa, identificando também outros pontos de interesse e as principais ligações rodoviárias. É o que mostra a Fig. 4.9.

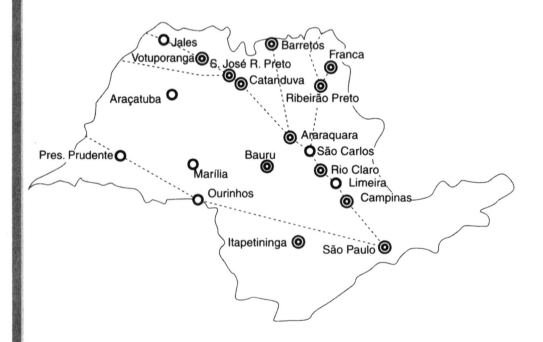

Figura 4.9 — Representação mapeada dos pólos produtivos e de distribuição regional (Exemplo 3).

PROCEDIMENTOS BASÍCOS - EXEMPLO 3

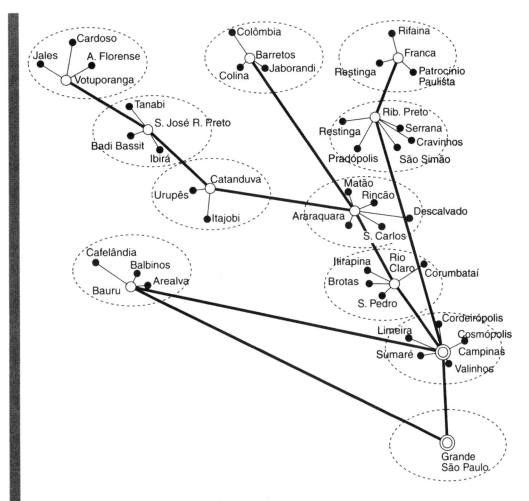

Figura 4.10 — Representação em escala dos centros produtores e locais de consumo (Exemplo 3).

Observe que se torna difícil indicar no mapa os fluxos entre as fábricas (situadas em São Paulo e Campinas) e as zonas ou bolsões de distribuição. Em parte, isso ocorre devido à escala do desenho, mas também como decorrência da disposição relativa dos elementos da rede. De fato, vamos lançar mão de uma escala maior que permita representar com mais detalhe a rede da Fig. 4.9. Colocamos agora num mapa, em escala, não somente os pólos dos diversos bolsões, como também todas as localidades servidas. É o que mostra a Fig. 4. 10.

Notamos que, muito embora a escala do desenho seja agora mais favorável, nem por isso o desenho da Fig. 4.10 é satisfatório sob o ponto de vista da facilidade da leitura. Isso ocorre porque: (a) alguns bolsões apresentam-se muito próximos no mapa (Campinas, Rio Claro e Araraquara, por exemplo), congestionando determinados setores da figura; (b) alguns bolsões apresentam-se alinhados entre si ou alinhados com as fábricas, dificultando a representação das ligações que representam os fluxos; (c) as fábricas também podem estar alinhadas, como no caso da Fig. 4.10, prejudicando ainda

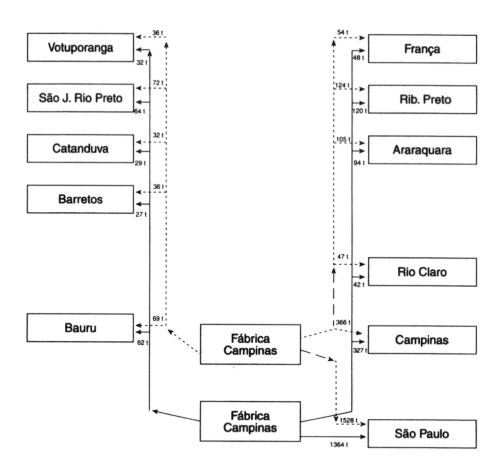

Figura 4.11 — Rede de distribuição esquemática—Exemplo 3

mais a representação dos fluxos; (d) as distâncias relativas entre os bolsões, e desses às fábricas, podem variar bastante, dificultando a escolha de uma escala adequada que satisfaça o conjunto por igual.

A melhor opção para a representação da rede é, então, um desenho esquemático, sem preocupação com escala, conforme mostra a Fig. 4.11. As duas fábricas foram posicionadas na parte central do papel, para destacá-las e permitir ligações mais fáceis com os pólos de consumo.

Os bolsões foram divididos arbitrariamente em dois conjuntos, um à esquerda e o outro à direita do desenho. Muito embora a divisão seja arbitrária, observa-se um seqüenciamento lógico dos diversos bolsões, obedecendo a uma ordem de afastamento em relação às fábricas e à proximidade entre os próprios bolsões. Bauru, por estar um tanto isolado dos demais, foi colocado um pouco mais afastado no desenho.

Uma vez representada a Rede de Distribuição, com os nós e as ligações relevantes, marcamos agora os valores dos fluxos ao lado das ligações na Fig. 4.11, para isso extraindo os valores dos Quadros 4.1 e 4.2. Para os objetivos normais de um estudo

PROCEDIMENTOS BASÍCOS - EXEMPLO 3

Quadro 4.1 Quantidade de produtos distribuídos a partir da fábrica de São Paulo (Exemplo 3) (em toneladas/mês)

Bolsão de distribuição	Massas	Biscoitos	Total
Grande São Paulo	942,4	421,6	1.364,0
Campinas	225,8	101,0	326,8
Rio Claro	28,6	13,0	41,6
Araraquara	64,8	29,0	93,8
Ribeirão Preto	76,7	34,3	111,0
Franca	33,1	14,8	47,9
Barretos	18,8	8,4	27,2
Catanduva	20,0	9,0	29,0
São José do Rio Preto	44,3	19,8	64,1
Votuporanga	22,1	9,9	32,0
Bauru	42,8	19,1	61,9
Total	1.519,4	679,9	2.199,3

Quadro 4.2 Quantidade de produtos distribuídos a partir da fábrica de Campinas (Exemplo 3) (em toneladas/mês)

Bolsão de distrib.	Farinha	Óleo Cm	Margarina	Gordura	Total
Gr. S. Paulo	465,0	744,3	167,4	151,3	1.528,0
Campinas	111,4	178,3	40,1	36,2	366,0
Rio Claro	14,3	23,0	5,2	4,7	47,2
Araraquara	32,0	51,2	11,5	10,4	105,1
Rib. Preto	37,8	60,6	13,6	12,3	124,3
Franca	16,3	26,1	5,9	5,3	53,6
Barretos	9,3	14,8	9,2	3,0	36,3
Catanduva	9,9	15,8	3,6	3,2	32,5
S. J. Rio Preto	21,8	35,0	7,9	7,1	71,8
Votuporanga	10,9	17,4	3,9	3,5	35,7
Bauru	21,1	33,8	7,6	6,9	69,4
Total	749,8	1.200,3	275,9	243,9	2.469,9

logístico, a representação da rede como apresentada na Fig. 4.11 é plenamente satisfatória.

Nos próximos capítulos, abordaremos problemas logísticos diversos, sempre partindo de uma rede devidamente estruturada e adequadamente representada em termos gráficos.

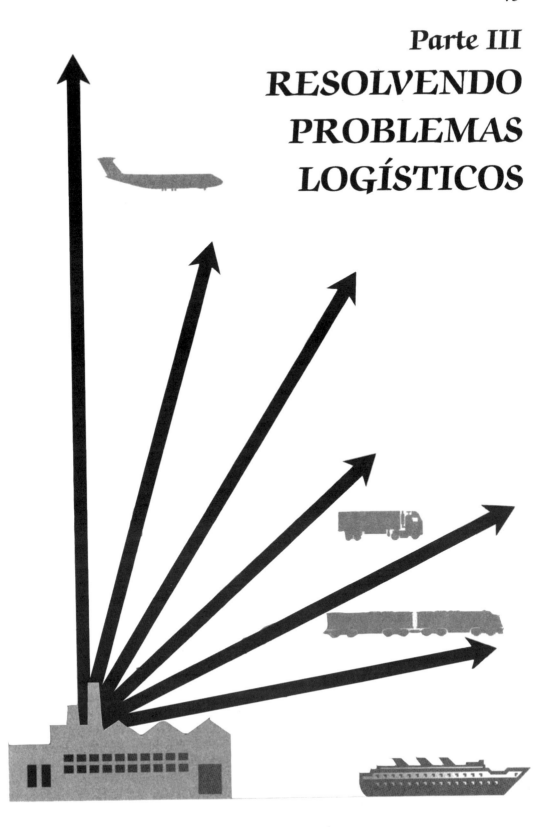

Parte III
RESOLVENDO PROBLEMAS LOGÍSTICOS

5 O SUBSISTEMA TRANSPORTE

Neste ponto do estudo logítico já temos a rede de suprimento e/ou de distribuição devidamente estruturada, revisada e balanceada.

Muito embora a Logística incorpore diversos fatores que transcendem o domínio estrito do transporte, cobrindo também aspectos ligados à comercialização, estoques, marketing, tratamento da informação, etc., o subsistema transporte é um dos mais importantes, em razão dos impactos que produz nos custos, no nível de serviço e nas demais variáveis do problema logístico.

Ao analisar o subsistema transporte aplicamos novamente o enfoque sistêmico, seguindo os princípios discutidos no Cap. 1, item 7.

ANALISANDO O TRANSPORTE A PARTIR DA REDE

Tomemos, como exemplo, a Rede de suprimento da Fig. 5.1 . Observamos um número razoavelmente grande de fluxos, de insumos e de produtos intermediários, envolvendo matérias diversas. O transporte, por sua natureza, está vinculado às **ligações** entre os inúmeros pontos da Rede (os nós). Em cada ligação da Rede aparecem: (a) a identificação do tipo de produto; (b) a tonelagem média mensal transportada; (c) o desvio médio da tonelagem transportada.

Antes de analisar detalhadamente cada ligação, é importante classificar os fluxos segundo a modalidade utilizada (tipo de transporte). No caso brasileiro, a maior parte dos fluxos de carga (cerca de 70%) é transportada pelo modo rodoviário. Assim, se aplicarmos uma classificação ABC aos fluxos de carga de um modo geral, iremos concluir que o grupo A é constituído pelo modo rodoviário, o B pelo transporte ferroviário, e o C pelo transporte marítimo de cabotagem e pelo aéreo. Note-se que estamos considerando apenas o transporte interno; se pensarmos no transporte internacional de mercadorias, a situação mudará radicalmente.

É por essa razão que abordaremos quase que unicamente o transporte rodoviário neste texto (estamos seguindo fielmente o princípio da classificação ABC). Mas, considerando a necessidade de destacar alguns aspectos conceituais importantes dos diversos modos, abriremos um espaço para tecer alguns comentários sobre eles.

MODALIDADES DE TRANSPORTE

Uma forma de quantificar o esforço de transporte ou, em outras palavras, o seu nível de *produção*, é determinar o chamado **momento de transporte**, ou seja, o total de toneladas-quilômetro executado pelos diversos modos. Se medirmos a *produção* apenas em toneladas de carga transportada estaremos mascarando os resultados, porque o esforço

MODALIDADES DE TRANSPORTE

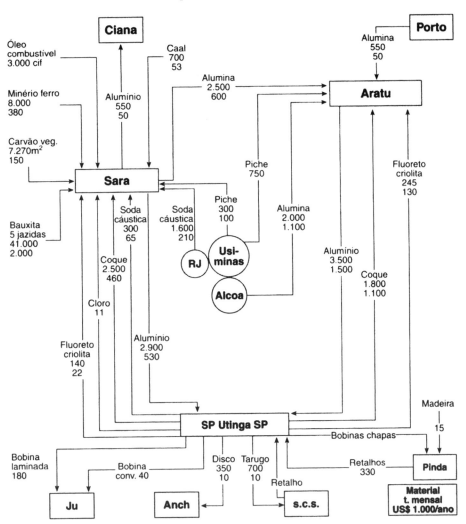

Figura 5.1 — Rede logística de suprimentos

necessário para deslocar a carga é proporcional à distância vencida e à quantidade movimentada.

Se considerarmos todos os tipos de carga, incluindo graneis líquidos (basicamente petróleo e seus derivados), graneis sólidos (minérios, carvão, cereais em grão), e cargas acondicionadas (caixas, sacarias, etc.), a produção dos diversos modos no Brasil (transporte interno), está dividida mais ou menos de acordo com o Quadro 5.1.

Os dados mencionados no Quadro sao aproximados, e foram estimados a partir do Anuário Estatístico dos Transportes, editado pelo Geipot, e referente a 1987 (o mais recente disponível por ocasião da elaboração deste texto). Dados confiáveis sobre o transporte rodoviário de carga, de longe o mais expressivo, não são disponíveis. Não obstante, os

Quadro 5.1 Participação dos diversos modos no Transporte Nacional de Cargas

Modalidade	% (t. km)
Rodoviária	70%
Ferroviária	15%
Marítima de Cabotagem	11%
Dutoviária	2,5%
Hidrovia interior	1%
Aérea	0,5%
Total	100%

valores acima apresentados dão uma idéia relativamente acurada da ordem de grandeza da participação de cada modo no cômputo global.

Se aplicássemos uma classificação ABC às modalidades, o grupo A seria formado pelo transporte rodoviário (70%), o grupo B pelo ferroviário (15%), e o grupo C pelos demais (15%).

A seguir discutiremos alguns aspectos importantes relacionados com os vários modos, lembrando no entanto que consideraremos apenas a modalidade rodoviária neste texto, em razão do seu inequívoco predomínio no transporte de cargas a nível nacional.

(a) Modo rodoviário

O modo rodoviário é o mais expressivo no transporte de cargas no Brasil, e atinge praticamente todos os pontos do territorio nacional. Com a implantação da indústria automobilistica na década de 50, e com a pavimentação das principais rodovias, o modo rodoviário se expandiu de tal forma que hoje domina amplamente o transporte de mercadorias no País.

Os últimos dados estatísticos publicados (Geipot, 1987) indicavam uma extensão total de rodovias pavimentadas de 123 mil quilômetros aproximadamente. A esse total se deve somar cerca de 1,3 milhão de quilômetros de estradas não pavimentadas. Hoje, a rede rodoviária nacional se apresenta bastante deteriorada, com extensos trechos necessitando de recursos maciços para sua recuperação. Essa situação prejudica bastante o transporte rodoviário de mercadorias, aumentando os tempos de viagem e encarecendo os custos operacionais.

(b) Modo ferroviário

Para escoar a produção agrícola brasileira e transportar os produtos importados para o interior do território nacional, foram implantadas, em fins do século passado e início deste, um número razoável de ferrovias, com uma extensão total também expressiva (cerca de 30.000 quilômetros em 1986). A maioria das ferrovias implantadas nessa fase corria do litoral para o interior, com traçados quase ortogonais à costa.

O povoamento do hinterland foi se processando primordialmente ao longo das ferrovias, à exceção da Amazônia, pois a estrada de ferro dava condições de escoamento das safras e trazia os produtos necessários ao desenvolvimento. Aos poucos, no entanto, as fronteiras agrícolas foram se deslocando para regiões mais remotas. O povoamento do território nacional passou a cobrir novas áreas não servidas pelas ferrovias. A agricultura passou gradualmente de uma fase rudimentar, artesanal, para estágios de exploração mais extensiva, com grandes áreas destinadas ao cultivo ou à atividade pastoril. Ou seja, a vinculação estreita que antes existia entre os agricultores e os núcleos urbanos de um lado, e as ferrovias, de outro, foi deixando de existir com o tempo.

O transporte ferroviario passou a ser utilizado primordialmente no deslocamento de grandes massas de produtos homogêneos, ao longo de distâncias relativamente extensas. Minérios (de ferro, de manganês), carvão mineral, derivados de petróleo, cereais em grão (soja, milho), quando transportados a granel, cobrindo distâncias relativamente grandes, são produtos passíveis de serem deslocados por trem.

As razões para isso podem ser resumidas no seguinte: as operações de carga/ descarga, despacho, triagem de vagões nos pátios, controle de tráfego, conferência da carga, etc., são muito onerosas para produtos em pequenas quantidades. Quando se transportam grandes quantidades de um produto a granel, por outro lado, pode-se uniformizar o material rodante (vagões) e as operações, permitindo também a utilização de trens de maior tonelagem e diretos (trens unitários), facilitando assim as operações nos terminais. Os custos fixos incorridos nos terminais (carga/ descarga, triagem de vagões, formação de trens, etc.) são, por outro lado, melhor diluídos no custo médio global para distâncias mais longas.

Por tudo isso, hoje há um consenso de que as ferrovias, no Brasil, devem ser destinadas ao transporte dos tipos de carga apontados acima: grandes tonelagens de produtos homogêneos, preferencialmente a granel, ao longo de distâncias relativamente longas.

Esse enfoque, no entanto, não é universal, pois não coincide com o observado na Europa, por exemplo, em que a ferrovia cobre um espectro muito mais amplo de fluxos. Mas, dentro da realidade brasileira de hoje, parece mais sensato especializar as ferrovias na forma apontada. A falta de recursos financeiros e as incertezas quanto à capacidade de gestão das ferrovias, não permitem, no momento, soluções mais ousadas em termos de reativação do modo ferroviário para outros tipos de fluxo.

(c) Modo marítimo de cabotagem

A costa brasileira é dotada de um número apreciável de portos marítimos, além de alguns portos fluviais que atendem navios costeiros (Porto Alegre, Manaus, Belém, por exemplo). O transporte de cabotagem está fortemente atado, infelizmente, à operação portuária que, no Brasil, deixa muito a desejar. Adicionalmente, o transporte complementar entre as origens da carga e o porto e, no sentido inverso, do porto aos destinos finais, está sujeito a restrições diversas, tais como congestionamentos, excesso de burocracia, atrasos nas chegadas e saídas dos navios, greves freqüentes, etc.

O custo de transporte porta a porta, que é o que interessa ao usuário, não é completamente previsível na cabotagem, porque vários fatores dependem de condições fortuitas, que fogem ao controle e à previsão dos interessados em utilizá-lo. Por exemplo, se o embarque ou desembarque no porto se der em condições adversas de tempo (chuva), o valor cobrado pela estiva, conferentes, etc. será substancialmente maior, devido às paralisações das operações. Da mesma forma, se a carga é obrigada a esperar mais tempo no porto, aguardando, digamos, o navio que se atrasou. O custo de armazenagem pode atingir níveis inesperados. Ao fim, fazendo as contas dos custos realmente pagos, o usuário observará grandes oscilações nos valores totais porta a porta, situação essa que afasta muitos interessados potenciais.

Outro aspecto que também foge ao controle e à previsão do usuário está ligado ao tempo total de viagem, desde a origem até o destino final da mercadoria. Atrasos nos portos ocorrem em função de muitos fatores, alguns de responsabilidade das diversas entidades que operam o porto, outros de responsabilidade dos armadores, além daqueles ocasionados pelos meios de transporte terrestres (falta de vagões, congestionamentos nas vias de acesso, etc.). As escalas que o navio faz ao longo da rota (portos visitados) nem sempre obedecem ao programado. Da mesma forma, os tempos de permanência nos portos intermediários pode variar bastante. Assim, um embarque via Santos e destinado à Belém, com escalas em vários portos da rota, está sujeito a grandes variações no tempo total. Por essa razão fica difícil programar as entregas dentro dos prazos, condição esta que tende a afastar os clientes com carga de maior valor unitário (manufaturados, produtos eletrônicos, etc.).

Hoje a cabotagem é mais utilizada no transporte de granéis, petróleo e seus derivados, sal, produtos químicos. Cerca de 66% do total transportado (em toneladas-quilômetro) corresponde a granéis líquidos, 28% referem-se aos granéis sólidos, e os 6% restantes são constituídos por cargas acondicionadas (caixas, sacarias, etc.). Nos últimos anos o transporte de carga geral (produtos diversos na forma acondicionada) tem diminuído na cabotagem cerca de 3,5% ao ano, enquanto o volume geral (em toneladas-quilômetros) cresceu mais de 13% anualmente. Por uma série de razões, algumas apontadas acima, o transporte marítimo de cabotagem não atrai as cargas de valor mais elevado, como eletrodomésticos, produtos eletrônicos, manufaturados em geral.

Uma forma de agilizar as operações portuárias, e com isso diminuir os tempos de viagem, é utilizar os contêineres para transporte de carga geral. Outra forma, já existente na cabotagem em escala limitada, é o transporte de carretas rodoviárias com carga, que são embarcadas/desembarcadas do navio rodando pelos conveses e pelas rampas de acesso. Esse sistema, denominado *roll-on, roll-off*; reduz bastante os tempos nos portos, mas provoca perdas apreciáveis de espaço útil nos conveses e porões. Por essa razão, entre outras, tem aplicação limitada.

(d) Modo aéreo

O frete, para transporte de carga aérea, é significativamente mais elevado que o correspondente rodoviário. Mas, em compensação, os tempos de deslocamento porta a porta podem ser bastante reduzidos, abrindo um mercado específico para essa modalidade.

De um lado, mercadorias de elevado valor unitário (artigos eletrônicos, relógios, alta moda, etc..) têm condições de pagar frete mais elevado, se forem levados em conta o custo do dinheiro (estoque, inclusive em trânsito), os riscos envolvidos no transporte terrestre (roubos, extravios, danos à carga) e os prazos de entrega exigidos pelo mercado.

Outro tipo de mercadoria que busca muitas vezes o transporte aéreo é constituído pelas cargas perecíveis (flores, frutas nobres, medicamentos, etc.), que podem eventualmente ser comercializadas em pontos distantes, em função da rapidez do avião.

Cargas parceladas e encomendas, embaladas normalmente em pequenos volumes, usam também o transporte aéreo com freqüência.

Finalmente deve ser citado o transporte aéreo de correio e malotes, cujo maior apelo para esse tipo de carga reside na rapidez com que se consegue transferir fisicamente documentos de toda ordem a longas distâncias (cartas, contratos, cheques, conhecimentos, etc.).

No processo clássico de transporte aéreo de mercadorias são utilizados aviões cargueiros exclusivos. Há também versões *combi*, ou seja, aeronaves para transporte combinado de passageiros e de carga (parte da cabina utilizada normalmente para acomodar passageiros se transforma em compartimento para carga). Noutros casos, aviões de passageiros são convertidos à noite para o transporte de correio e malotes, voltando à configuração normal (passageiros) após o vôo noturno. No Brasil, o emprego de aviões *wide body* (fuselagem larga) nos vôos domésticos, com maior volume útil nos porões e maior capacidade em peso, tem dado certo impulso ao desenvolvimento do transporte aéreo de carga.

EXPLORANDO AS MODALIDADES

Voltamos a insistir no fato de que o transporte rodoviário, sendo responsável por cerca de 70% do transporte de carga no território brasileiro, ocupa o foco de nossa atenção neste texto. Não se deve deduzir, a partir disso, que as demais modalidades não sejam importantes. Dependendo da aplicação, alguns desses modos poderão assumir papel bastante destacado. No entanto, dentro de uma classificação ABC geral, o modo rodoviário ocupa, sozinho, o grupo A. Futuramente, noutro texto, abordaremos mais detalhadamente aspectos de transporte ligados aos demais modos, principalmente considerando a intermodalidade.

Conceitualmente, no entanto, é importante frisar aqui alguns aspectos básicos ligados à exploração de outros modos, além do rodoviário.

Em primeiro lugar, o objetivo primordial da busca de soluções modais alternativas é a *redução dos custos logísticos*. Assim, para certos tipos de carga, o uso da ferrovia ou do transporte marítimo de cabotagem pode significar reduções sensíveis nos custos em alguns casos. É claro que, ao se optar por um modo alternativo, deve-se verificar se as restrições de prazo de entrega, segurança da carga, etc., são asseguradas.

Outro objetivo do uso de modalidades alternativas é, em alguns casos, a *melhoria do nível de atendimento* aos clientes. Há casos em que o transporte aéreo, mesmo com fretes mais elevados, pode ser a solução, principalmente se levarmos em conta os custos de estoque e as restrições de comercialização de certos produtos de valor unitário elevado.

A intermodalidade, com a utilização combinada de dois ou mais modos, também pode ser empregada com sucesso em muitos casos. Problemas específicos, envolvendo outros modos e integração intermodal, serão abordados em futuro texto.

TRANSFERÊNCIA E DISTRIBUIÇÃO

O sistema logístico inclui, na maioria dos casos, dois tipos de transporte de produtos: a **transferência**, envolvendo deslocamentos maciços entre dois pontos, e a **distribuição propriamente dita**, ou **entrega**, em que os veículos servem vários destinos numa única viagem. Há casos em que também se processa a coleta dos produtos a partir de fontes diversas (fábricas, depósitos), trazendo-os para um depósito central.

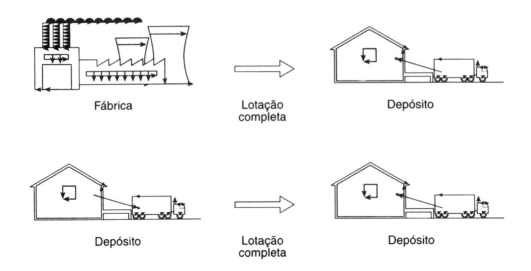

Figura 5.2 — Transferência de mercadorias

É importante distinguir conceitualmente, em termos logísticos, os contornos e peculiaridades desses tipos de transporte.

A **transferência** corresponde, em geral, ao deslocamento de produtos entre um único ponto de origem e um único ponto de destino da rede logística (Fig. 5.2). Normalmente os carregamentos são plenos, ou seja, o veículo transporta uma **lotação completa** entre os dois pontos. Quando a intensidade dos fluxos comporta esse tipo de transporte, há vantagens em adotá-lo: pode-se utilizar veículos maiores, de custo unitário mais baixo; consegue-se maior uniformidade da carga, levando a um melhor arranjo da mesma; aumenta-se a velocidade comercial entre a origem e o destino, com maior utilização da frota, etc.

A **entrega** corresponde geralmente ao deslocamento de produtos a partir de um único ponto da rede (armazém, centro de distribuição), destinados a diversos clientes e executado numa única viagem ou roteiro. Embora essa situação seja típica, pode haver casos em que a entrega se faz de forma a atender um único cliente por viagem. É o caso, por exemplo, da distribuição de derivados de petróleo, em que os caminhões-tanques podem entregar um carregamento completo, numa viagem, a um único cliente.

Nos casos mais comuns de distribuição o veículo cumpre um **roteiro de entregas**, visitando vários clientes (locais de entrega) numa viagem, a partir de um armazém ou centro de distribuição.

Há roteiros de entrega regionais, servindo cidades de uma certa região (Fig. 5.3). Há também os roteiros urbanos (Fig. 5.4), em que o veículo visita uma determinada parte de uma cidade (zona de entrega, bairro, conjunto de bairros, etc.).

O processo de coleta de mercadorias é inverso ao da entrega: a partir de dois ou mais pontos de origem são apanhados os produtos, que vão para um depósito ou armazém para triagem, transferência e/ou distribuição.

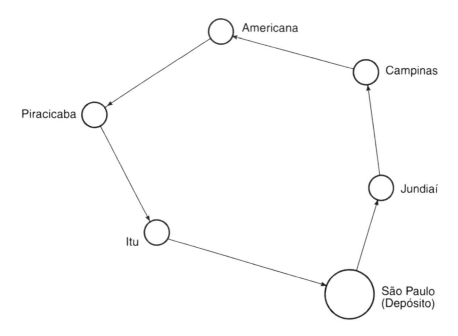

Figura 5.3 — Roteiro regional de distribuição

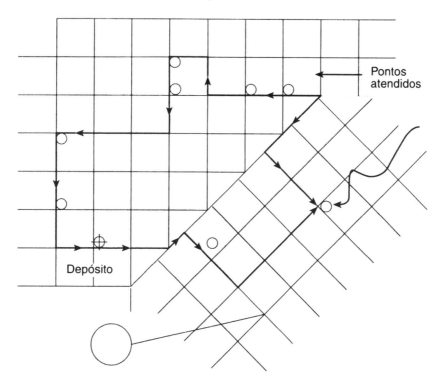

Figura 5.4 — Roteiro urbano de distribuição

O TRANSPORTE E O MEIO EXTERNO

No Cap. 1, item 7, vimos que os sistemas do mundo real se relacionam forçosamente com o meio ambiente, ou meio externo ao sistema. O subsistema transporte não é exceção à regra. Nas duas pontas desse subsistema (origem e destino) as interações com o ambiente são mais pronunciadas e requerem uma atenção especial. A seguir abordaremos alguns desses aspectos.

(a) Atrasos na viagem

Já vimos que alguns modos de transporte apresentam maior variação nos tempos de viagem de porta a porta. É o caso, por exemplo, do transporte marítimo de cabotagem. Mas mesmo o transporte rodoviário apresenta variações nos tempos de viagem, e por razões variadas.

Em alguns casos, quando a empresa se utiliza de transportadoras para a transferência de seus produtos, podem ocorrer atrasos de forma a possibilitar a consolidação da carga. Ou seja, a transportadora mantém os produtos em seu depósito esperando outras cargas para o mesmo destino, com isso garantindo carregamento completo, ou quase completo, para seus veículos. O mesmo pode se dar na outra ponta, quando a carga aguarda no depósito até que a transportadora consiga um carregamento satisfatório para um determinado roteiro de entregas.

Outro problema comum nos atrasos, principalmente em transferências, é o da quebra do veículo, exigindo algumas vezes um certo tempo para o conserto. Com o atual estado da rede rodoviária nacional, esse problema vem se agravando ultimamente. Há também os congestionamentos localizados, decorrentes de condições adversas de tempo (chuvas excessivas), paralisações e greves, etc.

(b) Oscilações nos prazos de entrega

Além das variações nos tempos de viagem, observados nas transferências, ocorrem também atrasos de natureza diversa nas entregas, em função de fatores vários.

Os roteiros de entrega apresentam oscilações apreciáveis no tempo de viagem, porque são constituídos por inúmeros segmentos: percurso desde o armazém até a zona, tempo de parada em cada cliente, percursos entre pontos de parada sucessivos, retorno ao depósito. Algumas vezes, por deficiências na programação ou demora excessiva na recepção das mercadorias, o veículo retorna ao depósito com parte da carga não entregue. Isso significa atrasos nos prazos de entrega, insatisfação dos clientes, etc., além de aumento dos custos, em razão das tentativas de entrega sem sucesso.

Outro problema que ocorre com certa freqüência nos atrasos das entregas está relacionado com deficiências nas operações do depósito, armazém ou centro de distribuição. Tais deficiências podem ser devidas à inadequação ou falta de equipamentos e de pessoal, problemas no fluxo de informações (demora em processar e/ou transmitir os pedidos), estoques mal administrados, etc.

(c) Políticas de estoque

De uma maneira geral os produtos são estocados em pontos diferentes da cadeia logística, a saber: (a) no depósito da fábrica, até que sejam despachados; (b) nos centros distribuidores ou depósitos regionais/locais; (c) nos pontos de destino (clientes, unidades comercializadoras locais, etc.); (d) nos veículos em trânsito.

À medida que as características do subsistema transporte variam em termos de tempo de viagem, atrasos, capacidade dos veículos, periodicidade da transferência e da entrega, etc., vão ocorrendo alterações nos níveis de estoque. Note-se que não é somente o estoque em trânsito que é afetado pela variação nas características do subsistema transporte. Por exemplo, se a distribuição é feita diariamente em cada zona de entrega, o nível de estoque do destinatário (varejista, por exemplo) será bem menor do que o caso alternativo de se fazer roteiros semanais. Inversamente, se a empresa resolver reduzir seus níveis de estoque por razões econômico-financeiras, a nova política daí decorrente certamente trará repercussões diretas e indiretas no subsistema transporte, incluindo as transferências, as entregas e as coletas de mercadoria.

(d) Avarias na carga e na descarga

Apesar de relativamente seguro, o transporte rodoviário não está livre de avarias e extravios. E é nas pontas, nas operações de carga e de descarga, que esse tipo de problema se apresenta com maior gravidade, em razão da manipulação inevitável da mercadoria.

Há formas de reduzir significativamente as avarias. Entre outros, utilizar veículos adequados, que facilitem as operações de carga e descarga; unitizar a carga sempre que possível (*pallets*, contêineres); melhorar a capacitação do pessoal; usar equipamentos apropriados; racionalizar o *layout* do armazém, etc.

(e) Necessidade de equipamentos especiais para carga e descarga

Outro aspecto que reflete a relação do subsistema transporte com o meio ambiente é o da interface entre veículo e armazém. Já vimos que é nas pontas, ou seja, nas operações de carga e descarga, onde ocorrem com mais freqüência as quebras e avarias nas mercadorias transportadas.

Certos tipos de produto requerem equipamentos especiais para carregá-los e descarregá-los. Por exemplo, bobinas de papel e de metal, madeira (toras), vergalhões de ferro, etc., requerem guinchos ou guindastes apropriados. Carga paletizada, por outro lado, é operada por meio de empilhadeiras, produtos a granel, como cereais em grão (soja, milho, farelo), calcário, fosfato, etc., são normalmente descarregados em moegas a partir de caminhões basculantes e, daí, levados aos silos ou pilhas por meio de esteiras.

A escolha de equipamentos adequados para o transporte de produtos específicos é de vital importância para se atingir um nível de serviço satisfatório no que se refere ao sistema logístico.

OBJETIVOS DO SUBSISTEMA TRANSPORTE

Vimos no Cap. 1, item 7 que todo sistema deve ter um ou mais objetivos. Quais seriam então os objetivos do subsistema transporte?

Históricamente *transportar* significa deslocar espacialmente pessoas ou coisas. Isto é, precisamos deslocar um certo carregamento de um ponto A para um ponto B. Nesse conceito não aparece, de forma explícita, outros fatores condicionantes além da exigência pura e simples de deslocar espacialmente o carregamento em questão.

Podemos acrescentar a isso o requisito de se manter a integridade da carga, impedindo que ela seja avariada, roubada ou extraviada, devendo ser entregue em perfeitas condições no ponto de destino. Com esse requisito adicional já se tem uma certa medida de qualidade do serviço, o que é, sem duvida, um avanço em relação a condição inicial.

Mais recentemente a indústria e o comércio, de uma maneira geral, passaram a se preocupar bastante com a qualidade dos serviços de transporte. Essa maior preocupação é decorrência da necessidade de reduzir custos de estoques, pressões para reduzir prazos de entrega (exigência do mercado, concorrência), diversificação da produção, entre outros fatores.

Dentro dos novos conceitos logísticos já não basta transportar a carga de um ponto *A* para outro ponto *B*, garantindo ao mesmo tempo sua integridade. O fator *confiabilidade*, representado pelo estrito respeito aos prazos, vem sendo cada vez mais exigido do setor transporte.

Dessa forma poderíamos resumir dizendo que o objetivo do subsistema transporte é o deslocamento de bens de um ponto para outro da rede logística, respeitando as restrições de integridade da carga e de confiabilidade (prazos).

MEDIDA DE RENDIMENTO

Para que possamos medir o nível de desempenho de um sistema é necessário definir uma escala apropriada para a aferição dos resultados, a qual denominamos **medida de rendimento**.

Para os sistemas logísticos em geral define-se um conjunto de atributos, relacionados com variáveis diversas, formando o que se chama comumente de **nível de serviço**. Usualmente o nível de serviço, para os sistemas logísticos, é constituído pelos seguintes fatores principais:

- ***prazo de entrega***: medido pelo seu valor médio e pelo desvio médio (esse último serve para se aferir a confiabilidade, ou oscilação em torno da média); LEAD-TIME = Tempo de transporte + Tempo de produção (PCP) + Tempo burocrático.
- grau de ***avarias e defeitos***: que serve para aferir, em termos relativos (porcentagem), o aspecto *integridade* da carga;
- nível de ***extravios***: mercadoria entregue em destino errado, furto de parte ou do todo, falta de parte da nota de entrega, etc..
- ***reclamações*** de uma forma geral: dificuldade do cliente em se comunicar com a empresa, falta de *follow up* dos problemas para correção, mau tratamento por parte dos motoristas e ajudantes, etc.

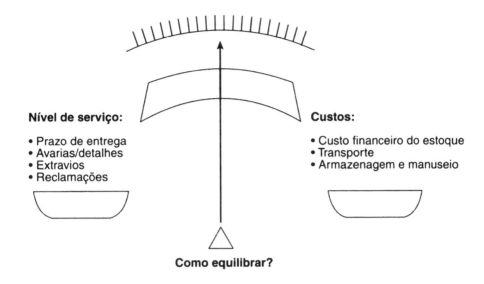

Figura 5.5 — Balanceamento entre custo e nível de serviço

Você deve ter notado que algumas das variáveis acima podem ser quantificadas facilmente, enquanto que outras não. Além disso, é preciso ponderar os diversos fatores de forma a se poder comparar situações diversas. Vimos, no Cap. 1, item 6, que se pode chegar a uma fórmula ponderada de consenso através de um processo sistemático (método Delphi), que permite condensar a opinião dos diversos indivíduos que interagem com o sistema.

Mas a questão que se coloca agora é a seguinte: qual o nível que a empresa deve estipular para a medida de rendimento de seu sistema? Sabemos que, quanto mais perfeito o nível de desempenho, mais caro ele será para a empresa. Se colocarmos numa balança o nível de serviço pretendido de um lado, e os custos decorrentes, de outro, a questão é como se chegar ao nível de equilíbrio ideal (Fig. 5.5).

Obviamente os custos englobam não somente as despesas de transporte, como também os custos de se manter os estoques dos produtos, bem como os custos de armazenamento e movimentação (manuseio) da carga.

Na verdade, a balança da Fig. 5.5 não tem um ponto de equilíbrio automático. Precisamos analisar cuidadosamente as possíveis soluções, quantificando o resultado (nível de serviço) e os custos decorrentes. Se considerarmos uma faixa de variação possível para o nível de serviço, atribuindo o zero à situação pior e 100% ao nível ótimo, a curva de variação do custo será mais ou menos como a da Fig. 5.6. Para situações próximas de zero, os custos crescem devagar; à medida que vamos nos aproximando do nível máximo (100%), os custos começam a crescer exponencialmente. Discutindo essa curva com a direção da empresa, será escolhido o ponto de equilíbrio ideal, considerando o nível de atendimento, de um lado, e os custos gerados, de outro (Fig 5.6).

Planejando o Subsistema Transporte

A aplicação do enfoque sistêmico aos problemas logísticos, conforme apresentado neste texto, está relacionada intimamente com o **planejamento**. Isso porque o uso da metodologia sistêmica pressupõe um estudo detalhado do problema, com a análise de soluções alternativas, avaliação de desempenho, quantificação de custos, discussões, etc., o que requer tempo e uma certa concentração de esforços. Na solução de problemas operacionais imediatos, do dia-a-dia, quase sempre tais condições não são possíveis. Por isso, a utilização do enfoque sistêmico na solução dos problemas logísticos é quase sinônimo de planejamento.

O que vale para o sistema logístico no seu todo vale também para os diversos subsistemas, entre eles o transporte. Para planejar o subsistema transporte é necessário conhecer os seguintes elementos:

- os fluxos nas diversas ligações da rede;
- o nível de serviço atual;
- o nível de serviço desejado;
- as características ou parâmetros sobre a carga;
- os tipos de equipamento disponíveis e suas caraterísticas (capacidade, fabricante, etc.);
- os sete princípios ou *conhecimentos*, referentes à aplicação do enfoque sistêmico (Cap. 1, item 7);

Já analisamos os fluxos e o nível de serviço. No que se refere às características ou parâmetros da carga, os principais elementos a considerar são os seguintes:

- peso e volume;
- densidade média;
- dimensões da carga;
- dimensões do veículo;
- grau de fragilidade da carga;
- grau de perecibilidade;
- nível de periculosidade;
- estado físico;
- assimetria;
- compatibilidade entre cargas diversas.

O **peso** de cada unidade de carga é um elemento importante, pois, dependendo de sua ordem de grandeza, haverá ou não necessidade de equipamentos especiais para carga/descarga. Há também o problema da distribuição do peso da carga pelos eixos e ao longo da carroceria do veículo. A má colocação da carga nos caminhões é causa freqüente de uma série de acidentes, que devem ser evitados.

O **volume**, por sua vez, está associado ao peso da carga através da *densidade*. Para cargas leves (baixa densidade) aparece o problema de se aproveitar ao máximo o espaço útil do veículo. No caso de caminhões abertos, notamos arranjos praticamente no limite de altura; veículos fechados (baús) apresentam muitas vezes chassi alongado e até mesmo extensão da carroceria acima da cabina do motorista. Considerando os diversos tipos de carga temos, num extremo, o algodão, isopor, cortiça, móveis, etc., que apresentam baixa densidade, contrastando com cargas muito densas, tais como produtos siderúrgicos, pedras em estado bruto, baterias elétricas, etc..

As *dimensões* das unidades de carga (caixas, *pallets*, sacas), constituem outro elemento importante, quando relacionadas com as dimensões da carroceria do veículo. Se as unidades forem pequenas em relação à carroceria, as possibilidades de arranjo e de aproveitamento de espaço são maiores. Unidades de volume relativamente grande muitas vezes ocasionam perdas de espaço dentro do veículo, porque oferecem menor flexibilidade nos arranjos.

Outra característica importante da carga está ligada ao seu *grau de fragilidade*. Vidros, eletrodomésticos mais delicados (DVDs, televisores), louças e cristais, objetos de cerâmica, exigem embalagens e cuidados especiais, além de um arranjo adequado dentro do veículo.

Certos produtos apresentam um ciclo de vida muito curto, sendo perecíveis num sentido mais amplo. Assim, são *perecíveis* mercadorias que se deterioram rapidamente com o tempo (peixes, frutos do mar, hortaliças, alguns tipos de fruta), como também produtos que se tornam obsoletos em prazos curtos. O jornal diário é, talvez, o exemplo mais típico dessa última categoria.

Existem cargas que podem colocar em risco a saúde de pessoas por serem perigosas, podendo também prejudicar o meio ambiente, se derramadas ou espalhadas no solo ou em cursos d'água. As características próprias desse tipo de carga, referentes ao tipo de embalagem, cuidados no transporte, etc., devem ser respeitadas e controladas pelo setor de logística da empresa. Mesmo que o transporte e a manipulação dos *produtos perigosos* sejam realizados por terceiros, a responsabilidade indireta e a imagem da empresa estão em jogo, e devem ser preservadas.

Outro parâmetro importante da carga é seu *estado físico* (líquido, sólido, gasoso), associado à forma de manuseio (a granel, em tambores, em contêineres, etc.). Outras características físicas são importantes em certos casos, como a *temperatura* (asfalto, por exemplo), e a *pressão*.

Alguns tipos de carga apresentam dimensões muito diferentes, gerando assim uma forte assimetria, que acaba dificultando o arranjo no caminhão. Exemplo disso são os perfis de aço, em que o comprimento é muitas vezes maior que a altura e a largura. Outros exemplos são: toras de madeira, trilhos, postes, vigas pré-moldadas de concreto, etc. A forma mais simétrica (ideal) é o cubo, em que as três dimensões são iguais.

Outra característica importante da carga, de um modo geral, é a compatibilidade entre produtos de natureza diversa, em termos químicos, odoríferos, etc. Por exemplo, não se deve transportar café junto com detergentes, fósforos com álcool, inseticidas com produtos alimentícios, etc.

O planejamento do subsistema transporte se faz inicialmente rota por rota. É necessário determinar as condições de operação e os custos para a situação atual, de forma a se ter uma referência básica de comparação ao se analisar outras alternativas de solução posteriormente.

CUSTOS DE TRANSPORTE

No Cap. 1 abordamos alguns conceitos básicos referentes a custo de transporte. Nesta seção analisaremos, com mais detalhe, a estrutura e os elementos que formam o custo do transporte rodoviário de cargas.

(a) Custos diretos e indiretos

Já vimos que uma primeira grande divisão dos custos se dá em função da sua relação com a operação. São **custos diretos** aqueles que se relacionam diretamente com a função produtiva a qual, no caso, se confunde com a **função de transportar**. São eles:

- depreciação do veículo;
- remuneração do capital;
- salário e gratificações de motoristas e ajudantes;
- cobertura de risco (seguro ou auto-seguro);
- combustível;
- lubrificação;
- pneus;
- licenciamento;

Todas essas despesas estão diretamente relacionadas com a atividade produtiva, ou seja, com a operação propriamente dita.

Existem outras despesas que se não se relacionam diretamente com a produção/operação. Por exemplo, a contabilidade da empresa, o setor de pessoal, a administração de uma maneira geral (diretoria, vendas, finanças, cobrança, etc.). Os custos dessas atividades são denominados **custos indiretos** e variam de empresa para empresa em função do tamanho, da estrutura empresarial, etc.

Cerca de 85%, ou mais, do custo operacional do transporte rodoviário de carga corresponde aos custos diretos, com os custos indiretos respondendo pelos restantes 15% (ou menos).

(b) Custos variáveis

Conforme visto no Cap. 1, item 2, os custos diretos podem ser subdivididos em **custos fixos e variáveis**. No caso do transporte rodoviário de carga a variável operacional de referência é a **distância percorrida pelo veículo**, medida através da **quilometragem** registrada no odômetro.

Os custos variáveis são os seguintes:
- combustível;
- lubrificação;
- manutenção;
- pneus;

CUSTOS DE TRANSPORTE

Para se determinar o custo de combustível, fazem-se medições diversas do consumo e da quilometragem para os diversos tipos de veículo da empresa. De posse de uma amostra suficiente, e para cada tipo de veículo, divide-se a quilometragem percorrida pelo total consumido, obtendo-se assim a média de quilômetros por litro. O custo unitário de combustível pode ser facilmente calculado a qualquer instante, sabendo-se o preço de um litro de combustível.

Suponhamos, por exemplo, que você fez a medição de consumo para diversas viagens de um veículo, obtendo uma média de 2,8 quilômetros por litro. Se o preço do diesel num certo instante é R$ 0,28 por litro, então o custo unitário, por quilômetro, é igual a 24,00/2,8 = R$ 0,1/km.

O custo de lubrificação deve ser calculado tomando-se as despesas correspondentes a uma operação de lubrificação: mão-de-obra, graxa, óleo lubrificante, filtros, etc., e dividindo o total em reais pela quilometragem média entre lubrificações sucessivas. Se sua empresa não tem posto de lubrificação próprio e faz esse serviço externamente, então deverão ser levantadas as notas fiscais recentes, tomando-se uma média para cada tipo de veículo.

No que se refere ao custo de manutenção, o problema de quantificá-lo satisfatoriamente já é um pouco mais complicado. Em primeiro lugar, a manutenção de um veículo se processa de forma variada ao longo de um período de tempo muito extenso (vários anos). Algumas despesas maciças só vão ocorrer muito mais tarde, quando o veículo já rodou bastante. É o caso, por exemplo, da retífica do motor. Será necessário, portanto, lançar mão de informações contábeis cobrindo períodos bastante longos. Algumas empresas têm sistemas de apropriação de custos bem montados, que permitem identificar as despesas veículo por veículo. Mas há casos em que as despesas de manutenção (oficina, peças) estão agregadas, não permitindo o relacionamento entre os custos e os veículos.

O segundo aspecto, também relacionado com o primeiro, se refere aos elevados níveis inflacionários que vem infligindo o Brasil nos últimos anos. Mesmo que se consiga levantar uma série completa de despesas, devidamente relacionadas com os veículos individualmente, ainda há o problema de uniformizá-las para uma unidade monetária em que a inflação esteja devidamente expurgada. Que índice devemos usar? IPC, índice da FGV, da FIPE? Acreditamos que o Real será uma moeda bem forte.

Apesar de algumas restrições, recomendamos que se use sempre, como deflator, o valor do veículo novo. Para isso é necessário que façamos um levantamento do preço do veículo novo, a partir de revistas especializadas, cobrindo um período passado suficientemente longo para nossas análises. As despesas efetivas, extraídas da contabilidade mês a mês, são então divididas pelo valor do veículo novo daquele mês. Uma vez feito isso, poderemos somar os resultados, porque estão agora deflacionados. Tendo os valores totais, basta multiplicar os resultados pelo preço atual do veículo, e dividir pela quilometragem, para se ter o valor unitário do custo de manutenção a nível de hoje, em reais.

Deve-se lembrar que, como praxe geral, todo método tem seus defeitos e qualidades, e esse não é exceção à regra. O primeiro defeito está relacionado com os eventuais controles de preço realizados pelo Governo, achatando os preços dos veículos em certos momentos e liberando-os em outros. Assim, se um veículo sofreu uma reforma maciça num certo mês em que os preços estavam muito achatados, o resultado final vai parecer mais alto do que realmente é, porque dividimos as despesas de manutenção por uma grandeza menor do que deveria ser na realidade.

Outro problema está associado com os eventuais ágios e deságios que ocorrem ciclicamente no mercado automobilístico. Os preços publicados nas revistas são valores de referência, e nem sempre são os atualizados. Algumas vezes se consegue comprar um veículo novo abaixo da tabela e, noutros casos, somos obrigados a pagar um certo ágio.

O terceiro aspecto está ligado ao fato de que as fábricas vão mudando as linhas de veículos ao longo dos anos, sendo alguns modelos eliminados, outros introduzidos e, os que permanecem, quase sempre modificados. Assim, torna-se difícil acompanhar a evolução do preço de um mesmo veículo por sete ou mais anos. Na verdade, quando a empresa for renovar a frota, substituindo um veículo velho por um novo, terá de adquirir o tipo mais próximo do atual. Dessa forma, se considerarmos sempre o tipo de veículo mais próximo ao que está em operação, o erro concreto não será tão significativo ao fim do processo.

Devemos lembrar também que as peças de reposição, por estarem vinculadas ao mesmo setor industrial que produz veículos (a indústria automobilística), tem seus preços evoluindo paralelamente aos preços dos veículos novos, o que justifica a metodologia acima indicada.

De qualquer forma, mesmo com os defeitos apontados, essa ainda é a maneira prática mais adequada para determinar os custos de manutenção de veículos. Os índices de inflação correntes são médias de gastos muito variados, o que faz com que se afastem da evolução das despesas diretamente ligadas a operação dos veículos. Daí a escolha de um índice próprio, ligado diretamente ao setor automobilístico.

Das despesas variáveis, resta comentar sobre o custo de pneus. É necessário fazer um levantamento da duração média de um pneu, em quilômetros, levantando também a quilometragem útil adicional que se consegue com uma recapagem. Somam-se então o preço do pneu com o preço da recapagem, e divide-se o resultado pela soma das quilometragens, obtendo-se, assim, o custo unitário correspondente.

(c) Custos fixos

Os custo fixos são:
- depreciação;
- remuneração do capital;
- salários e obrigações do motorista e ajudantes;
- cobertura do risco.

A depreciação é um custo contábil, reconhecido pela Receita Federal, que leva em conta o fato de que equipamentos e instalações se deterioram com o uso. O imposto de renda das empresas é calculado sobre o resultado líquido, obtido pela diferença entre o faturamento e as despesas. As despesas de custeio (material de consumo, energia elétrica, telefone, aluguel, etc.) são contabilizadas a partir dos documentos comprobatórios correspondentes (notas fiscais, recibos). No caso da aquisição de um veículo novo a empresa não pode alocar todo o valor da compra de uma vez só, porque isso, na verdade, é um investimento e não uma despesa de custeio. A Receita Federal permite então que se contabilize, como custo, uma fração bem definida do valor total do investimento. Por exemplo, no caso de veículos, pode-se alocar anualmente como depreciação um valor igual a um quinto do investimento. Ou seja, supõe-se que a vida útil do veículo seja de cinco anos. Não se leva em conta, por outro lado, o valor residual do veículo, conforme visto no Cap. 1, item 5.

Essa vida útil, usada para calcular o custo da depreciação contábil (isto é, aceito pela Receita Federal), não é necessariamente a mesma utilizada na determinação dos custos para efeitos de análise econômica e fixação de tarifas. Para isso é preferível estimá-la mais apuradamente, pois seu efeito no custo final e na operação é significativo. A maneira prática de determinar a vida útil econômica de um veículo ou equipamento será descrita no capítulo seguinte. Por ora admitamos que se conheça a vida útil econômica do veículo em questão, em anos ou meses.

A forma correta de calcular o custo de capital é o apresentado no Cap. 4. Supõe-se que a empresa crie um fundo de reserva próprio, separando todo mês uma quantia necessária para repor o veículo ao fim de sua vida útil.

Conforme visto no Cap. 4, item 5, o valor mensal desse fundo é calculado através da seguinte expressão:

$$C = (I - VR) \cdot FRC + VR \cdot j$$

onde:

I = investimento para adquirir um veículo novo;
VR = valor residual do veículo;
FRC = fator de recuperação do capital, dado por:

$$FRC = \frac{j \cdot (1+j)^n}{(1+j)^n - 1}$$

j = taxa de juros ou de oportunidade, em porcentagem, dividida por cem;
n = vida útil do veículo;

Suponhamos que a vida útil do veículo seja de 60 meses, que a taxa de oportunidade seja de 2% ao mês e o valor residual, ao fim da vida útil, corresponda a 20% do valor do veículo novo. Suponhamos também que o preço do veículo novo seja R$ 119.047,61; então VR = R$ 23.809,52.

Calculando o fator de recuperação do capital para $n = 60$ e $j = 2/100 = 0,02$, chegamos a $FRC = 0,02877$. Substituindo na expressão acima, determinamos o valor mensal correspondente ao custo de recuperação do investimento, ou seja, C = R$ 3.216,54.

Se computássemos tão-somente a depreciação contábil, conforme regulamento do imposto de renda para pessoas jurídicas, teríamos um valor mensal igual a R$ 119.047,61\60 = R$ 1.984,12. Esse valor, embora usado para cálculo do imposto de renda, não é correto, porque: (a) não leva em conta o custo do dinheiro, ou remuneração do capital; (b) não considera uma receita ao fim da vida útil do equipamento, correspondente ao valor de venda do mesmo (valor residual).

Outro item de custo fixo é o correspondente aos salários do motorista e do(s) ajudante(s). Sobre os valores básicos de referência é necessário acrescentar os encargos sociais, tais como férias, décimo-terceiro sálario, fundo de garantia, IAPAS, etc. As empresas costumam determinar um índice que engloba todos esses fatores, e que deve ser multiplicado aos valores nominais de salário.

Finalmente, o último item dos custos corresponde a cobertura contra riscos. A forma mais comum é o seguro do veículo e da carga. Para isso a empresa paga um prêmio anual à companhia de seguros, cujo valor deve então ser dividido por doze para se obter o custo mensal de seguro. As apólices de seguro, no entanto, incluem normalmente uma franquia, que é o valor a ser coberto pelo segurado toda vez que ocorre um acidente a ser indenizado. O custo correspondente à franquia, que deve ser adicionado ao valor do prêmio, pode ser estimado da seguinte forma: levanta-se o número médio de ocorrências num ano, em que o seguro tenha sido acionado. Divide-se o número de ocorrências pelo número de veículos em operação, obtendo-se assim o número médio de ocorrências por veículo e por ano. Multiplica-se finalmente o número médio de ocorrências pelo valor médio de uma franquia e divide-se o resultado por doze, para se obter o custo médio por mês e por veículo. Esse valor deve ser somado ao custo da apólice do seguro.

Algumas empresas que possuem uma grande frota preferem fazer um *auto-seguro*, ou seja, reservam recursos para cobrir as despesas ocasionadas por eventuais acidentes. Para isso é necessário efetuar um minucioso levantamento dos custos reais dos sinistros passados, e compará-los com o custo do seguro, inclusive franquia. Caso o primeiro tenha sido sensivelmente menor durante os últimos anos, atestando assim que o resultado não foi fruto apenas de um efeito aleatório, pode-se adotar o auto-seguro. Para isso calcula-se o custo médio mensal, por tipo de veículo, usando o valor do veículo novo como referência, formando-se um fundo de reserva, que vai sendo usado à medida que se faça necessário, para cobrir os gastos com a recuperação dos caminhões acidentados. Se a frota for pequena, ou se a empresa despender o dinheiro noutras aplicações, pode ocorrer subitamente um furo de caixa, ocasionando problemas financeiros. Por isso, só se recomenda tal prática para empresas sólidas, com frotas razoavelmente grandes.

PLANILHA DE CUSTOS

Para compor o custo do transporte rodoviário de carga, o uso de uma planilha facilita o calculo e a atualização dos valores resultantes. Nos Quadros 5.2 e 5.3 apresentamos um tipo comum de planilha de custos. Os itens são divididos em duas categorias básicas: custos fixos e custos variáveis.

Na coluna (a) são discriminados os itens de custo. Na coluna (b) aparecem os valores básicos de cada insumo, sobre os quais se apoiarão os cálculos. Para se obter cada item de custo (coluna d), multiplica-se o valor do insumo correspondente (coluna b) pelo coeficiente apropriado. Dessa forma, sempre que for necessária a atualização dos custos, basta levantar os novos valores da coluna (b), multiplicando-os, em seguida, pelos coeficientes da coluna (c).

(a) Planilha de custos para frota própria

Algumas empresas possuem frota própria; outras contratam o serviço de terceiros (empresas transportadoras ou caminhoneiros autônomos). Os valores de certos itens de custo variam conforme o caso. Deve-se considerar adicionalmente que o cálculo de custos no segundo caso (veículos de terceiros) pode ser feito de forma mais simplificada, pois seu objetivo usual é o de apoiar as negociações de fretes.

Inicialmente vamos considerar o caso em que a empresa industrial ou comercial possua frota própria. A determinação de cada um dos elementos da planilha será discutida a seguir.

PLANILHA DE CUSTOS

Quadro 5.2 Planilha de custos—Frota própria

(a) Item	(b) Valor do insumo	(c) Coeficiente	(d) Custo unitário
Custo fixo:			
1. Capital	50.000,00	0,0204	1.020,00
2. Licenciamento e seguro obrigatório	990,00	0,006	5,94
3. Reserva para seguro	50.000,00	0,003	150,00
4. Motorista(s)	238,09	2,20	523,80
5. Ajudante	0,00	0,00	0,00
6. Total custo fixo mensal			16.997,74
Custo variavel:			
7. Manutenção	50.000	1/1000000	0,05
8. Combustível	0,28	0,333	0,093
9. Óleo do cárter	1,54	0,0023	0,004
10. Óleo do câmbio	3,57	0,000525	0,002
11. Lavagem	35,71	0,0002	0,007
12. Pneus	4.761,19	0,000182	0,087

13. Total custo variável por km: 0,24
14. Quilometragem média mensal: .... 9.600 km
15. Custo fixo por km (R$/km): (6) / (14) 0,18
16. Custo variável por km (R$/km): 0,24
17. Custo total médio por km (R$/km): (15) + (16) 0,42
18. Veículo: caminhão Mercedes-Benz 2014, com 3.º eixo

Como exemplo, adotamos o caminhão Mercedes Benz 2014, de 12 t de carga, com terceiro eixo (*truck*). Os valores monetários correspondem a julho de 1994.

É importante notar que os valores da planilha dependem de uma série de fatores. O mais obvio é naturalmente o tipo e a marca do veículo. Outro fator importante, conforme já mencionado, é a disponibilidade ou não de frota própria na empresa. Quando são utilizados veículos próprios, os valores de custo são normalmente extraídos da contabilidade. Caso contrário, a planilha é preenchida de forma aproximada, visando estimar os custos para negociação de fretes com os caminhoneiros autônomos e com as empresas transportadoras.

O primeiro item é o custo de capital. É calculado de acordo com a metodologia já descrita neste capítulo. Sendo n a vida útil do veículo em meses, i a taxa mensal de juros e R o valor residual ao fim desse período, sabemos que o custo médio mensal equivalente é dado pela seguinte expressão:

$$\text{Custo de capital (R\$/mês)} = (I - R) * FRC + R * i$$

Admitindo vida útil de 60 meses (5 anos), o valor residual situa-se em torno de 15% do investimento inicial *I*. A equação acima pode então ser expressa em função de *I*, substituindo *R* por 0,15 * *I*:

Custo Capital = 0,85 * *I* * FRC + 0,15 * *I* * *i* = (0,85 * FRC + 0,15 * *i*) * *I*

O fator de recuperação do capital (*FRC*), como já vimos anteriormente, é dado por:

$$FRC = \frac{j \cdot (1+j)^n}{(1+j)^n - 1} = 0,02224$$

Dessa forma o custo de capital, expresso em relação à *I*, é dado por:

Custo de Capital = (0,85 + 0,02224 + 0,15 * 0,01) * *I* = 0,0204 * *I*

Na coluna (b) da planilha colocamos o valor do veículo novo na linha 1. Para o exemplo, em valores de agosto de 1994, *I* = R$ 50 milhões. Na coluna (c) é colocado o coeficiente multiplicativo correspondente, no caso igual a 0,0204 conforme determinado acima. Multiplicando o valor da coluna (b) pelo coeficiente da coluna (c), obtemos o custo mensal unitário (R$/veículo/mês), indicado na coluna (d) do Quadro 5.2.

O segundo item de custo fixo da planilha refere-se às despesas de licenciamento e de seguro obrigatório (DPVAT). Por ter um valor pequeno em relação aos demais custos, esse item deve receber um tratamento a nível C, segundo uma classificação ABC. Em média, o custo mensal de licenciamento e seguro obrigatório é da ordem de 0,4 a 0,8% do custo de capital, podendo ser adotado um valor médio estimativo de 0,6%. Assim, na segunda linha do Quadro 5.2, colocamos R$ 990 na coluna (b) (repetimos o valor da linha 1, coluna d), e 0,006 (ou seja, 0,6 %) na coluna (c), resultando no custo de R$ 5,94 lançado na coluna (d) do Quadro 5.2.

O terceiro item a calcular é a reserva correspondente à cobertura de acidentes e sinistros (seguro). A maioria das empresas de transporte não tem optado pela cobertura tradicional, através de uma companhia de seguro, por achá-la cara. Prefere, em contrapartida, *bancar o risco* através de um auto-seguro. Para isso fazem-se reservas de recursos para, numa eventualidade, serem usados na recuperação de veículos acidentados e na cobertura de danos a terceiros.

Comprando uma apólice de seguro ou *bancando o risco* é necessário, de qualquer forma, fazer uma previsão para esse item. De uma forma geral o seguro contratado externamente tem um custo anual que varia de 6 a 8% do valor do veículo. Admitindo auto-seguro (reserva própria), o coeficiente é menor. Adotamos um valor de 3,6% ao ano, tomando como base o valor do veículo novo, o que corresponde a 0,3% ao mês, ou seja, um coeficiente (coluna c) igual a 0,003. Multiplicando o valor do veículo novo (R$ 50 milhões) pelo coeficiente, obtemos o custo de R$ 150 que é lançado na coluna (d), linha 3, do Quadro 5.2.

O quarto item da planilha corresponde aos salários dos motoristas. Em grande parte dos casos um motorista é alocado a cada veículo. Há casos, no entanto, em que o veículo opera em dois ou mais turnos, com revezamento de motoristas. Na coluna (b) colocamos o valor de referência do sálario mensal. No exemplo o salário é de R$ 238,09 por mês. O nível salarial varia de região para região, dependendo também do tipo de operação.

Além do salário de referência, a empresa arca ainda com diversos encargos trabalhistas (férias, décimo-terceiro salário, FGTS, etc.). No caso de indústrias de manufatura os encargos atingem cerca de 120% do salário-base; para firmas varejistas o nível é de 100% e, para empresas de transporte rodoviário de carga, o valor é de cerca de 85% da folha de pagamento.

Na linha 4 da planilha colocamos agora o salário de referência, de R$ 238,09 na coluna (a), e o coeficiente 2,20 na coluna (c), que corresponde a encargos de 120% do salário (frota própria de indústria). Multiplicando os dois valores, obtemos o resultado de R$ 523,80 registrado na coluna (d) da planilha.

O próximo item da planilha (item 5) corresponde ao custo de ajudante(s), quando houver. Normalmente o coeficiente da coluna (c) é o mesmo da linha 4 (motoristas), no caso com o valor 2,20. No nosso exemplo não há ajudantes.

Somando-se todos os itens correspondentes aos custos fixos obtemos o valor de R$ 1.699,74 por mês, para o exemplo em questão.

Passamos agora a calcular os itens de custo variável (itens 7 a 12 da planilha). O primeiro item (linha 7) refere-se às despesas de manutenção, englobando despesas com oficina, inclusive mão-de-obra e peças de reposição. Nas empresas com frota relativamente grande, é comum levantar esse custo a partir dos registros contábeis, adotando-se como referência o valor do veículo novo. Na ausência de valores contábeis confiáveis, pode-se lançar mão dos índices publicados em periódicos especializados, como a revista Transporte Moderno, entre outras.

No presente exemplo adotamos um coeficiente mensal de 10^{-6} do valor do veículo novo, para cálculo do custo de manutenção. Adotamos também uma quilometragem mensal média de 9.600 km por veículo. Dessa forma o coeficiente multiplicativo (coluna c, Quadro 5.2) é dado por 10^{-6}.

Aplicando o coeficiente acima sobre o valor do veículo novo (R$50 milhões) obtemos um custo unitário de manutenção de R$ 0,13 por quilômetro (linha 7, Quadro 5.2).

O custo de combustível é calculado a seguir, adotando-se como coeficiente multiplicativo o inverso da quilometragem média conseguida com um litro de óleo diesel. Assim, para caminhão Mercedes-Benz 2014 *truck*, a média e de 3,0 km por litro, aproximadamente. Então o coeficiente da coluna c, linha 8, do Quadro 5.2, é igual a 1/3,0 = 0,333. O preço do litro de óleo diesel, em julho de 1994, era de R$ 0,28. Multiplicando o valor do insumo (R$ 0,28) pelo coeficiente respectivo (0,333), obtemos o custo unitário de R$ 0,093/km para o combustível.

O óleo do cárter é renovado após uma determinada quilometragem, que varia em função da marca, tipo de veículo, uso, etc. No caso do exemplo, uma troca a cada 10.000 km é usual. Considerando a capacidade volumétrica do cárter (litros de óleo), o coeficiente da coluna (c), do Quadro 5.2, é calculado da seguinte forma:

$$\frac{\text{capacidade do cárter (litro)}}{\text{intervalo entre trocas (km)}}$$

No caso em questão, o cárter acomoda 23 litros de óleo lubrificante e o intervalo entre trocas é de 10.000 km. Assim, o coeficiente multiplicativo é igual a 23/10.000 = 0,0023. Na coluna (b), linha 9, colocamos o valor do preço de um litro de óleo lubrificante, que na ocasião valia R$ 1,54. Multiplicando esse valor pelo coeficiente, obtemos o custo unitário de R$ 0,004/km.

O óleo do câmbio e do diferencial é trocado a intervalos maiores, variando de 20.000 a 80.000 km, dependendo da marca e do tipo do veículo. Para determinação do coeficiente apropriado da planilha (linha 10, coluna c), é aplicado o mesmo conceito, ou seja:

$$\frac{\text{litros de óleo contidos no câmbio e diferencial}}{\text{intervalo entre trocas (km)}}$$

No nosso exemplo o intervalo entre trocas e de 20.000 km e a quantidade de óleo lubrificante no câmbio e diferencial é de 10,5 litros. O coeficiente é, portanto, igual a 10,5/20.000 = 0,000525. O custo de um litro de óleo, à época, era de aproximadamente R$ 3,57. Colocando esse valor na coluna b, linha 10, e multiplicando-o pelo coeficiente apropriado, obtemos o custo unitário de R$ 0,002/km.

A lavagem do veículo é usualmente realizada a intervalos determinados, variando entre 4.000 e 6.000 km. O coeficiente da planilha, no caso, é obtido através da inversão desse valor, ou seja:

$$\frac{1}{\text{intervalo entre lavagens}}$$

No exemplo, adotamos uma lavagem a cada 5.000 km. O coeficiente é então igual a 1/5.000 = 0,0002. O preço de uma lavagem, à época, era de aproximadamente R$ 35,71. Multiplicando o valor do insumo pelo coeficiente respectivo, obtemos o custo unitário de R$ 0,007/km para esse item.

Finalmente, o último item de custo variável é o de pneus. Para sua determinação é necessário estimar a duração média de um pneu, considerando inclusive as eventuais recapagens. O coeficiente respectivo é determinado da seguinte forma:

$$\frac{\text{número de pneus no veículo (menos sobressalente)}}{\text{duração média, incluindo recapagens (km)}}$$

No exemplo o veículo considerado possui dez pneus (8 traseiros e 2 dianteiros), com duração média de 55.000 km, inclusive recapagens. O coeficiente da coluna c, linha 12 da planilha, é portanto igual a 10/55.000 = 0,000182. Na época (julho 1994), o preço de um pneu, mais despesas de consertos, recapagens, etc. era de aproximadamente R$ 476,19. Multiplicando o valor do insumo pelo coeficiente respectivo, chega-se ao custo unitário de R$ 0,087/km.

Somando-se todas as parcelas de custo variável, obtem-se R$ 0,24, indicado na linha 13, coluna d, do Quadro 5.2.

Na linha 14 indicamos a quilometragem média mensal percorrida pelo veículo, no caso 9.600 km/mês.

Na linha 15 é lançado o custo fixo médio por quilômetro, obtido pela divisão do subtotal da linha 6 pela quilometragem média (linha 14). Repete-se agora o valor do custo variável (linha 13), na linha 16. Somando-se os valores parciais indicados nas linhas 15 e 16, obtém-se o custo total por quilômetro (linha 17). Para o nosso exemplo, o valor é de R$ 0,42/km.

Quadro 5.3 Planilha de custos para negociação de frete

Item	(a) Valor do insumo	(b) Coeficiente	(c) Custo unitário
Custo fixo:			
1. Capital	50.000,00	0,0188	940,00
2. Licenciamento e seguro obrigatório			
3. Reserva para seguro			
4. Motorista(s)	238,09	1,85	440,47
5. Ajudante			
6. Total custo fixo mensal			1.380,47
Custo variavel:			
7. Manutenção	0,093	0,588	0,055
8. Combustível	0,28	0,333	0,093
9. Óleo do cárter			
10. Óleo do câmbio	71,42	0,0002	0,014
11. Lavagem			
12. Pneus	476,19	0,000182	0,087

13. Total custo variável por km: 0,25
14. Quilometragem média mensal: .... 9.600 km
15. Custo fixo por km (R$/km): (6) / (14) 0,14
16. Custo variável por km (R$/km): 0,25
17. Custo total médio por km (R$/km): (15) + (16) 0,39
18. Veículo: caminhão Mercedes-Benz 2014, com 3.º eixo

(b) Planilha de custos para negociação de frete

Muitas vezes a empresa não possui frota própria. Os motivos, para isso, são diversos: porte da operação, política estratégica da empresa, custos, etc. Nesses casos a determinação dos custos através da planilha serve para instrumentar a firma na fase de negociação de fretes com as empresas transportadoras ou com os caminhoneiros autônomos.

O preenchimento da planilha para esse fim pode ser feito de forma mais simplificada, já que o objetivo principal é obter uma ordem de grandeza para o custo. Além disso, tendo em vista as diferenças de operação e de apropriação de custos, alguns dos coeficientes devem ser alterados de forma a refletir a nova situação.

O exemplo utilizado para o preenchimento da planilha do Quadro 5.3 refere-se ao transporte de carga entre São Paulo e Porto Alegre, em lotação completa, num total de 1.200 km ida e volta. Um caminhão Mercedes-Benz, tipo *truck*, de 12 t de carga, faz normalmente 8 viagens redondas por mês, perfazendo assim cerca de 9.600 km/mês (8 × 1.200).

Vamos analisar agora o preenchimento da planilha, que é apresentada no Quadro 5.3.

O primeiro item, que cobre o custo de capital, é calculado muitas vezes sem que se considerem os juros, sendo incorporada apenas a parcela da depreciação. Assim, se considerarmos uma vida útil de cinco anos e um valor residual de 15% em relação ao valor do veículo novo, o coeficiente da coluna c, linha 1, do Quadro 5.3, seria igual a 85/ (100 × 60) = 0,0142, se levarmos em conta apenas a depreciação (ou seja, juros nulos).

A Revista Transporte Moderno, por outro lado, adota um coeficiente médio de 0,0156, já somadas as parcelas de depreciação e de remuneração do capital (juros de 12% ao ano, caminhão Mercedes-Benz L-2014, com terceiro eixo).

O item seguinte, licenciamento e seguro obrigatório (linha 2), é pouco expressivo no cômputo geral, não sendo normalmente contabilizados pelos carreteiros. Por essa razão, desprezamos esse item.

Com referência à reserva para seguro do veículo, é raro o caminhoneiro que a considere. Assim sendo, esse item também não foi considerado.

O item seguinte, referente ao salário do motorista, exige uma revisão no coeficiente anteriormente adotado, porque as obrigações trabalhistas variam conforme o tipo de empresa. Para empresas transportadoras, os encargos trabalhistas totalizam cerca de 85% da folha de pagamento. Dessa forma, o coeficiente da coluna c, linha 4, passa a ser 1,85.

Somando-se agora todas as parcelas de custo fixo, obtemos o valor mensal de R$ 1.380,47 para nosso exemplo (linha 6, Quadro 5.3).

Passemos agora aos itens de custo variável. Vamos inicialmente saltar a linha 7 da planilha, calculando inicialmente o custo de combustível (linha 8). No nosso exemplo o custo de combustível não se altera, valendo o mesmo valor da planilha anterior (Quadro 5.3). Há que se considerar apenas que certas empresas possuem sua própria bomba para o abastecimento de combustível, reduzindo assim o custo unitário respectivo. No entanto, mesmo nesses casos uma boa parcela do consumo é proveniente de bombas de terceiros, sempre que os caminhões estejam longe da base. Para efeitos de negociação de frete tal detalhe é irrelevante, podendo ser considerado, nos cálculos, o preço corrente do combustível.

Para estimar o custo de manutenção (linha 7 da planilha), pode-se adotar uma regra bastante simples, de fácil aplicação prática. O custo médio de manutenção, para carreteiros ou empresas que não disponham de oficina própria, pode ser obtido de forma aproximada, dividindo-se o custo unitário de combustível (R$/km) por 1,7. Ou seja, sendo o custo de combustível o insumo de referência (coluna b, linha 7), o coeficiente multiplicativo é igual a 1 / 1,7 = 0,588. Na planilha colocamos então o valor 0,093 na linha 7, coluna (b), tirado da linha 8, coluna (d). Multiplicando esse valor pelo coeficiente 0,588, obtemos o custo unitário de R$ 0,055 para a manutenção do veículo.

Passemos agora a analisar os custos de lavagem e de troca do óleo do cárter, do câmbio e do diferencial. Para um cálculo aproximado, desprezamos o custo da troca do óleo do câmbio e do diferencial. Isso porque, sendo um custo relativamente pequeno e ocorrendo a intervalos grandes (20.000 a 60.000 km), o valor unitário resultante é desprezível. Para facilitar ainda mais os cálculos, juntamos as despesas de troca de óleo do cárter e da lavagem, supondo que sejam realizadas numa mesma ocasião. No exemplo em questão ambas as despesas totalizavam R$ 71,42. No caso admitiu-se intervalos de 5.000 km para troca do óleo do cárter e lavagem do veículo. Na planilha, colocamos então o valor global de R$ 71,42 na linha 10, coluna (b), representando as linhas 9, 10 e 11 agregadas. Na coluna (c) registramos o valor do coeficiente, no caso igual a 1/5.000 = 0,0002. Multiplicando um pelo outro, obtemos o custo unitário aproximado de R$ 0,014/km.

O cálculo do custo de pneus é semelhante ao caso anterior (frota própria). Por isso os valores do Quadro 5.3 (linha 12) são os mesmos do Quadro 5.2.

Somando-se todos os itens de custo variável, chegamos a um custo de R$ 0,25/ km. Somando-se a esse valor o custo fixo por km, obtemos o custo total unitário de R$ 0,39 por quilômetro, que é inferior ao custo estimado para frota própria, utilizada em indústria, comércio ou agricultura.

6 RENOVAÇÃO DA FROTA E DE EQUIPAMENTOS

Os veículos e equipamentos (empilhadeiras, guindastes, contêineres) se desgastam com o uso, exigindo reposição após um certo tempo de operação. Equipamentos sujeitos a grandes e rápidas mudanças tecnológicas, como por exemplo os computadores, são muitas vezes substituídos por outros mais modernos, não por razões técnicas (quebras ou falhas constantes, custo de manutenção elevado) mas porque se tornam funcionalmente obsoletos.

No caso dos sistemas logísticos, os veículos e equipamentos utilizados normalmente não se enquadram nessa última categoria. A reposição desses bens se dá, em geral, em função do desgaste mecânico e do uso. É verdade que a indústria automobilística procura aperfeiçoar seus produtos de forma a melhorar o desempenho dos mesmos, reduzir seus custos operacionais e torná-los mais confiáveis. Isso, no entanto, não chega a gerar uma obsolescência real em relação aos equipamentos mais antigos. O que prevalece, então, são as considerações econômicas baseadas na determinação natural e no uso intensivo do bem.

FATORES QUE INFLUEM NA VIDA ÚTIL

Suponhamos que uma empresa adquira um caminhão novo. Independentemente da forma como esse veículo vai ser pago (à vista, em prestações), há um valor investido I, correspondente ao preço do veículo novo.

Vamos supor que a empresa vai utilizar o caminhão recém-comprado durante um período de n anos. Após esse período, ele será vendido para terceiros, sendo então substituído por um veículo novo. A pergunta básica que se faz é: quanto tempo a empresa deve utilizar o veículo antes de trocá-lo por um novo? Para isso, precisamos saber quais os fatores que influem na determinação da vida útil econômica de um determinado equipamento e de que forma.

Em primeiro lugar, aparece o custo do capital. Esse custo é melhor diluído no tempo, quando ampliamos o período de uso do equipamento. Suponhamos que a empresa A utilize seus veículos por um período de apenas um ano, trocando-os então por caminhões novos. A empresa B, por outro lado, adota a política de usar seus veículos por um prazo de cinco anos. Para um mesmo número de veículos na frota, o custo mensal de capital da empresa A é maior que o da empresa B. Isso porque a desvalorização de veículos e equipamentos, de uma forma geral, é mais rápida nos primeiros anos, diminuindo bastante o ritmo à medida que a idade aumenta.

Para caminhões, a desvalorização no primeiro ano é de aproximadamente 30%. No segundo ano, a desvalorização é menor, da ordem de 20%. Daí por diante, observa-se uma queda de valor de mais ou menos 15% no terceiro ano, outros 15% no quarto ano e apenas 5% no quinto ano. Ou seja, o veículo se desvaloriza aproximadamente 85% num período de cinco anos. Assim, se a empresa utilizar o caminhão durante um ano apenas, ocorrerá uma desvalorização média de 30% do valor inicial, ao fim desse período. No entanto, se a empresa usar o veículo por cinco anos, a desvalorização média anual será igual a 85%/5 = 17% ao ano.

De uma forma geral, quanto maior for o prazo para renovação da frota, menor será a desvalorização média anual. Ou seja, para a empresa parece vantajoso, à primeira vista, manter o veículo em operação por prazos bastante longos. Na realidade, há fatores negativos que se contrapõem a esse aspecto positivo.

O primeiro deles é o custo de manutenção. Esse tipo de despesa inclui basicamente peças de reposição e os custos com oficina (mão-de-obra, instalações, ferramentas). No início da vida útil, os custos de manutenção são pequenos. À medida que o equipamento vai ficando velho, as despesas com manutenção vão aumentando significativamente. Aparecem problemas mecânicos, torna-se necessário num certo momento fazer a retífica do motor, e mesmo a carroceria começa a apresentar sinais de desgaste e deterioração. Quando isso ocorre com intensidade, o custo excessivo de manutenção pode superar de muito a economia de capital que se poderia obter a partir da utilização do equipamento por um período mais longo.

Além dessa desvantagem (despesas excessivas de manutenção), há que se considerar ainda o fato de que o veículo deixa de produzir receita quando está parado na oficina. À medida que vai se desgastando com o tempo, exigindo maior esforço de manutenção, as paralisações também serão mais freqüentes e mais longas. Como resultado disso, o nível de produção da empresa (toneladas/quilômetros transportadas por mês, por exemplo) tenderá a cair.

Outro problema associado a esse é a maior incerteza quanto ao desempenho do equipamento (menor confiabilidade). Ele poderá quebrar durante a execução do serviço, com prejuízos ainda maiores. Ocorrerão despesas adicionais de socorro, prejuízos decorrentes da retenção da carga, efeitos negativos na imagem da empresa, etc.

UM MODELO SIMPLIFICADO DE RENOVAÇÃO

Com a finalidade de ilustrar o problema de determinação da vida útil econômica para um certo equipamento, num determinado tipo de operação, vamos considerar inicialmente um esquema simplificado de cálculo. Posteriormente, adotaremos uma metodologia mais rigorosa, apresentando também um programa de computador que executa as operações matemáticas.

Em primeiro lugar, vamos calcular a desvalorização média anual do veículo à medida que o período de utilização do mesmo vai aumentando. Suponhamos que o valor de compra do veículo seja I (o investimento inicial). Já vimos que, no primeiro ano, o veículo se desvaloriza 30% aproximadamente. Então, se a empresa utilizá-lo durante um ano apenas, sofrerá uma desvalorização de 30% de I ou, matematicamente, $0,3 * I$.

Suponhamos agora que a empresa retenha o veículo por dois anos. Já sabemos que há uma desvalorização esperada de 30% no primeiro ano. No segundo ano haverá uma desvalorização adicional de 20% aproximadamente. Ou seja, nos dois anos o veículo se desvalorizará cerca de 50%. Nesse período, teremos então uma desvalorização média anual de 50%/2 = 25%.

Quadro 6.1 Desvalorização média anual de um caminhão em função do tempo de uso

(a) Tempo de uso do veículos (anos)	(b) Desvalorização acumulada (% do valor novo *I*)	(c) Desvalorização média anual (*)
1	30	0,300 * *I*
2	50	0,250 * *I*
3	65	0,217 * *I*
4	80	0,200 * *I*
5	85	0,170 * *I*
6	90	0,150 * *I*
7	93	0,133 * *I*
8	95	0,119 * *I*
9	95	0,105 * *I*
10	95	0,095 * *I*
11	95	0,086 * *I*
12	95	0,079 * *I*

(*) Valores obtidos dividindo-se a desvalorização acumulada (coluna b) pelo tempo de uso do veículo (coluna a).

Se a empresa utilizar o veículo por três anos, a desvalorização acumulada será de aproximadamente 65% (30% no primeiro ano, 20% no segundo e 15% no terceiro). Dividindo esse valor acumulado por três, temos uma desvalorização média anual de 21,7% ou 0,217 * *I*.

Considerando agora um período de utilização de quatro anos, ocorrerá uma desvalorização acumulada de aproximadamente 80%, levando então a uma desvalorização média anual de 80% / 4 = 20%. Notar que, à medida que o período de utilização aumenta, a desvalorização média anual vai decrescendo: 30% para um ano, 25% para dois anos, 21,7% para três anos e 20% para quatro anos.

No Quadro 6.1 apresentamos o cálculo da desvalorização média anual para n, variando de 1 a 12 anos.

Além da desvalorização média anual, devemos considerar também o custo financeiro envolvido, ou seja, os juros. Assim, se a taxa de juros real for de 15% ao ano, a empresa arcará, no primeiro ano de uso do veículo, com um custo financeiro igual a 15% do investimento, ou seja, 0,15 * *I*.

Ao fim do primeiro ano, o veículo estará valendo 70% do valor inicial, ou seja, 0,7 * *I*. Durante o segundo ano de uso, os juros incidirão sobre esse valor. O custo financeiro, no segundo ano de uso, será então igual a 0,15 * 0,70 * *I* = 0,105 * *I*.

Quadro 6.2 Cálculo do custo financeiro em função do tempo de uso do veículo

(a) Tempo de uso (anos)	(b) Valor no início do período (% I) (i)	(c) Juros no ano (ii)	(d) Juros acumulados (iii)	(e) Custo financeiro médio anual (iv)
1	100	0,150 * I	0,150 * I	0,159 * I
2	70	0,105 * I	0,255 * I	0,127 * I
3	50	0,075 * I	0,339 * I	0,110 * I
4	35	0,052 * I	0,382 * I	0,095 * I
5	20	0,030 * I	0,412 * I	0,082 * I
6	15	0,022 * I	0,434 * I	0,072 * I
7	10	0,015 * I	0,449 * I	0,064 * I
8	7	0,010 * I	0,459 * I	0,057 * I
9	5	0,007 * I	0,466 * I	0,052 * I
10	5	0,007 * I	0,473 * I	0,047 * I
11	5	0,007 * I	0,480 * I	0,044 * I
12	5	0,007 * I	0,487 * I	0,040 * I

(i) Valores obtidos a partir da coluna (a), do Quadro 6.1. Por exemplo, ao fim do quarto ano, o veículo terá se desvalorizado em 80% do valor inicial. Então, no início do quinto ano, valerá 20% do valor inicial.
(ii) Calculado com base na taxa de juros anual de 15%, multiplicando-a pelos valores da coluna (b).
(iii) Valores acumulados da coluna (c).
(iv) Coluna (d) dividida pela coluna (a).

À medida que o veículo vai se desvalorizando com o tempo, os juros sobre o valor empatado (custo financeiro) vai caindo. No Quadro 6.2, apresentamos o cálculo dos juros para n, variando de I a 12 anos.

Para calcular o custo financeiro médio, acumulamos os valores do custo financeiro e, a seguir, dividimos pelo número de anos em que o veículo é utilizado. Por exemplo, para $n = 3$, temos, extraídos do Quadro 6.2, os seguintes valores do custo financeiro: 0,150 * I no primeiro ano, 0,105 * I no segundo e 0,075 * I no terceiro (coluna c), Quadro 6.2). Somando-se esses valores (acumulando-os), temos 0,330 * I (coluna d). Dividindo-se agora esse resultado por $n = 3$, temos 0,110 * I, que é colocado na coluna (e), do Quadro 6.2. Esse mesmo processo é repetido para os demais valores de n, conforme mostrado no Quadro 6.2

Passamos a analisar agora o custo de manutenção. Sabemos que esse tipo de despesa aumenta bastante quando o veículo vai se tornando velho. O bom senso indica que, ao atingir uma certa idade, o veículo deve ser trocado por um novo, a fim de se evitar despesas elevadas e paradas excessivas para consertos. Há diferentes formas de expressar o custo de manutenção. Uma forma bastante usual é a de exprimi-lo em função do valor do veículo novo. Assim, a soma das despesas de manutenção que ocorrem num determinado ano é

Quadro 6.3 Custos anuais médios de manutenção

(a) Tempo de uso (anos)	(b Custo anual de manutenção (% valor novo)	(c) Custo de manutenção acumulado (% valor novo) (I)	(d) Custo anual médio (ii)
1	11,0	11,0	0,110 * I
2	12,3	23,3	0,116 * I
3	13,7	37,0	0,123 * I
4	15,4	52,4	0,131 * I
5	17,3	69,7	0,139 * I
6	19,4	89,1	0,148 * I
7	21,9	111,0	0,158 * I
8	24,7	135,7	0,170 * I
9	27,8	163,5	0,182 * I
10	31,4	194,9	0,195 * I
11	35,4	230,3	0,209 * I
12	40,0	270,3	0,225 * I

relacionada com o valor do investimento I. Esses custos devem ser levantados diretamente a partir da contabilidade da empresa, pois variam bastante em função da sistemática de manutenção adotada, campanhas e programas de treinamento de motoristas, tipo de carga transportada, condições das vias percorridas, etc.

Para o exemplo em questão, foram adotadas as porcentagens indicadas na coluna (b), do Quadro 6.3. Essas porcentagens, aplicadas sobre o valor do veículo novo (isto é, I), fornecem estimativas do custo anual de manutenção. Por exemplo, para um caminhão em operação no quinto ano de vida útil, o custo anual de manutenção é estimado em 17,3% do valor do veículo novo.

As porcentagens indicadas na coluna (b), do Quadro 6.3, são acumuladas na coluna (c). Por exemplo, para, $n = 4$, acumulamos as porcentagens referentes aos quatro primeiros anos: 11,0 + 12,3 + 13,7 + 15,4 = 52,4%.

Na coluna (d), finalmente, colocamos os valores médios anuais. Para isso, dividimos os valores da coluna (c) por 100 e, em seguida, dividimos o resultado por n. Para $n = 4$ por exemplo, obtemos 52,4 / 100 = 0,524 e, em seguida, 0,524/4 = 0,131. Como esses valores se referem ao valor do veículo novo, lançamos o resultado 0,131 * I na coluna (d), do Quadro 6.3. Calculamos, assim, os valores médios anuais do custo de manutenção para diversos tempos de operação (n variando de 1 a 12 anos).

Vamos somar agora as três parcelas de custo anual determinadas anteriormente: a desvalorização do veículo (Quadro 6. 1), o custo financeiro (Quadro 6.2) e o custo de manutenção (Quadro 6.3). Isso é feito para cada valor de n, conforme mostrado no Quadro 6.4. Os resultados são apresentados na coluna (e) desse quadro.

MODELO CLÁSSICO DE RENOVAÇÃO

Quadro 6.4 Custo médio anual do veículo (Desvalorização, juros e manutenção)

(a) Tempo de uso (anos)	(b) Desvalorização média anual (i)	(c) Custo financeiro médio anual (ii)	(d) Custo de manutenção anual (iii)	(e) Soma dos custos (iv)
1	0,300 * I	0,150 * I	0,110 * I	0,560 * I
2	0,250 * I	0,127 * I	0,116 * I	0,493 * I
3	0,217 * I	0,110 * I	0,123 * I	0,450 * I
4	0,200 * I	0,095 * I	0,131 * I	0,426 * I
5	0,170 * I	0,082 * I	0,139 * I	0,391 * I
6	0,150 * I	0,072 * I	0,148 * I	0,370 * I
7	0,133 * I	0,064 * I	0,158 * I	0,355 * I
8	0,119 * I	0,057 * I	0,170 * I	0,346 * I
9	0,105 * I	0,052 * I	0,182 * I	0,339 * I
10	0,086 * I	0,047 * I	0,195 * I	0,337 * I
11	0,086 * I	0,044 * I	0,209 * I	0,339 * I
12	0,079 * I	0,040 * I	0,225 * I	0,344 * I

(i) Extraído do Quadro 6.1 coluna (c).
(ii) Extraído do Quadro 6.2 coluna (e).
(iii) Extraído do Quadro 6.3 coluna (d).
(iv) Soma das colunas (b) (c) e (d).

Observa-se que o custo total é mínimo, nesse exemplo simplificado, para n em torno de 10 anos. Ou seja, a empresa deveria utilizar o veículo por um período em torno de 10 anos, para então substituí-lo por um novo.

Na verdade, não consideramos nessa análise outros fatores que influem na decisão de substituir um veículo usado por um novo. Já mencionamos, por exemplo, que equipamentos com muito uso tendem a apresentar quebras mais freqüentes, reduzindo a produção e, conseqüentemente, a receita da empresa. Há também a questão da confiabilidade: se o veículo quebra durante o serviço, ocorrem custos adicionais de socorro mecânico, despesas de reboque, transporte não realizado, etc.

O método simplificado que acabamos de descrever não é rigoroso, embora de aplicação mais fácil. Veremos, a seguir, um método rigoroso, baseado nos princípios de Matemática Financeira. Sua aplicação é facilitada para o leitor, por meio de um programa de computador especialmente desenvolvido para esse fim, apresentado no Apêndice D.

MODELO CLÁSSICO DE RENOVAÇÃO

Para ilustrar a metodologia, consideraremos o mesmo exemplo da seção anterior. Adicionalmente, vamos considerar também o efeito da redução da quilometragem útil, ocasionada pelas paradas mais freqüentes à medida que a idade do veículo vai aumentando. No nosso exemplo, um caminhão novo consegue cobrir 9.600 km por mês. Essa quilometragem corresponde a 8 viagens de ida ou volta por mês entre São Paulo e Porto Alegre. A quilometragem vai caindo à medida que o veículo vai se tornando mais velho, num ritmo vagaroso no início, acelerando depois, até chegar ao nível de 7.000 km/mês para $n = 12$ anos.

Os cálculos do custo médio se baseiam, agora, nos princípios de Matemática Financeira. Como regra geral, aplicamos a seguinte sistemática:

(a) Todos os custos são convertidos a valores presentes.

(b) Somam-se, a seguir, os valores presentes para cada alternativa.

(c) Posteriormente, distribuem-se os valores presentes pelos anos que constituem a vida útil do veículo, calculando-se o custo médio anual.

(d) A solução ótima, em termos econômicos, será aquela que apresentar menor custo médio anual.

Inicialmente, vamos determinar o custo médio anual equivalente ao investimento. Esse custo inclui agora não somente a desvalorização do veículo, como também o custo financeiro. Vimos nos capítulos I e 5 que o custo anual equivalente ao capital, correspondente a um investimento I, com valor residual R, taxa de juros anual j e vida útil n (em anos), é dado por:

$$CAP = (I - R) * FRC + R * j$$

onde FRC é a taxa de recuperação do capital, calculada para n anos, com taxa de juros anual igual a j.

No nosso exemplo, a diferença $I - R$ corresponde à desvalorização até o término do ano n, ou seja, tem os valores indicados na coluna (b), do Quadro 6.1, aplicados sobre o valor do investimento I.

O coeficiente FRC é extraído de tabelas de Matemática Financeira ou calculado diretamente através da expressão:

$$FCR = \frac{j*(1+j)^n}{(1+j)^n}$$

No Quadro 6.5 são apresentados os cálculos do custo médio anual de capital (CAP). Como já dissemos, esse custo já inclui, numa única parcela, a desvalorização do veículo e o custo financeiro.

Vamos agora tratar do custo de manutenção. Para isso voltamos ao Quadro 6.3, coluna (b), onde aparecem os valores estimados do custo anual de manutenção em função do valor do investimento I. Esses valores são repetidos no Quadro 6.6, coluna (b).

Como os custos de manutenção são valores anuais, convertemo-los à data presente ($t = 0$) por meio do fator de valor presente (FVP):

$$FVP = \frac{1}{(1+j)^n}$$

MODELO CLÁSSICO DE RENOVAÇÃO

Quadro 6.5 Cálculo do custo médio anual de capital

(a) Tempo de uso	(b) Desvalorização $(I-R)$	(c) FRC (juros de 15% a.a.)	(d) $\frac{(I-R)}{FRC}$	(e) Valor residual R	(f) $R * j$ ($j = 0,15$)	(g) (d) + (f)
1	0,30*I	1,15000	0,345*I	0,70*I	0,105*I	0,450*I
2	0,50*I	0,61512	0,307*I	0,50*I	0,075*I	0,382*I
3	0,65*I	0,43798	0,285*I	0,35*I	0,052*I	0,337*I
4	0,80*I	0,35027	0,280*I	0,20*I	0,030*I	0,310*I
5	0,85*I	0,29832	0,253*I	0,15*I	0,022*I	0,275*I
6	0,90*I	0,26424	0,238*I	0,10*I	0 015*I	0,253*I
7	0,93*I	0,24036	0,223*I	0,07*I	0,010*I	0,233*I
8	0,95*I	0,22285	0,212*I	0,05*I	0,007*I	0,219*I
9	0,95*I	0,20957	0,199*I	0,05*I	0,007*I	0,206*I
10	0,95*I	0,19925	0,189*I	0,05*I	0,007*I	0,196*I
11	0,95*I	0,19107	0,181*I	0,05*I	0,007*I	0,188*I
12	0,95*I	0,18448	0,175*I	0,05*I	0,007*I	0,183*I

O fator de valor presente *FVP* pode ser calculado diretamente ou pode ser extraído de tabelas encontradas nos livros de Matemática Financeira. No Quadro 6.6, coluna (c), são apresentados os valores de *FVP* calculados para $j = 0,15$ (15% ao ano) e *n* variando de 1 a 12 anos.

Multiplicando-se os valores do custo de manutenção, coluna (b), Quadro 6.6 pelo coeficiente FVP, coluna (c), obtemos os respectivos valores presentes. Os valores indicados na coluna (d), do Quadro 6.6, devem ser somados agora de forma a totalizar o custo de manutenção para cada valor de *n*. Por exemplo, se o veículo for utilizado durante 5 anos (*n* = 5), o valor presente total do custo de manutenção e a soma dos valores indicados na coluna (d), começando com *n* = 1, até *n* = 5. Em outras palavras, devemos acumular os valores da coluna (d), do Quadro 6.6, colocando os resultados parciais na coluna (e) do mesmo quadro.

Finalmente se já temos o valor presente total dos custos anuais de manutenção, coluna (e) do Quadro 6.6, podemos calcular o custo anual médio equivalente, para isso multiplicando os valores da coluna (e) pelo coeficiente *FRC* respectivo. Na coluna (i) do Quadro 6.6 são apresentados os valores de *FRC*, valores esses calculados para $j = 0,15$ e *n* variando de 1 a 12 anos. Multiplicando-se os valores indicados na coluna (e) pelos valores de *FRC*, coluna (f), obtemos os custos médios anuais que são registrados na coluna (g) do Quadro 6.6. Esses custos são expressos, como já vimos, em relação ao valor inicial do veículo (1).

Podemos somar agora o custo médio anual de capital, indicado na coluna (g) do Quadro 6.5, com o custo médio anual de manutenção apresentado na coluna (g) do Quadro 6.6. As somas, ano a ano, são apresentadas na coluna (b), do Quadro 6.7.

Quadro 6.6 Cálculo do custo médio anual de manutenção

(a) Tempo de uso	(b) Custo anual manutenção (i)	(c) FVP (ii)	(d) Valor presente (iii)	(e) Valor presente acumulado (iv)	(f) FRC	(9) Custo anual manutenção (v)
1	0,110*j	0,8696	0,0956*j	0,0956*j	1,15000	0,110*j
2	0,123*j	0,7561	0,0930*j	0,1886*j	0,61512	0,116*j
3	0,137*j	0,6575	0,0900*j	0,2786*j	0,43798	0,122*j
4	0,154*j	0,5718	0,0880*j	0,3666*j	0,35027	0,128*j
5	0,173*j	0,4972	0,0860*j	0,4526*j	0,29832	0,135*j
6	0,194*j	0,4323	0,0839*j	0,5365*j	0,26424	0,142*j
7	0,219*j	0,3759	0,0823*j	0,6188*j	0,24036	0,149*j
8	0,247*j	0,3269	0,0807*j	0,6995*j	0,22285	0,156*j
9	0,278*j	0,2843	0,0790*j	0,7785*j	0,20957	0,163*j
10	0,314*j	0,2472	0,0776*j	0,8561*j	0,19925	0,170*j
11	0,354*j	0,2149	0,0761*j	0,9322*j	0,19107	0,178*j
12	0,400*j	0,1869	0,0748*j	1,0070*j	0,18448	0,186*j

(i) Extraído da coluna (b) Quadro 6.3
(ii) FVP = $1/(1+j)^n$
(iii) Coluna (b) vezes coluna (c)
(iv) Valores acumulados da coluna (d)
(v) Coluna (e) vezes coluna (f)

No exemplo, o valor de j é R$ 50.000,00. Substituindo-se esse valor na coluna (b), do Quadro 6.7, e dividindo-se por 12 (para transformar custo anual em valor mensal), obtemos os valores em R$ apresentados na coluna (c) do mesmo quadro. Esses valores representam a soma do custo mensal médio de capital e do custo mensal médio de manutenção do veículo.

A esses valores devemos acrescentar ainda as demais parcelas de custo fixo não consideradas. Extraindo-se da planilha do Capítulo 5 (Quadro 5.2) os custos correspondentes a licenciamento e seguro obrigatório, reserva para seguro e salário do motorista, valores esses referentes ao caminhão Mercedes-Benz MB-2014, *truck*, de 12 toneladas, temos:

	Valor médio mensal (R$)
• Licenciamento e seguro obrigatório	5,94
• Reserva para seguro	150,00
• Salário do motorista e obrigações sociais	440,47
Total:	596,41

ANÁLISE DE SENSIBILIDADE

Quadro 6.7 Cálculo do custo médio anual de manutenção

(a) Tempo de uso	(b) Custo cap. + custo manut. (anual)	(c) Valor mensal (R$)	(d) Custo fixo mensal (R$)	(e) Soma (c) + (d) (R$)	(f) km por mês	(9) Custo médio por quilômetro (R$/km)
1	0,560 * I	2.333,33	596,41	2.929,75	9.514	0,30
2	0,498 * I	2.075,00	596,41	2.671,41	9.414	0,28
3	0,459 * I	1.912,50	596,41	2.508,91	9.296	0,26
4	0,438 * I	1.825,00	596,41	2.421,41	9.159	0,26
5	0,410 * I	1.708,33	596,41	2.304,75	9.000	0,25
6	0,395 * I	1.645,83	596,41	2.242,25	8.816	0,25
7	0,382 * I	1.591,66	596,41	2.188,08	8.605	0,25
8	0,375 * I	1.562,50	596,41	2.158,91	8.363	0,25
9	0,369 * I	1.537,50	596,41	2.133,91	8.086	0,26
10	0,366 * I	1.525,00	596,41	2.121,41	7.770	0,27
11	0,366 * I	1.525,00	596,41	2.121,41	7.409	0,28
12	0,368 * I	1.533,33	596,41	2.129,75	7.000	0,30

Na coluna (f), do Quadro 6.7, são apresentadas as quilometragens médias mensais referentes ao exemplo, que variam em função da idade do veículo. Dividindo-se agora os valores do custo médio mensal, coluna (e) pela quilometragem, obtemos o custo médio por quilômetro.

Note-se que não incorporamos aos resultados as parcelas referentes ao custo variável (combustível, pneus, etc.), à exceção das despesas de manutenção. Isso porque tais custos não variam com a idade do veículo, tampouco com a quilometragem percorrida, já que são expressos em R$/km. Assim, não influem na determinação do período ideal para a renovação da frota.

Observamos, através dos resultados, que o menor custo médio por quilômetro rodado (R$ 0,25/km) corresponde a um tempo de uso do caminhão igual a seis anos. No entanto, a variação do custo no entorno desse ponto é pequena. Ou seja, é possível que o custo por quilômetro aumente muito pouco se reduzirmos o período da troca para, digamos, cinco anos. Uma forma de sentir melhor esse comportamento é efetuar uma *análise de sensibilidade dos resultados*. É o que faremos a seguir.

ANÁLISE DE SENSIBILIDADE

Os cálculos anteriores admitiam uma escala de tempo discreta, isto é, o tempo de uso do veículo era medido em número inteiro de anos: $n = 1,2,3$. Para que possamos fazer a análise de sensibilidade dos resultados, é necessário, antes de mais nada, adotar uma formulação contínua para o problema. Ou seja, o tempo de uso do veículo passará a ser medido através de uma variável t, assumindo valores positivos inteiros e fracionários.

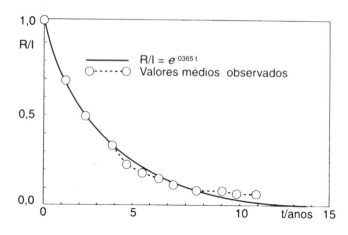

Figura 6.1 — Valores residuais do veículo em função da idade

Consideremos, inicialmente, a função que representa o valor residual do veículo em função da idade, coluna (b), Quadro 6.2. Na Fig 6.1, é apresentado o gráfico respectivo, formado pela poligonal que liga os diversos pontos extraídos do Quadro 6.2, coluna (b).

Uma expressão matemática foi ajustada à curva da Fig. 6.1:

$$R = I * e^{(-b \cdot t)}$$

em que I é o valor do veículo novo e R e o valor residual do mesmo após um período de uso igual a t anos. O valor da constante b, válido apenas para o exemplo em questão, é igual a 0,365. Observa-se, na Fig 6.1, que a expressão matemática se ajusta muito bem aos valores médios disponíveis, extraídos da coluna (b), do Quadro 6.2.

Vamos analisar agora o custo de manutenção, incluindo as despesas de oficina (mão-de-obra) e as peças de reposição. Esse item de custo pode ser expresso, dentre várias formas, como uma porcentagem do valor do veículo novo. O custo anual de manutenção será representado, então, por uma equação do tipo:

$$\text{Custo anual de manutenção} = f * I$$

Obviamente, dividimos o valor anual acima por 12 para se ter o valor médio mensal do custo de manutenção:

$$C_{man} = (f / 12) * I$$

O coeficiente f é representado, no exemplo, pela expressão matemática:

$$f = a_0 + a_1 * t * e^{(-a2*t)}$$

No exemplo em questão, $a_0 = 10,0$, $a_1 = 0,9892$ e $a_2 = 0,0773$. A curva que representa a variação de f em função de t é mostrada na Fig 6.2. Como f exprime uma porcentagem, devemos dividir a expressão por 100 antes de substituir seu valor na relação que fornece C_{man}.

Outra funcção a ser ajustada é a que exprime a quilometragem mensal útil do veículo em função de sua idade. A expressão utilizada no exemplo é a seguinte:

$$Q = Q_0 - q_1 * t * e^{(-q2 \cdot t)}$$

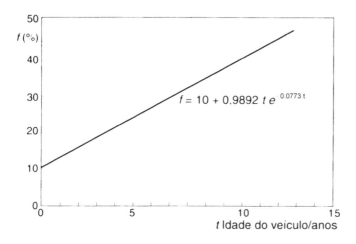

Figura 6.2 — Variação do custo anual de manutenção em função da idade do veículo

com $Q_0 = 9.600$ km/mês, $q_1 = 78,68$ e $q_2 = 0,0844$.

A variação de Q em função de t é mostrada na Fig. 6.3.

Uma vez definidas as funções contínuas ajustadas aos valores das variáveis básicas do problema, pode-se determinar o período de uso do veículo para o qual é mínimo o custo por quilômetro.

O Quadro 6.8 mostra os resultados para o exemplo analisado anteriormente. O período entre reposições sucessivas, que leva ao mínimo custo médio a juros de 15% ao ano, é $t^* =$ 7 anos 8 meses. O valor do custo médio por quilômetro, nesse caso, é igual à R$ 0,23, um pouco inferior ao valor encontrado no Quadro 6.7. A diferença é devida, em parte, às aproximações embutidas nas expressões matemáticas, como também ao fato de que os cálculos anteriores só contemplavam valores inteiros de t.

Na prática, observa-se que a curva do custo por quilômetro é bastante achatada nas vizinhanças do ponto de mínimo custo. Devemos perguntar então se o resultado obtido de

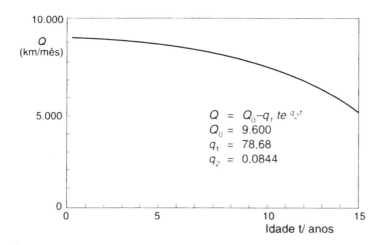

Figura 6.3 — Variação da quilometragem mensal em função da idade do veículo

Quadro 6.8 Período de renovação otimizado – resultado do exemplo

Renovação de frota	Resultados
Tempo de uso (anos)	Custo médio (R$/km)
1	0,31
2	0,28
3	0,26
4	0 25
5	0,24
6	0,23
7	0,23
8	0,23
9	0,23
10	0,23
11	0,24
12	0,25
13	0,27
14	0,29
15	0,32

Taxa Anual de Juros 15%

Período de renovação ótimo: 7 anos 8 meses
Custo médio mínimo (R$/km): 0, 23
Faixa indiferenca p/tolerância de 1,0% no custo: entre 6 anos 4 meses e 9 anos 1 mês

7 anos e 8 meses é significativo em termos práticos. Uma forma de responder a essa pergunta é efetuar uma análise de sensibilidade e avaliar os resultados.

Suponhamos, por exemplo, que uma variação de mais ou menos 1% no custo médio não seja significativa para a empresa. Sendo *CM* o custo mímimo encontrado, correspondente ao período de renovação ótimo *t*, podemos tolerar, então, uma variação no custo não maior do que 1,01 * *CM*. Esse nível corresponde a um custo 1% superior ao valor ótimo *CM*.

Como a curva de custo médio tem a forma achatada indicada na Fig. 6.4, podemos procurar os pontos t_{INF} e t_{SUP} para os quais o custo médio é igual ao limite tolerado. O programa de computador, no Apêndice D, possui uma rotina para encontrar esses dois valores extremos. Para o exemplo em questão, temos t_{INF} = 6 anos 4 meses e t_{SUP} = 9 anos 1 mês. Ou seja, na prática, pode-se efetuar a renovação do equipamento entre cerca de 6 e 9 anos, sem que o custo médio ultrapasse o limite de 1% acima do custo ideal.

Se a tolerância no custo fosse de 2%, e não mais 1%, os limites passariam a ser 5 anos 10 meses (inferior) e 9 anos 8 meses (superior). Como se vê, a determinação da idade ideal de renovação da frota não necessita um grau elevado de precisão. Basta que se adote um período de renovação situado no intervalo de tolerância. As empresas também levam em conta, na decisão quanto a época ótima para renovar suas frotas, outros aspectos de natureza econômica, financeira, etc. Um deles está ligado ao período de depreciação contábil,

ANÁLISE DE SENSIBILIDADE

Quadro 6.9 Variação do período de renovação da frota e do custo médio em função da taxa de juros

Taxa anual de juros (%)	Limite inferior	Tempo médio (a = anos m= meses)	Limite superior	Custo médio (R$/km)
6	6 a, 9m	8 a, 2m	9 a, 6m	16,69
9	6 a, 8m	8 a, 0m	9 a, 5m	17,53
12	6 a, 6m	7 a, 10m	9 a, 3m	18,42
15	6 a, 4m	7 a, 8m	9 a, 1m	19,33
18	6 a, 2m	7 a, 6m	8 a, 11m	20,27
21	6 a, 0m	7 a, 4m	8 a, 9m	21,23

Nota: faixa de indiferença calculada para tolerância de 1% no custo médio.

estipulado pela Receita Federal. No caso de veículos de carga, o período mínimo para depreciação é cinco anos, o que leva muitas empresas a substituir seus equipamentos após esse período.

Outro tipo de análise de sensibilidade que se pode fazer relaciona-se com a taxa de juros. Os cálculos indicados acima correspondem a uma taxa de juros de 15% ao ano. Repetindo os cálculos para taxas de 6, 9, 12, 18 e 21% ao ano, obtivemos os resultados indicados no Quadro 6.9. Observa-se que, a medida que a taxa de juros cresce, menor é o período econômico para renovação da frota. Ou seja, em economias como a brasileira, com inflação e juros altos, é recomendável a renovação a intervalos menores.

Observa-se, também, que o custo financeiro pesa bastante na composição do custo médio. Quando a taxa de juros sobe de 6% ao ano para 21% ao ano, o custo unitário médio é acrescido de 27%. Esse fato alerta para a necessidade de uma correta apropriação dos custos financeiros por parte das empresas.

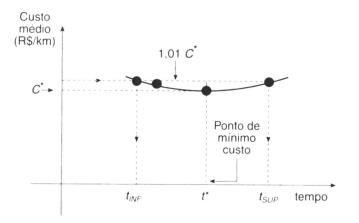

Figura 6.4 — Curva do custo médio no entorno do ponto de mínimo custo

7 DEPÓSITOS E ARMAZÉNS

Ao longo do processo logístico, aparecem **fluxos** de mercadorias entre pontos diversos da rede. Nas interfaces desse processo, isto é, nos **pontos de transição** de um fluxo para outro, entre manufatura e transferência, ou entre transferência e distribuição física, surge a necessidade de se manterem os produtos estocados por um certo período de tempo. Esse tempo de permanência pode ser muito curto, necessário apenas para se fazer a triagem da mercadoria recém-chegada e reembarcá-la, como também pode ser relativamente longo.

Nesses pontos de interface da rede logística localizam-se os diversos tipos de instalação de armazenagem. Um tipo comum é o depósito voltado à armazenagem e despacho de mercadorias de uma indústria, de uma grande loja, de uma firma varejista, etc. Outro tipo bastante encontrado em grandes indústrias é o armazem de insumos ou de matérias-primas. Por exemplo, numa grande siderúrgica, é necessário receber e estocar matérias-primas diversas, tais como minério de ferro, carvão siderúrgico e sucata. Um porto marítimo ou fluvial, por outro lado, é uma instalação de armazenagem de interface típica: navios trazendo e levando cargas que vão sendo carregadas ou descarregadas, movimentadas dentro do porto, armazenadas enquanto aguardam despacho e outras providências e, finalmente, escoadas nos modos de transporte terrestre. Um centro de distribuição destinado a atender os clientes de uma determinada região constitui outro tipo de instalação de armazenagem e de interface.

O problema da movimentação interna de produtos constitui uma especialidade à parte. Neste texto abordaremos os aspectos principais, aplicando o enfoque sistêmico que deve ser adotado na solução de problemas logísticos de uma forma geral.

FUNÇÕES DE UM DEPÓSITO OU ARMAZÉM

Como vimos, o tempo de permanência da mercadoria num depósito ou armazém depende muito dos objetivos gerais da empresa. Em alguns casos, a estocagem de produtos está relacionada com a sazonalidade do consumo como, por exemplo, as mercadorias consumidas predominantemente no Natal (castanhas, nozes, panetone), sazonalidade da produção (óleo de soja, por exemplo, cuja produção depende da safra do grão) e outros tipos de defasagem temporal entre produção e consumo.

Há tambem o efeito da variação de preços no mercado, que leva certos tipos de empresa a estocarem, à espera de melhores níveis de comercialização, para então venderem seus produtos. Por exemplo, a exportação de soja, em grão ou *pallets*, está sujeita a variações sensíveis de preço no mercado internacional de commodities. O exportador é levado, algumas vezes, a estocar o produto de forma a conseguir melhor nível de remuneração nas fases de alta do mercado externo.

Sob o ponto de vista estritamente logístico, a armazenagem de produtos pode ter funções diversas, dependendo dos objetivos gerais da empresa e do papel desempenhado pela instalação (armazém, depósito, centro de distribuição) no sistema. As principais funções são as seguintes:

Armazenagem propriamente dita. Esta é a função mais óbvia, com sua duração dependendo do papel logístico da instalação no sistema. Nos casos em que há necessidade ou conveniência de estocar os produtos por um tempo relativamente grande, o armazém ou depósito deve apresentar um *layout* e equipamentos de movimentação adequados a esse tipo de função. Nos casos em que a armazenagem é apenas de passagem, como ocorre nos depósitos de triagem e distribuição, a solução técnica (*layout*, equipamentos) é diferente. Há também situações mistas. De qualquer forma, seja por períodos maiores de tempo, seja por curtos espaços de tempo, aparece sempre a função **armazenagem**.

Consolidação. As mercadorias chegam muitas vezes ao depósito em pequenas quantidades, vindas de diversos clientes ou de pontos geográficos variados. Uma vez no depósito, torna-se necessário preparar carregamentos completos para outros pontos da rede logística. Esse processo de juntar cargas parciais provenientes de origens diversas para formar carregamentos maiores é denominado de **consolidação**. Nem todos os depósitos/armazéns apresentam esse tipo de função. Alguns tem o inverso (desconsolidação). A consolidação ocorre porque é mais barato transportar lotações completas e maiores (caminhões de maior tonelagem) a médias e longas distâncias, do que enviar a carga em lotes pequenos, diretamente a partir das várias origens. Por exemplo, uma empresa especializada no transporte de pacotes (carga parcelada), para todo o território nacional, poderá efctuar as coletas numa determinada região (digamos, Porto Alegre), encaminhando a carga para o depósito local, onde será feita a consolidação por destino (lotações para São Paulo, Rio de Janeiro, Recife, etc.).

Desconsolidação. É o processo inverso da consolidação, em que carregamentos maiores são desmembrados em pequenos lotes para serem encaminhados a destinos diferentes. Por exemplo, uma indústria envia um carregamento de geladeiras para um de seus depósitos regionais. Ali, a carga e desmembrada em lotes menores para serem encaminhados às diversas lojas.

Nem sempre um depósito ou armazém apresenta apenas uma das funções indicadas acima. Pode desempenhar todas ao mesmo tempo ou parte delas. Há também situações combinadas. Por exemplo, um depósito pode receber produtos de vários fabricantes em lotes relativamente pequenos, estocá-los e depois formar lotes mistos destinados a clientes diversos. Não se caracteriza assim uma **consolidação**, já que não se formam lotações completas, nem tampouco ocorre a **desconsolidação**. Seria mais um processo de rearranjo da carga (ou *mix*). Essa situação pode ocorrer, por exemplo, com uma empresa varejista que opere com um grande número de produtos e um grande número de clientes.

O DEPÓSITO VISTO COMO UM SISTEMA

O depósito ou armazém é um elemento importante na rede logística, pelas razões apontadas acima. Um elemento desse tipo deve ser encarado, então, como um componente do sistema logístico global. Agora, ao analisá-lo em maior detalhe, passamos a vê-lo como um sistema em si mesmo, obviamente não esquecendo que é uma parte do todo.

É necessário, desde logo, definir claramente os objetivos desse subsistema, tendo em vista seu papel no sistema logístico global da empresa. Para isso, é importante analisar cuidadosamente as funções que deve desempenhar.

Em segundo lugar, é necessário definir os componentes que formam o sistema analisado. São eles:

- **Recebimento**. As mercadorias chegam ao armazém ou depósito e devem ser descarregadas, conferidas e encaminhadas ao ponto de armazenagem. Este componente do armazém ou depósito é constituído geralmente por uma doca de descarga, onde a mercadoria é conferida e triada.
- **Movimentação**. Após o recebimento, a mercadoria é deslocada dentro do armazém até o ponto onde deverá ficar armazenada. Mais tarde, a mercadoria é deslocada novamente do ponto de armazenagem para um outro local que pode ser a doca de embarque ou uma parte do armazém destinada a consolidação dos pedidos (acondicionamento, despacho). Esse deslocamento interno é denominado genericamente de movimentação.
- **Armazenagem**. A armazenagem propriamente dita das mercadorias constitui um dos componentes deste sistema. Como já dissemos, pode durar pouco tempo, em alguns casos, e períodos relativamente longos, em outros.
- **Preparação dos pedidos**. Em certos tipos de armazém, os pedidos dos clientes, filiais, etc. são preparados num local específico do depósito. Os produtos são trazidos dos pontos onde estão armazenados e, a seguir, são acondicionados em caixas, *pallets*, contêineres ou outra forma adequada de invólucro. Os invólucros são então marcados externamente com o nome e endereço do destinatário para, depois, serem encaminhados à doca de embarque.
- **Embarque**. Uma vez pronta para ser distribuída ou transportada, a mercadoria é embarcada no veículo designado, utilizando, para isso, uma doca apropriada. O processo de carregamento e despacho do veículo constitui, assim, outro componente do sistema em estudo.
- **Circulação externa e estacionamento**. Muito embora muitas empresas transportadoras, indústrias ou firmas comerciais utilizem as vias públicas para estacionar veículos de carga e, em alguns casos, usem-nas até mesmo para carga/descarga, o certo é dispor de áreas próprias para isso, reservando parte do terreno para circulação e estacionamento.

Aplicam-se igualmente a este sistema (armazenagem) os mesmos princípios e a mesma sistemática analisados anteriormente no Capítulo 6. Assim, é necessário:

(a) Estabelecer um *check-list* dos parâmetros relevantes;
(b) Definir e quantificar a medida (ou medidas) de rendimento, através de um nível de serviço adequado;
(c) Definir alternativas para cada subsistema, caminhando da pior para a melhor;
d) Quantificar os recursos necessários por alternativa;
(e) Calcular os custos para cada alternativa (investimento e custeio) e os respectivos níveis de serviço;
(f) Selecionar a melhor alternativa, tendo em vista o conjunto.

O DEPÓSITO VISTO COMO UM SISTEMA

Os parâmetros relacionados com a carga já foram analisados no Capítulo 5. Os principais são: forma de acondicionamento, densidade, assimetria, grau de periculosidade, grau de perecibilidade, fragilidade, compatibilidade entre cargas diversas, estado físico (sólido, líquido, gasoso, pastoso), dimensões da carga tendo em vista os equipamentos disponíveis.

Um ponto muito importante na análise sistêmica do armazém ou depósito é a inter-relação desse subsistema com o meio externo. De um lado, ele se relaciona com o subsistema transporte e, através desse, com os clientes, num extremo, e com as fábricas e demais depósitos, no outro (Fig. 7.1).

A nível da própria empresa, o depósito/armazém se relaciona com a administração da companhia (diretoria, recursos humanos, contabilidade), com o CPD (*software*, equipamentos, informações), com o setor de transporte (administração da frota, contratação de praça, etc.), com a área de controle, etc..

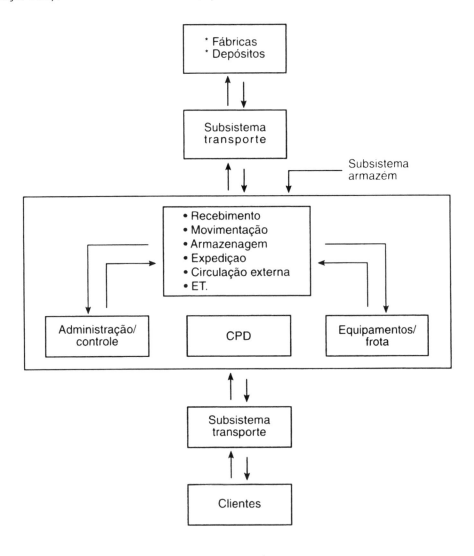

Figura 7.1 — O subsistema armazém e suas relações diretas com outros subsistemas

RECEBIMENTO DA MERCADORIA NO ARMAZÉM

Os objetivos dessa fase são os seguintes: (a) retirar a carga do veículo; (b) conferir a mercadoria; (c) efetuar a triagem da mesma (em alguns casos), marcando a zona, região ou box relacionados com o destino. Essa última operação ocorre nos depósitos que trabalham com distribuição física de produtos em trânsito como, por exemplo, uma empresa transportadora, o depósito de uma grande loja ou de uma firma varejista, etc.

Os seguintes aspectos são geralmente abordados no estudo desse componente ou subsistema: (a) as características da carga a ser descarregada; (b) o equipamento e o pessoal necessário para efetuar a descarga de um veículo padrão; (c) o número, arranjo e dimensões das posições (ou berços) de acostagem dos caminhões na doca de descarga; (d) a área na doca necessária para conferência, triagem e marcação da mercadoria recebida.

PARÂMETROS RELACIONADOS COM O MANUSEIO DA CARGA

Os principais parâmetros relacionados com a carga foram discutidos no Capítulo 5. Um aspecto a ressaltar, muito importante nas operações de carga/descarga, refere-se ao grau e tipo de utilização. O objetivo da utilização é agrupar e arrumar a carga em unidades maiores, formando invólucros o mais próximo possível de um paralelepípedo, de maneira a agilizar o processo de carga e descarga.

Distinguimos aqui os conceitos de *invólucro* e de *embalagem*. O termo embalagem está mais ligado ao *marketing*, envolvendo aspectos subjetivos e estéticos que visam atrair o consumidor. Já o invólucro refere-se ao contexto puramente logístico e de transporte, visando a melhoria do nível de serviço do sistema e a redução de custos.

Para cargas secas não granelizadas, incluindo aqui os produtos manufaturados, sacarias, bebidas e muitos outros, o transporte e a movimentação se faz normalmente de acordo

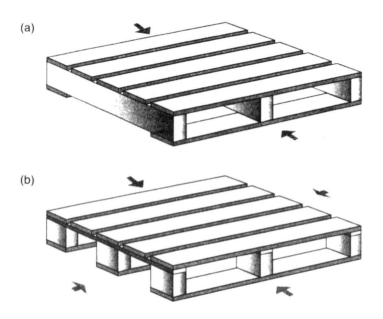

Figura 7.2 — Tipos de Pallet

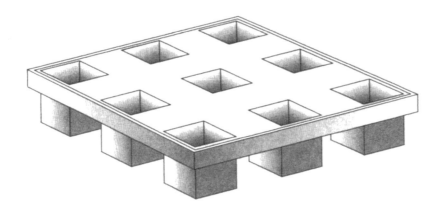

Figura 7.3 — *Pallet* de plástico

com três tipos principais de acondicionamento: (*a*) invólucros diversificados (caixas de madeira ou papelão, sacas, tambores); (*b*) *pallets* ou estrados; (*c*) contêineres.

O tipo (*a*) corresponde à situação mais comum, em que a carga é transportada e movimentada na forma convencional, sem estar acondicionada num invólucro especial.

Os *pallets* são estrados de madeira ou de plástico sobre os quais se arruma a carga, dotados de aberturas na parte inferior para acesso dos garfos das empilhadeiras. Há muitos tipos de *pallets*, variando as dimensões, material com que é fabricado e forma. Na Fig. 7.2 *a*, é mostrado um *pallet* com duas entradas e, na Fig. 7.2 *b*, um *pallet* com quatro entradas, que permite maior flexibilidade no acesso dos garfos das empilhadeiras e paleteiras. Na Fig. 7.3 é mostrado um *pallet* típico de plástico.

Para certos tipos de mercadorias, manuseadas em caixas de tamanho médio ou grande, ou arrumadas sobre pranchas lisas, é possível utilizar *pallets* que possibilitam a separação mecanizada do conjunto carga/estrado. Na Fig. 7.4 é mostrado esse tipo de *pallet*, denominado *leve ou deixe* (do inglês *take or leave*). Quando os garfos da empilhadeira ou paleteira penetram na abertura inferior, o conjunto estrado/carga útil é movimentado solidariamente. Colocando-se os garfos na abertura superior, a carga será levantada diretamente por eles, permanecendo o *pallet* no piso. Consegue-se assim a separação entre carga e *pallet* de forma mecanizada.

A maioria dos *pallets* em uso são reutilizáveis. Para isso, devem retornar à origem, ao fim do processo, o que apresenta alguns inconvenientes. O primeiro problema é o custo do

Figura 7.4 — *Pallet leve ou deixe*

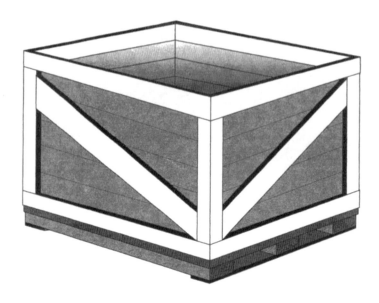

Figura 7.5 — *Pallet* contentor

transporte do estrado vazio, ao retornar ao ponto inicial da cadeia logística. Outro ponto negativo é a dificuldade de coordenar e controlar a devolução dos *pallets* vazios quando os mesmos são entregues a terceiros (transportadoras, clientes) junto com a mercadoria.

 Esses aspectos fazem com que, no Brasil, o *pallet* seja utilizado, geralmente, dentro de uma mesma organização. Ao passar a carga para terceiros (transportadora ou cliente), o conjunto unitizado é desfeito, de forma que o estrado fica retido na empresa, sendo entregue apenas a mercadoria na forma solta. Deve-se considerar também as despesas de manutenção dos *pallets*, com a alocação de mão-de-obra, materiais e recursos financeiros, criando assim mais um centro de custos adicional.

 Uma forma alternativa, que procura eliminar ou reduzir esses tipos de problemas, é a utilização de *pallets* descartáveis. Trata-se de estrados leves, de custo baixo, mas com resistência adequada para serem utilizáveis numa única operação. Esse tipo de *pallet* é menos sofisticado e, obviamente, mais barato, sendo produzidos dentro do conceito de obsolescência programada. Por serem menos resistentes do que os *pallets* reutilizáveis, os estrados descartáveis devem ser arrumados nos veículos de forma que os caibros de apoio sejam orientados no sentido do movimento, e não ortogonalmente a ele. Isso evita que haja movimento de torção nos caibros, que tende a despregá-los do tabuado onde é assentada a carga.

 O conceito de *pallet* pode ser associado ao de contêiner ou contentor, que é uma caixa protetora onde a carga é arrumada e transportada. Na Fig. 7.5 é mostrado um *pallet* contentor aberto, que permite acondicionar mercadorias que não se sustentam quando empilhadas sozinhas. Há casos em que a caixa é totalmente fechada, inclusive na sua parte superior.

 Há também o *pallet* para carga aérea, fabricado em liga de alumínio, cujas dimensões mais comuns são 224 cm por 264 cm. É usado freqüentemente em combinação com uma rede protetora ou, em alguns casos, com uma capa de material plástico.

Certos tipos de mercadorias frágeis, embora possam ser arrumadas num *pallet* comum, não permitem empilhamento de vários estrados sobrepostos. Uma forma de contornar essa restrição é o enrijecimento do conjunto através de uma armação metálica vertical projetada para suportar a carga do(s) *pallet*(s) superior(es).

Um tipo muito comum de *pallet* contentor metálico é o utilizado na unitização de pequenos itens, mercadorias ou materiais que não têm resistencia suficiente para suportar amarração ou que tenham formato irregular que impeça o empilhamento. São caixas metálicas, possuindo pés que se ajustam em orifícios situados no contentor inferior. Versões maiores, com 2 metros de comprimento ou mais, servem para estocar materiais compridos, tais como bobinas e objetos cilíndricos (tubos, por exemplo). Existem modelos com laterais removíveis, em tela ou chapa de metal.

Um aspecto importante no uso de *pallets* é a arrumação da carga no estrado. Uma preocupação básica é garantir a estabilidade do conjunto, procurando ao mesmo tempo aproveitar ao máximo a capacidade do estrado e facilitar a arrumação do mesmo.

Outra forma de unitização muito utilizada hoje é o contêiner. Trata-se de uma caixa fechada, normalmente de aço ou alumínio, dentro da qual a carga é arrumada. Além das vantagens de manuseio, consegue-se um elevado grau de segurança com o uso de contêineres (redução dos níveis de quebras, roubos e extravios). No entanto, as caixas são relativamente caras, o que tem levado as empresas a utilizá-las na exportação e importação de produtos de maior valor agregado. No transporte interno, a nível nacional, os contêineres são menos utilizados.

DOCA PARA RECEBIMENTO OU DESPACHO DE MERCADORIAS

A doca para recebimento ou despacho de mercadorias é constituída normalmente por uma plataforma elevada (cerca de 1,20 m do solo), onde os caminhões encostam de ré, a 90 graus. Há casos em que os veículos formam um ângulo de 45 graus com a plataforma, situação essa que será discutida mais adiante.

Antes de discutir aspectos ligados ao *layout* da área de recebimento de mercadorias, vamos apresentar um método prático para determinar o número de posições necessárias para a acostagem dos caminhões junto à plataforma. Esse método se apóia na chamada Teoria das Filas, que trata de modelos probabilísticos voltados à solução de problemas de congestionamento e espera.

Os modelos clássicos de filas pressupõem uma situação de equilíbrio no processo (a chamada fase de regime), que é atingida após decorrido um período de tempo relativamente grande e observadas certas condições de convergência. No caso de um depósito ou armazém típico, essa situação de equilíbrio quase nunca é atingida.

De fato, a fila de caminhões que se forma durante um dia útil típico é zerada ao se encerrar a descarga daquele dia, repetindo-se o processo com periodicidade de 24 horas. Em linguagem mais técnica, a taxa média de chegada ao armazém (veículos/hora) não se mantém constante ao longo do processo; ao contrário, partindo do valor zero no início das operações, atinge um valor máximo ao longo do dia, retornando de novo ao ponto zero ao se encerrar o processo diário de carga/descarga.

Por exemplo, um depósito destinado à triagem e distribuição urbana de produtos começa

Quadro 7.1 Médias diarias observadas na chegada ao depósito

Período do dia (h)	Média diária de veículos	Número acumulado de veículos	Fluxo médio de carga (t)	Fluxo acumulado (t)
12 – 13	0,0	0,0	0,0	0,0
13 – 14	0,2	0,2	2,1	2,1
14 – 15	1,2	1,4	9,9	12,0
15 – 16	1,4	2,8	12,7	24,7
16 – 17	4,3	7,1	39,6	64,3
17 – 18	8,5	15,6	76,5	140,8
18 – 19	13,0	28,6	116,9	257,7
19 – 20	3,1	31,7	26,9	284,6
20 – 21	2,8	34,5	24,6	309,2
21 – 22	1,0	35,5	9,2	318,4
22 – 23	0,4	35,9	3,7	322,1
23 – 24	0,0	35,9	0,0	322,1

a receber a mercadoria por volta das 16 horas, atinge seu pico no período entre 18 e 20 horas, recebendo o último lote em torno das 22 horas. Em outros casos, a carga começa a chegar cedo, por volta das 7 ou 8 horas da manhã, encerrando o processo lá pelas 18/19 horas. O fluxo de mercadorias que chega ao depósito oscila, então, como mostrado na Fig. 7.6: observam-se períodos isolados com fluxos de chegada, separados por períodos vazios.

Esse tipo de comportamento faz com que os modelos clássicos de fila de espera não sejam aplicáveis ao problema em questão. Uma forma de solucioná-lo é lançar mão da

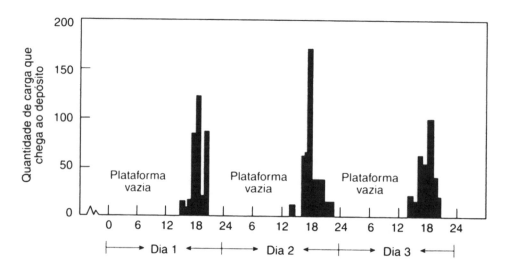

Figura 7.6 — Variação diária da carga que chega ao depósito

Quadro 7.2 Fluxo de caminhões que chegaram ao depósito durante doze dias escolhidos aleatoriamente

Dia	1	2	3	4	5	6	7	8	9	10	11	12	Total
Período (h)	2/7	4/7	8/8	24/8	6/9	10/9	2/10	17/10	17/10	14/11	23/1	16/12	
13 – 14	0	0	0	0	0	0	0	1	0	1	0	1	3
14 – 15	1	1	2	1	4	0	2	0	1	0	2	0	14
15 – 16	4	0	1	0	1	0	2	1	1	0	2	5	17
16 – 17	5	6	1	5	6	7	3	3	1	6	7	2	52
17 – 18	8	12	11	7	6	9	6	10	9	6	7	11	102
18 – 19	11	7	17	15	13	15	14	11	12	19	12	10	156
19 – 10	4	5	2	3	3	1	3	4	2	2	6	2	37
20 – 21	2	4	4	4	0	3	2	3	7	2	2	1	34
21 – 22	1	0	1	0	1	3	2	1	0	1	0	2	12
22 – 23	0	1	1	1	0	0	0	1	0	0	0	1	5
Total	36	36	40	36	34	38	34	35	33	37	38	35	432

simulação em computador. Outra forma é utilizar aproximações como a apresentada por Newell (ver Referências), que se baseia em analogia com a mecânica dos fluidos.

A primeira etapa consiste no levantamento da situação real da chegada de caminhões ao armazém. Considera-se, para isso, um período razoável, cobrindo alguns meses de operação, mesmo que de forma salteada. Caso não haja um registro da hora de chegada do veículo e da quantidade transportada por caminhão, é necessário efetuar um levantamento direto, através da observação das operações no depósito.

Deve ser registrada a hora de chegada do veículo no armazém, na portaria ou no recebimento da documentação da carga. Não se deve confundir o instante de chegada com o momento em que se inicia o processo de descarga propriamente dito. Isso porque as condições de descarga podem estar distorcidas por razões diversas, tais como falta de espaço na plataforma, deficiência de pessoal, insuficiência de equipamentos, etc. Esses gargalos afetam, é óbvio, os resultados. O correto é registrar o instante em que o veículo chega ao armazém, o que não é afetado pelas deficiências do momento.

Para registrar os dados, utilizamos uma planilha em que as linhas representam as 24 horas do dia e, as colunas, os vários dias considerados no levantamento. Numa primeira planilha, registramos o número de caminhões que chegam ao depósito, hora a hora (Quadro 7.2). No nosso exemplo, foram levantados aleatoriamente 12 dias úteis diferentes, cobrindo um período de aproximadamente 6 meses.

Numa planilha semelhante (Quadro 7.3), registramos as tonelagens trazidas para o armazém, considerando os mesmos dias indicados no Quadro 7.1. Observamos que, nos 12 dias selecionados no nosso exemplo, chegaram ao armazém 432 caminhões, com uma carga total de 3864 toneladas, levando a uma tonelagem média de 8,9 t por veículo.

Precisamos calcular agora os fluxos diários médios. Para isso, dividimos os totais dos

Quadro 7.3 Fluxo de caminhões que chegaram ao depósito durante doze dias, escolhidos aleatoriamente

Dia	1	2	3	4	5	6	7	8	9	10	11	12	Total
Período (h)	2/7	4/7	8/8	24/8	6/9	10/9	2/10	17/10	17/10	14/11	23/1	16/12	
13 – 14	0	0	0	0	0	0	0	7	0	9	0	10	26
14 – 15	9	10	16	8	35	0	16	0	7	0	17	0	118
15 – 16	40	0	10	0	11	0	18	10	6	0	15	44	154
16 – 17	45	59	8	51	49	69	26	26	9	53	62	19	476
17 – 18	65	115	101	69	50	81	58	85	81	58	53	101	917
18 – 19	101	62	150	143	124	123	126	99	112	171	105	86	1.402
19 – 10	33	43	15	28	25	12	29	30	20	23	47	18	323
20 – 21	16	30	32	34	0	24	17	28	67	21	116	9	294
21 – 22	10	0	8	0	12	26	17	9	0	9	0	18	109
22 – 23	0	10	8	10	0	0	0	9	0	0	0	9	45
Total	319	329	348	343	306	335	307	302	301	344	315	314	3.864

Quadros 7.2 e 7.3 (última coluna) por 12 (o número de dias levantados na amostra), levando aos valores apresentados no Quadro 7.4. Por exemplo, para o período entre 17 e 18 horas, observamos um total de 917 t para os 12 dias levantados (última coluna, Quadro 7.3). Dividindo-se 917 por 12, obtemos um fluxo médio diário de 76,5 t, valor esse indicado na quarta coluna do Quadro 7.3.

A etapa seguinte é traçar um gráfico das tonelagens acumuladas (última coluna, Quadro 7.3). Na Fig. 7.7 é apresentado esse gráfico. Na escala horizontal (abscissas), colocamos o tempo, marcado de hora em hora. Na escala vertical (ordenadas), é registrada a tonelagem acumulada, cujos valores são provenientes do Quadro 7.4, última coluna. Os pontos são unidos de forma a gerar uma curva, com a forma de S (Fig. 7.7).

Além do levantamento indicado anteriormente (número de caminhões que chegam ao armazém e respectiva carga), é preciso também obter dados relacionados com o processo de descarga propriamente dito. Através da observação direta, considerando apenas os períodos de pico (plena utilização da doca de carga/descarga), levantamos dois dados importantes: (a) a taxa média de descarga; (b) o número de caminhões atendidos simultaneamente na plataforma.

Para calcular a taxa média, fazemos uma amostragem significativa (no mínimo 10 observações) de desembarques. Marcamos o início da operação (instante em que o caminhão encosta na doca), o fim da descarga e a quantidade de carga desembarcada. Para cada caso observado, calculamos a taxa média (toneladas descarregadas por hora) e, ao fim, a média global. Para o exemplo em questão, a taxa média observada foi $y = 6,3$ t/h.

Observamos também os períodos de pico na operação de descarga, durante vários dias (o ideal seria considerar os mesmos dias em que foi feito o levantamento indicado nos Quadros 7.2 e 7.3) e registramos o número de veículos que estão sendo descarregados

DOCA PARA RECEBIMENTO OU DESPACHO DE MERCADORIAS

Quadro 7.4 Médias diárias observadas na chegada ao depósito

Período do dia (h)	Média diária de veículos	Número acumulado de veículos	Fluxo médio de carga (t)	Fluxo acumulado (t)
12 – 13	0,0	0,0	0,0	0,0
13 – 14	0,2	0,2	2,1	2,1
14 – 15	1,2	1,4	9,9	12,0
15 – 16	1,4	2,8	12,7	24,7
16 – 17	4,3	7,1	39,6	64,3
17 – 18	8,5	15,6	76,5	140,8
18 – 19	13,0	28,6	116,9	257,7
19 – 20	3,1	31,7	26,9	284,6
20 – 21	2,8	34,5	24,6	309,2
21 - 22	1,0	35,5	9,2	1.318,4
22 – 23	0,4	35,9	3,7	322,1
23 – 24	0,0	35,9	0,0	322,1

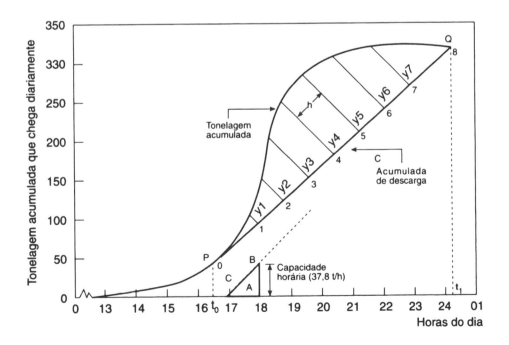

Figura 7.7 — Variação do fuxo de entrada e da capacidade de descarga na doca

simultaneamente na plataforma. Para o exemplo em questão, foram observados 6 caminhões operando simultaneamente nos períodos de pico.

Multiplicando-se agora a taxa média observada ($y = 6,3$ t/h) pelo número de veículos atendidos simultaneamente no período de pico (6 veículos), obtemos uma capacidade de movimentação de 37,8 t/h na doca. Com esse dado, vamos construir o gráfico da capacidade de atendimento na Fig. 7.8.

Para isso, vamos escolher arbitrariamente um período de uma hora ao longo do dia útil. Na Fig. 7.7, escolhemos o intervalo 17-18 horas. Marcamos na escala vertical, a partir do ponto A, um valor correspondente a capacidade horária, ou seja, 37,8 t/h. Temos, assim, o ponto B. Unimos agora o ponto C (correspondente ao início do período) ao ponto B. A reta CB dá a inclinação do gráfico de capacidade acumulada de atendimento da doca. Com a ajuda de esquadros, traçamos a reta paralela a CB que tangencia internamente a curva de tonelagem acumulada. O ponto resultante é P, conforme mostra a Fig. 7.8. Estendemos agora a reta tangente até que cruze a curva, obtendo o ponto Q.

O ponto P, da Fig. 7.7, corresponde ao momento t_0 em que começa a formar fila de caminhões, esperando descarregamento (por volta das 16:35 h). O ponto Q corresponde ao instante t_1 em que o último caminhão do dia começa a ser atendido (cerca de meia noite e quinze). Existe fila de veículos desde as 16:35 h (instante t_0) até 0:15 hs (instante t_1). A quantidade de carga (medida em toneladas) que permanece em fila, aguardando desembarque na doca é dada pela diferença entre a curva de tonelagem acumulada e a reta PQ.

Para calcular o tempo médio na fila, é necessário estimar a área da figura compreendida entre a curva de tonelagem acumulada e a reta PQ. Um processo rápido e razoavelmente preciso para calcular áreas é a chamada regra de Simpson. A base da figura é o segmento PQ. Precisamos dividir a base num número par de intervalos iguais. No exemplo, adotamos divisão em 8 partes iguais. Medimos, a seguir, o comprimento h do intervalo resultante (vide Fig. 7.7), obtendo o valor $h = 2,6$ cm (medido na escala original do desenho). Após a divisão, marcamos os pontos resultantes ao longo do segmento PQ: 1, 2, 3. Agora, traçamos perpendiculares ao segmento PQ nesses pontos e medimos as alturas y_1 y_2, y_3, conforme indicado na Fig. 7.7. No caso, os valores de y_0 e de y_8 são nulos.

A regra de Simpson para cálculo da área tem a seguinte expressão matemática:

$$S = (h/3) \, (y_0 + 4y_1 + 2y_2 + 4y_3 + 2y_4 + 4y_5 + 2y_6 + 4y_7 + y_8)$$

O cálculo do valor compreendido no segundo parênteses é apresentado no Quadro 7.4. Os valores de y_1, y_2, ... são medidos diretamente na Fig. 7.7, em centímetros, com o auxílio de uma escala. A área S é dada então por $(2,6/3) * 61,5 = 53,3$ cm².

Na Fig. 7.7, a escala das abcissas (eixo horizontal) corresponde a 1 cm = 0,5 hora. A escala das ordenadas (eixo vertical) corresponde a 1 cm = 20 toneladas. Dessa forma, uma área unitária de 1 cm: vai corresponder a 0,5 h x 20 t = 10 t × h (dez toneladas-hora). Portanto, a superfície de 53,3 cm² corresponde a uma área equivalente de $53,3 \times 10 = 533$ t × h.

Dividimos agora o valor obtido (533 t × h) pela tonelagem total descarregada num dia. No caso, conforme Quadro 7.4, tem-se uma movimentação média diária de 322,1 toneladas. Dividindo 533 t × h por 322,1 t, obtemos uma média de 1,65 hora.

Para achar o tempo médio de espera de um caminhão na fila, precisamos subtrair metade do tempo de descarga de um veículo. A razão para isso é que estamos trabalhando

Quadro 7.5 Aplicação da regra de Simpson para cálculo da área da figura 7.8

(a) Ponto número	(b) Y_o (cm)	(c) Coeficiente	(d) Subtotal (c) × (b)
0	0,00	1	0,0
1	0,60	4	2,4
2	1,70	2	3,4
3	3,05	4	12,2
4	4,45	2	8,9
5	4,70	4	18,8
6	3,70	2	7,4
7	2,10	4	8,4
8	0,00	1	0,0
Total	0,00	1	61,5

Área = (2,6/3) * 61,5 = 53,3 cm²

com uma variável contínua (fluxo de carga que vai sendo descarregada na doca, medido em toneladas), mas desejamos calcular o tempo de espera para uma variável discreta (caminhões). A lotação de um caminhão (média de 8,9 toneladas por veículo) vai sendo descarregada aos poucos, continuamente. Uma parte da carga é descarregada logo no início, enquanto outra parte fica mais para o fim do processo de descarga. Admitindo fluxo constante de descarga, o tempo médio será igual à metade do tempo de descarga do veículo.

No caso, como a carga média de um caminhão é de 8,9 toneladas e a taxa de descarga média em cada posição de desembarque é de 6,3 t/h, o tempo médio de descarregamento é igual a 8,9/6,3 = 1,41 hora.

Assim, do valor 1,65 hora obtido anteriormente, subtraímos 1,41/2 = 0,70 h, obtendo:

W = (tempo médio de espera) = 1,65 - 0,70 = 0,95 h/veículo

Ou seja, cada veículo vai esperar, em média, cerca de 57 minutos na fila (ou 0,95 h), antes de ser atendido na doca.

O processo descrito acima, para cálculo do tempo de espera na fila, é um método aproximado, que não leva em conta as oscilações aleatórias na chegada e no atendimento dos veículos. Por essa razão, tende a fornecer valores menores do que os reais. Uma forma de minimizar esse problema é calibrar os resultados através de um coeficiente de correção obtido através de dados reais confrontados com o valor estimado. Para isso, registramos, no levantamento direto da operação de descarga, os tempos reais de espera de todos os caminhões atendidos nos dias da pesquisa. Nesse levantamento, deverão ser incluídos também os veículos que não esperaram na fila (os que foram diretamente para a descarga ao chegar ao armazém). Obviamente, a esses caminhões será atribuído tempo de espera zero.

Para o caso em questão, foi levantado um tempo de espera real médio de 1,43 h/veículo. Dividindo-se esse valor observado pelo valor obtido por meio dos cálculos (0,95 h/veículo), determinamos um coeficiente de calibração igual a 1,43/ 0,95= 1,5.

Quando formos estimar tempos de espera para outras situações, corrigiremos os valores teóricos multiplicando-os por 1,5. Esse tipo de correção é perfeitamente aceitável na prática. Havendo possibilidade, pode-se efetuar várias comparações entre valores reais e estimados, adotando-se um coeficiente de calibração médio.

Nem sempre o tempo médio de espera é o parâmetro mais adequado para se fazer um julgamento das condições operacionais do processo de descarga. O conhecimento do tempo máximo de espera é outro elemento importante na avaliação das condições operacionais do sistema.

Voltemos ao Quadro 7.3. Observamos que as tonelagens movimentadas diariamente oscilam em torno da média de 322,1 t/dia. Vamos calcular agora o seu desvio padrão. Para isso, utilizamos o método descrito no Cap. 1, item 4, que permite calcular o desvio padrão a partir do desvio médio. Determinamos os desvios entre os valores observados e o valor médio. Considerando os valores absolutos dos desvios, somamos os elementos e calculamos o desvio médio, conforme mostrado no Quadro 7.6. Multiplicando-se o desvio médio por 1,253 (vide Cap. 1, item 4), obtemos o desvio padrão s = 18,6 t/dia.

Considerando-se uma variação de dois desvios padrões acima da média (que cobre cerca de 98% dos casos), obtemos uma tonelagem diária máxima de 322,1 + 2 × 18,6 = 359,3 t/dia.

Na Fig.7.8, traçamos novamente a curva da tonelagem acumulada, exatamente como aparece na Fig. 7.7. Essa curva aparece em traço contínuo na Fig. 7.8. Desenhamos, a seguir, a curva de tonelagem máxima, considerando agora um valor limite de 359,3 t/dia, em lugar do limite anterior de 322,1 t/dia. Os demais pontos intermediários da curva são determinados, obedecendo a mesma proporção observada nos valores limites. Ou seja,

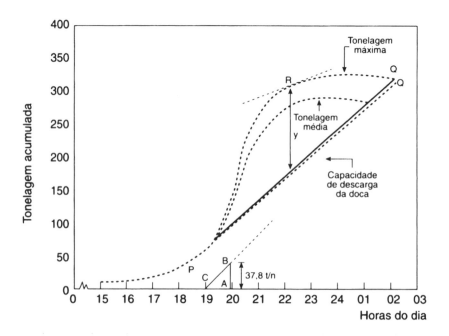

Figura 7.8 — Análise de sensibilidade

DOCA PARA RECEBIMENTO OU DESPACHO DE MERCADORIAS 135

Quadro 7.6 Cálculo do desvio médio e do desvio padrão do fluxo

Dia Número	Tonelagem descarregada	Desvio[1]	Valor absoluto do desvio
1	319	−3,1	3,1
2	329	6,9	6,9
3	348	25,9	25,9
4	343	20,9	20,9
5	306	−16,1	16,1
6	335	12,9	12,9
7	307	−15,1	15,1
8	302	-20,1	20,1
9	302	−20,1	20,1
10	344	21,9	21,9
11	315	−7,1	7,1
12	314	−8,1	8,1
			178,2

(1) Tonelagem descarregada menos a média 322,1.
Desvio médio = 178,2/12 = 14,85
Desvio padrão = 1,253 * 14,85 = 18,6 t/dia

multiplicam-se as ordenadas de cada ponto da curva anterior por 359,3/322,1 = 1,115. Por exemplo, o valor correspondente às 18 h, que era igual a 140,8 (última coluna do Quadro 7.4), passa a ser igual a 140,8 × 1,115 = 157,0, e assim por diante. A curva resultante é mostrada na forma tracejada, na Fig. 7.8.

Vamos analisar agora a capacidade de descarga da doca. Vimos que a capacidade horária média é igual à capacidade de uma posição de descarga (6,3 t/h) vezes o número de baias operando simultaneamente (no caso, igual a 6), o que dá um total de 37,8 t/h.

A partir dos dados levantados diretamente na doca de descarga do armazém, determina-se o desvio padrão da taxa de desembarque. No exemplo em questão, foi determinado um desvio padrão igual a 1,25 t/h. Na situação de pico, a fila de caminhões permanece por um período contínuo de aproximadamente 9 horas (das 16:30 h à 1:30 h da madrugada). A variância resultante (final) pode ser estimada, multiplicando-se o total de horas (9 no caso) pela variância observada no período de uma hora, igual a $(1,25)^2 = 1,56$. Assim, tem-se var = 9 × 1,56 = 14,0. Extraindo-se agora a raiz quadrada, obtemos o desvio padrão $s = 3,75$ t.

Considerando-se limite de dois desvios padrões (monocaudal, equivalente a 98% dos casos), a capacidade mímima provável, num dia aleatório de operação, será então igual a 359,3 − 2 × 3,75 = 351,8 t.

Na Fig. 7.8, traçamos a reta, paralela à *CB*, que tangencia a curva de capacidade máxima na sua parte inferior. Obtemos assim a reta *PQ*.

No ponto *Q*, em que a reta *PQ* cruza a curva de tonelagem máxima, marcamos na mesma vertical o ponto *Q*, com ordenada 351,8 (ou seja, igual a ordenada de *Q* menos 2 ×

3,75 = 7,5 t). Unimos P a Q', obtendo uma nova reta que representa o limite inferior da capacidade de descarga.

Traçamos agora a reta paralela ao segmento PQ' que tangencia externamente a curva de tonelagem máxima. O ponto em que essa reta tangencia a curva é R, conforme mostrado na Fig. 7.8. Medimos agora a flecha vertical y, entre o ponto R e a reta PQ. Para o exemplo em análise, da Fig. 7.8 extraímos y = 161 toneladas. Essa flecha corresponde à fila máxima observada num dia qualquer. Dividindo-se y = 161 t pela taxa horária (37,8 t/h), obtemos uma espera máxima de 4,26 horas. Descontando metade do tempo de descarga de um veículo, conforme explicado anteriormente, obtemos o resultado 4,26 − (1/2) * 1,41 = 3,55 h. Multiplicando-se agora pelo coeficiente de calibração 1,5, chegamos finalmente a um tempo máximo de espera de 5,3 horas.

Observamos assim um tempo médio de espera por veículo de 1,4 hora e um tempo máximo provável de 5,3 horas. Outro parâmetro importante a considerar é o número máximo de caminhões na fila. Esse parâmetro pode ser estimado de forma aproximada dividindo-se o valor da fila máxima (y = 161t) pelo carregamento médio de um caminhão (8,9 t). Temos então 161/8,9 = 18 veículos.

Três parâmetros permitem avaliar as condições de operação da doca de descarga:

- tempo médio de espera: 1,4 h/veículo;
- tempo máximo de espera: 5,3 horas;
- número máximo de veículos na fila: 18

O tempo de espera médio não parece excessivo, mas devemos notar que sua variação é muito grande. Há veículos que não ficam na fila (tempo de espera nulo), mas há casos em que a espera ultrapassa 5 horas. Deve-se considerar também que uma fila de 18 caminhões é excessiva, considerando-se que diariamente são atendidos, em média, cerca de 36 caminhões (vide Quadro 7.4).

Uma forma de melhorar o desempenho do sistema é, obviamente, agilizar o processo, aumentando a taxa horária de descarga. Outra forma é aumentar o número de posições de desembarque (berços na doca).

Suponhamos que, por meio de análise de O & M, treinamento de pessoal, uso de equipamentos melhores, etc., seja possível chegar a uma taxa de descarga média de 7t/h por baia. Por outro lado, por meio da ampliação da plataforma e aumento do número de equipes, pode-se chegar a uma capacidade de atendimento de 8 caminhões simultaneamente.

Na Fig. 7.9, é repetido o processo anteriormente descrito para cálculo do tempo de espera, agora para a situação futura. A capacidade horária média de descarga é então igual a 7,0 x 8 = 56 t/h. Na Fig. 7.9, marcamos esse valor (segmento AB) e, a seguir, traçamos a tangente à curva da tonelagem média, obtendo a reta PQ.

Para calcular a flecha y, traçamos a tangente externa à curva de tonelagem máxima (curva tracejada), obtendo-se o ponto R. Notar que não nos preocupamos em marcar o ponto Q', como na Fig. 7.8, visto que as retas resultantes (PQ e PQ') são próximas, não justificando o esforço.

Calculando-se a área entre a curva de tonelagem média e a reta EQ, obtemos o valor 310 t × h. Dividindo-se esse valor por 322,1 (a tonelagem média descarregada por dia), obtemos 0,96 hora. Devemos subtrair a metade do tempo de descarga de um caminhão, que agora é igual a 8,9/7,0 = 1,27 h. Ou seja, o tempo médio de espera é igual a 0,96 − (1/2) * 1,27 = 0,33 h/veículo.

DOCA PARA RECEBIMENTO OU DESPACHO DE MERCADORIAS

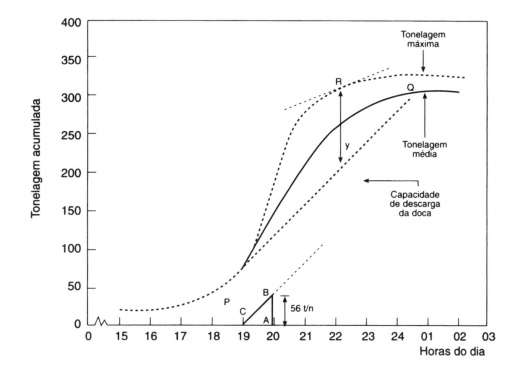

Figura 7.9 — Análise da fila na doca para situação melhorada

A flecha y, extraída da Fig. 7.9, é igual a 106 t. Dividindo-se esse valor pela capacidade horária média de descarga (56 t/h), obtemos 106/56 = 1,89 h. Subtraindo-se metade do tempo de descarga ($1,27 \times 0,5 = 0,63$ h), obtemos um tempo máximo provável de espera igual a 1,89 - 0,63 = 1,26 hora.

Finalmente, dividindo a flecha y pela capacidade média de um veículo (8,9t), obtemos o número máximo de caminhões na fila, ou seja 106/8,9 = 11,9 = 12 veículos.

Temos agora a seguinte situação:

- tempo médio de espera: 0,33 h/veículo
- tempo máximo de espera: 1,26 h
- número máximo de veículos na fila: 12

Esses valores devem agora ser examinados, a fim de se verificar se satisfazem às condições operacionais e de *layout* (espaço para estacionamento, circulação e manobras) do depósito em questão.

A mesma metodologia pode ser empregada para analisar e planejar situações futuras de médio e longo prazo. Para isso, é necessário efetuar projeções da demanda, além de um estudo do processo de descarga e recebimento da mercadoria, procurando a melhor solução em termos de pessoal e equipamento. Após estimar as taxas médias de descarga e as projeções de fluxo, passa-se à análise da fila e à avaliação dos resultados, conforme metodologia descrita nesta seção.

INTEGRAÇÃO DO RECEBIMENTO E DO DESPACHO

O despacho ou expedição de mercadorias constitui o processo inverso do recebimento. O processo para calcular o número de posições na doca é análogo ao analisado na seção anterior para o caso do recebimento de produtos. Mas nem sempre há uma separação física entre as áreas de recebimento e expedição.

A vantagem de se juntar na mesma doca a recepção e o despacho de mercadorias é o melhor aproveitamento das posições de acostagem de caminhões. Essa unificação melhora as condições da fila de espera, reduzindo os tempos médios e os valores extremos. Por outro lado, como o fluxo de chegada de mercadorias nem sempre coincide com o de saída, a conjugação dos dois processos numa só plataforma pode diminuir bastante a extensão total da plataforma. Por exemplo, num depósito de uma grande loja de departamentos os veículos de distribuição são carregados de manhã cedo; as mercadorias, por sua vez, chegam ao depósito durante o dia. Há, assim, possibilidade de se juntar as duas atividades numa única plataforma.

Nem sempre, porém, essa prática é a mais adequada. Pode acontecer que a distribuição seja feita por veículos pequenos (furgões), com dimensões bastante diversas dos caminhões de maior tonelagem que trazem a mercadoria para o armazém. Esses últimos apresentam altura da carroceria da ordem de 1,30—1,40 m, enquanto os furgões de entrega tem altura da ordem de 0,70—0,80 m. Assim, admitindo-se plataforma elevada para carga/descarga, ficará difícil compatibilizar as diferentes alturas dos veículos. Pode-se recorrer a plataformas ajustáveis, de aço, que são caras e exigem manutenção periódica. Nessas situações, a separação física dos veículos pesados, de um lado, e veículos leves, de outro, pode ser a melhor solução.

Outro aspecto que pode favorecer a segregação física do recebimento e do despacho é a vantagem de separar completamente os fluxos de chegada e de expedição dentro do armazém. Ao chegar ao depósito, a mercadoria é conferida e posteriormente encaminhada a um setor ou box. Muitas vezes, esse processo não é rápido. A carga permanece então na área de recebimento durante um certo tempo, sendo deslocada aos poucos para o interior do armazém. Nesses casos, a proximidade da carga que chega com a mercadoria em fase de expedição pode gerar problemas sérios de controle, circulação, segurança (extravios, furtos), etc. A completa separação física dos dois setores melhora, então, as condições gerais de desempenho do armazém.

LAYOUT DAS ÁREAS DE RECEBIMENTO E EXPEDIÇÃO

Suponhamos que a mercadoria chegue ao armazém em veículos de maior porte (caminhões de maior tonelagem ou carretas), enquanto a expedição é feita através de veículos menores. Esse é o caso típico do depósito de uma grande loja de departamentos, em que a mercadoria é recebida, a partir das fábricas, em lotes grandes, sendo despachada em veículos menores para realizar os roteiros de distribuição.

Há casos em que tanto a chegada como a saída das mercadorias se processa em veículos maiores (6 ou mais toneladas). Isso ocorre, por exemplo, com empresas atacadistas que enviam produtos para seus depósitos regionais, a partir de um depósito central. Nesse caso, a mercadoria vem das fábricas em caminhões maiores, sendo também despachadas em lotes mais ou menos iguais para os depósitos distribuidores.

LAYOUT DAS ÁREAS DE RECEBIMENTO E EXPEDIÇÃO

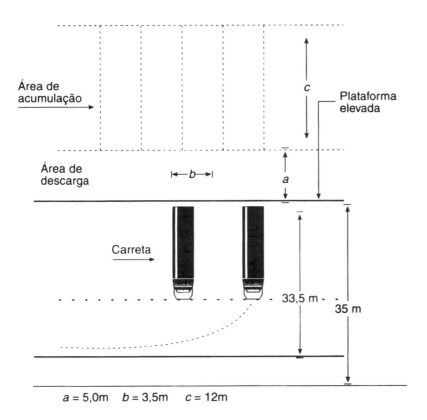

Figura 7.10 — Layout típico da área de descarga (acostamento à 90°

Outro exemplo, diferente dos anteriores, é constituído por uma empresa transportadora especializada em carga parcelada. A coleta pode ser feita por meio de veículos de menor capacidade (kombi, furgões de 2 a 3 toneladas), sendo a distribuição também realizada pelo mesmo tipo de veículo.

As combinações são variadas, dependendo das características de comercialização, coleta e distribuição dos produtos.

Objetivando desenvolver o *layout* das áreas de recebimento e expedição do armazém, vamos analisar inicialmente as plataformas para acostagem dos veículos. Esses podem se colocar perpendicularmente à plataforma (ângulo de 90 graus) ou diagonalmente, num ângulo de 45 graus ou outro qualquer. No caso de acostagem a 90 graus, a borda da plataforma é formada por uma linha contínua. Esse tipo de solução pode ser utilizado para carga/descarga através da traseira do veículo. É o caso de caminhões tipo baú, cujo acesso é feito normalmente pela porta de trás. Quando se tratar de caminhões abertos, o processo de carga/descarga pode ser realizado tanto pela parte traseira como pelas laterais.

Cada posição de acostagem deve ocupar uma extensão mínima de 3,30 m da plataforma. Quando o movimento de carretas for grande, essa largura é insuficiente para manobrar o conjunto cavalo/carreta nos tempos normais de operação. Isso prejudica o nível de rendimento do processo de carga/descarga. Por essa razão, Falconer e Drury (ver Referências) recomendam um módulo de 3,50m, como mostrado na Fig. 7.10.

Em alguns depósitos, o uso de carrinhos, *pallets*, empilhadeiras, etc. pode exigir um espaço maior sobre a plataforma para recepção/expedição da carga. Nesses casos, módulos maiores, com até 5 metros, podem ser necessários.

Prevendo a operação de carretas tracionadas por cavalos mecânicos, é recomendável prover espaço livre para manobra desses veículos. Esse espaço deve ser tal que a profundidade mínima, a partir da plataforma, não seja menor que 35 metros (Fig. 7.10). Essa distância incorpora uma margem de erro de 1,50 m, além do mínimo absoluto de 33,5 metros.

Na plataforma, normalmente, é reservada uma faixa para descarga com largura de aproximadamente 5 metros (Fig. 7.10). A mercadoria, após verificação, é deslocada para uma área de acumulação anexa, cujo comprimento é aproximadamente igual ao comprimento da carroceria do veículo (dimensão c, na Fig. 7. 10). Nessa área de acumulação, a mercadoria é triada e rotulada em função de seu destino no armazém (prateleira para estocagem, boxes para distribuição por zonas, etc.). Dali ela vai sendo retirada manualmente ou com auxílio de equipamentos e transferida para os pontos previamente definidos no depósito.

Outro tipo de plataforma permite a acostagem dos caminhões a 45 graus (Fig. 7.11) ou outro ângulo agudo qualquer. Esse tipo de plataforma é interessante, por permitir acesso tanto pela traseira do veículo como pela lateral. No caso de operação com veículos abertos, esse duplo acesso pode agilizar o processo de carga/descarga, principalmente quando são usadas empilhadeiras. A plataforma, nesse caso, é formada por uma linha em dente de

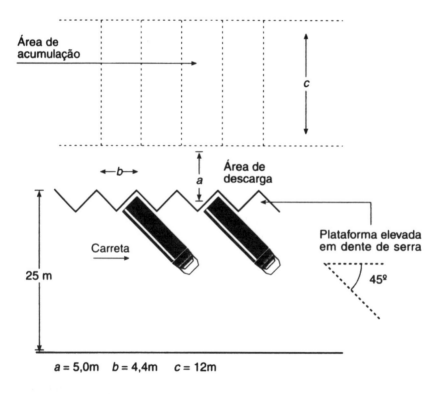

Figura 7.11 — Layout típico da área de descarga (acostamento a 45°)

serra. A profundidade da área de manobra (dimensão d) é bem menor que no caso anterior, mas a largura da baia (dimensão b) é maior: passa de 3,50 m, no caso de acostagem a 90 graus, para 4,40 m, na configuração a 45 graus.

Seja N o número de posições necessárias para a acostagem dos veículos junto à plataforma. A área de terreno necessária para abrigar a faixa externa de manobra, bem como a parte do armazém destinada a recepção, é dada por:

$$A_T = N * (a + c + d) * b$$

A área coberta, por sua vez, é dada por:

$$A_C = N * (a + c) * b$$

Para acostagem a 90 graus, é necessária uma área de terreno de 182 m² para cada posição. Considerando-se um ângulo de 45 graus, a área de terreno por posição de acostagem aumenta para 184,8 m², ou apenas 1,5 % a mais.

Já a área coberta corresponde a 59,5 m² por posição de acostagem, para um ângulo de 90 graus contra 74,8 m² para a configuração a 45 graus, ou cerca de 26% a mais. Isso significa que, em termos de investimento nas instalações fixas (edifício), a segunda opção é a mais cara, embora apresente condições operacionais melhores do que a primeira. Por essa razão, a maioria dos armazéns é dotada de plataformas a 90 graus, sendo escolhida a versão a 45 graus, quando há limitações sérias no referente a espaço para a manobra de veículos.

O PROCESSO DE DESCARGA DOS VEÍCULOS

Já vimos no Cap. 5 os atributos relevantes da carga a serem considerados num estudo logístico: densidade, forma de acondicionamento (invólucro), grau de fragilidade, grau de periculosidade, assimetria, etc. A escolha do processo de descarga vai depender, de um lado das características da carga e, de outro, da disponibilidade de equipamentos e instalações fixas no depósito (principalmente plataformas).

O método mais simples de descarga é, obviamente, o manual. Mesmo esse tipo de operação exige, no entanto, uma organização adequada de maneira a reduzir os tempos de descarga e melhorar o rendimento. A descarga manual pode ser feita de formas diversas, destacando-se as seguintes:

(a) Cada homem da equipe entra no veículo (no caso de plataforma elevada), apanha uma determinada quantidade de carga sobre a cabeça (sacas, por exemplo) ou nos braços, deslocando a mercadoria até a área de recepção. Nesse ponto, coloca a mercadoria no piso, num *pallet* ou num carrinho, conforme o caso.

(b) É formada uma seqüência linear de indivíduos espaçados uniformemente, desde o interior do veículo até a área de recepção. O primeiro homem da equipe apanha uma quantidade prefixada de carga, passando-a ao segundo elemento da fila. Esse passa para o terceiro, e assim sucessivamente. O último homem coloca a carga no ponto designado para recepção da mercadoria.

A escolha de um ou outro método vai depender do número de pessoas disponíveis e das características da carga. Dependendo da distância a ser coberta desde o fundo do veículo até a área de recepção, pode ser necessário um número razoável de pessoas para realizar a descarga na forma (b) descrita acima. Já a forma (a) não pode ser adotada com equipes relativamente grandes, porque os indivíduos passarão a atrapalhar a movimentação dos demais. A seleção do método deve se basear, sempre que possível, num estudo de tempos, em função do tipo de carga, da distância a percorrer, da disponibilidade de pessoal, etc.

Outra forma de descarregar o veículo é através de equipamentos. Unidades pesadas, indivisíveis, podem ser descarregadas por meio de guinchos, guindastes ou pontes rolantes. O guindaste pode colocar a carga no piso do armazém (área de recepção), numa esteira ou num carrinho, conforme o caso. Quando se utiliza ponte rolante, a prática mais comum é deslocar a carga diretamente para seu ponto de destino no depósito, evitando-se assim manuseio duplo.

O processo mecânico mais utilizado para mercadorias unitizáveis se baseia na empilhadeira. Arrumando-se as caixas em *pallets*, por exemplo, procura-se formar conjuntos coesos, com arestas ortogonais e uniformes, facilitando assim o manuseio por parte das empilhadeiras e aumentando o rendimento da operação. Ao unitizar a carga procura-se arrumá-la, sempre que possível na forma de um paralelepípedo, com a altura do conjunto dependendo da densidade da carga e das condições de estabilidade.

A unitização por meio de *pallets* pode também ser realizada quando não se dispõe de equipamentos mecanizados. Para isso, lança-se mão da paleteira, que permite deslocar os *pallets* com esforço manual relativamente pequeno.

8 ARMAZENAGEM DE PRODUTOS

Já vimos no Capítulo 7 as funções de uma instalação de armazenagem. Dependendo do tipo de produto, das condições de mercado e da forma de atuação da empresa, a armazenagem propriamente dita pode ser uma atividade prioritaria ou, noutros casos, de segunda importância. Há outras funções importantes desempenhadas num depósito ou armazém, conforme já discutido anteriormente: consolidação, desconsolidação, triagem, etc.

Os objetivos da armazenagem de produtos são vários. Obviamente, o objetivo primeiro da armazenagem é o de *guardar* a mercadoria por um certo tempo. Ou seja, a mercadoria deve ser mantida no depósito por um certo período de tempo, até que seja requisitada para consumo próprio ou para comercialização. Outras características importantes devem também ser respeitadas ao se armazenar o produto, principalmente no que diz respeito à segurança, evitando-se avarias e quebras, extravios, furtos, etc.

No dimensionamento do *componente armazenagem* de um depósito, alguns aspectos importantes devem ser considerados.

Em primeiro lugar o *estoque máximo provável* do(s) produto(s) a serem armazenado(s) deve(m) ser quantificado(s), de forma a se ter uma idéia razoavelmente precisa dos níveis que podem ser atingidos para cada tipo de mercadoria. Em geral, o nível de estoque de um produto manufaturado qualquer é medido em unidades. Por exemplo, para um certo tipo de televisor é conhecido o número de itens (unidades) disponíveis no estoque num certo momento.

Uma vez conhecidos os níveis de estoque máximos prováveis para cada categoria de produto, é necessário estimar o *espaço* necessário para armazenar cada grupo. O espaço é medido tanto em termos de área de piso necessária, como também em volume.

Em terceiro lugar, é preciso definir um *tipo de movimentação* a ser adotado, pois esse item condiciona os espaços livres (corredores), a forma de estocagem, a altura das pilhas, etc.

É necessário definir em seguida o *layout* da área de armazenagem: forma e tipo das células (gavetas, prateleiras, etc.), sua distribuição espacial, corredores, acessos, etc..

Finalmente, devemos distribuir o espaço disponível para armazenar as diferentes categorias de produto, seguindo, para isso, um critério racional de forma a reduzir ao máximo o esforço de movimentação.

Vamos abordar esses aspectos na sua seqüência natural.

NÍVEIS DE ESTOQUE

Um problema clássico, dentro da Engenharia da Produção, é a determinação do esquema ótimo de renovação do estoque de uma certa mercadoria. O produto vai sendo requisitado a partir do estoque. Num certo momento, a empresa faz o pedido de uma nova remessa do produto, e após um período de tempo, os itens são recebidos e colocados no estoque. Há, assim, uma oscilação no nível de estoque do produto, variando desde uma quantidade de segurança mínima, até um valor máximo (pleno estoque).

Sabendo-se que a manutenção do estoque custa dinheiro, as empresas procuram reduzir seus níveis ao máximo, sem contudo prejudicar o nível de serviço do sistema (falta do produto).

Na maioria dos casos, o consumo de um certo item se processa continuamente ao longo do tempo. Por exemplo, uma distribuidora de auto-peças vai vendendo um determinado produto no varejo, de forma que o estoque diminui paulatinamente, num ritmo mais ou menos contínuo. Num determinado momento, quando o nível de estoque já está reduzido, a empresa encomenda um novo lote junto ao fabricante. Quando essa remessa chega ao depósito, o nível de estoque daquele produto salta para um patamar mais elevado. Daí por diante, o nível vai abaixando, até chegar o momento de se efetuar um novo pedido, e assim sucessivamente.

Duas formas diferentes de repor o nível de estoque, objetivando custo mínimo, são geralmente consideradas: uma, denominada *sistemática Q* e a outra, denominada *sistemática P*.

Na primeira — sistemática Q — o intervalo entre revisões de estoque é variável, sendo fixa a quantidade encomendada em cada pedido. No outro caso — sistemática P — o intervalo entre revisões é fixo, sendo variável a quantidade encomendada em cada pedido.

A vantagem da sistemática Q reside na necessidade de um estoque de reserva menor. No entanto, ela exige que o nível de estoque seja monitorado sistematicamente, o que pode ser custoso quando existir uma quantidade muito grande de itens a controlar. Na prática, a maioria das empresas prefere adotar a sistemática P.

A grande vantagem da sistemática P é que a verificacção do estoque é feita a intervalos fixos, eliminando a necessidade de controlar continuamente os níveis de cada produto. Esses intervalos podem ser fixados de forma a coincidir, numa mesma data, as emissões dos pedidos de vários produtos, facilitando assim o processo de aquisição. Esse agrupamento pode ser feito por fornecedor, colocando-se num mesmo pedido produtos diversos. Adicionalmente, há que se considerar os custos de transporte, que podem ser reduzidos através do recebimento de lotes maiores. Por exemplo, em lugar de receber uma caixa de um determinado item, a empresa pode receber eventualmente um carregamento completo de um veículo, contendo os diversos tipos de produto fornecidos por um certo fabricante. Para esse segundo caso, o frete por kg de carga tende a ser significativamente menor.

A desvantagem da sistemática P reside principalmente no fato de que acaba conduzindo a um nível de estoque médio ligeiramente superior ao requerido pela sistemática Q.

Vamos inicialmente analisar o processo de renovação do estoque, segundo a sistemática Q. Na Fig. 8.1 é mostrada, de forma esquemática, a variação do estoque ao longo do tempo.

O nível de estoque vai baixando paulatinamente, segundo as linhas B1-A2, B2-A3, B3-A4, etc., da Fig. 8.1. Ouando o estoque atinge o nível P (pontos C1, C2, C3 da Fig. 8.1), é feito um pedido sempre com uma quantidade fixa E. Entre a formulação do pedido e o recebimento efetivo do produto no estoque, decorrerá um período de tempo T_p, conforme mostrado na Fig. 8.1. Quando o lote encomendado é efetivamente recebido no depósito (pontos A1, A2, A3 no gráfico), o estoque poderá estar no seu nível de reserva. Nesse momento, haverá um salto do ponto A1 para o ponto Bl, de A2 para B2, e assim por

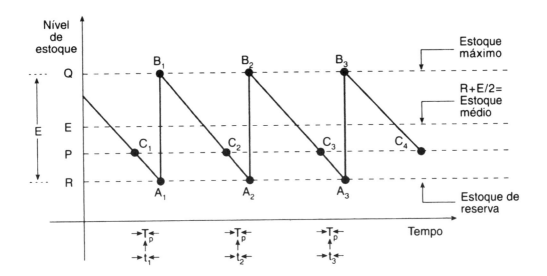

Figura 8.1 — Variação do nível de estoque de um produto qualquer

diante. O nível de estoque começa então a cair suavemente até atingir novamente o ponto de renovação.

Na sistemática Q, a quantidade E de itens encomendada em cada pedido é fixa. Já os instantes t_1, t_2, t_3, em que são efetuados os pedidos, são variáveis, pois, na prática, as linhas B1-A2, B2-A3, B3-A4, etc. não são exatamente retas, podendo oscilar ao longo do tempo.

Vamos considerar os seguintes parâmetros e variáveis:

E = quantidade de itens de um certo produto encomendada em cada pedido;

D = demanda anual, em número de itens do produto em questão;

C_P = custo para efetuar um pedido (R$);

V = valor unitário de um item do produto (R$);

j = taxa de custo financeiro mais despesas de manutenção do estoque, expressa em % anual sobre o valor da mercadoria;

C_r = custo total anual (R$);

O custo total anual é dado pela seguinte expressão:

$$Ct = \begin{bmatrix} \text{Custo para} \\ \text{efetuar} \\ \text{um pedido} \end{bmatrix} \times \begin{bmatrix} \text{Número} \\ \text{de pedidos} \\ \text{por ano} \end{bmatrix} \times \begin{bmatrix} \text{Taxa de} \\ \text{manutenção} \\ \text{do estoque} \end{bmatrix} \times \begin{bmatrix} \text{Valor} \\ \text{unitário} \end{bmatrix} \times \begin{bmatrix} \text{Estoque} \\ \text{médio} \end{bmatrix}$$

O número de pedidos realizados por ano é igual à demanda anual D dividida pelo número de unidades encomendada num pedido (E), ou seja, é igual a D/E. O estoque médio, por sua vez, conforme mostrado na Fig. 8.1, é igual a (R + E/2).

Substituindo-se esses valores na expressão acima, temos:

$$C_T = C_P * (D/E) + j * V * (R + E/2) = = C_P * (D/E) + j * V * E/2 + j * V * R$$

Desejamos encontrar o valor de E que torna mínimo o custo total C_T. Por meio de derivação da expressão acima em relação a E, chega-se ao seguinte valor ótimo:

$$E_{ot} = \sqrt{\frac{2 * D * Cr}{j \, 8v}}$$

Para exemplificar, suponhamos um produto cujo valor unitário é V= R$ 86,30, com demanda anual D = 12.000 unidades. Suponhamos que a taxa de custo financeiro seja de 20% ao ano, em termos reais, com mais 10% para cobrir os custos de conservação, vigilância, amortização do prédio, etc. (j = 0,30 ou 30% ao ano). Suponhamos também que a elaboração do pedido, pesquisa de preços, recepção, conferência, etc. custem R$ 57,14 por pedido. Substituindo-se os valores na expressão acima, tem-se:

$$E_{ot} = \sqrt{\frac{2 * 12.000 \, 8 * 57,14}{0,30 * 86,30}} = 230 \text{ itens}$$

Assim, os pedidos a serem efetuados nos pontos de renovação do estoque (pontos CI, C2, C3 da Fig. 8.1) conterão sempre uma encomenda igual a 230 itens do produto.

O número médio de pedidos por ano é obtido, dividindo-se a demanda anual D por E_{ot}. No caso temos:

$$\begin{bmatrix} \text{número médio} \\ \text{de pedidos} \\ \text{por ano} \end{bmatrix} = D / E_{ot} = 12.000 / 230 = 52$$

Para se obter o intervalo de tempo médio entre pedidos sucessivos, basta dividir 365 (dias por ano) pelo número médio de pedidos anuais.

$$\begin{bmatrix} \text{intervalo} \\ \text{médio entre} \\ \text{pedidos} \end{bmatrix} + 365 / 52 = 7 \text{ dias}$$

Deve-se notar, conforme já foi dito, que o valor de E_{ot} é fixo; o intervalo médio entre pedidos poderá variar ao longo do processo, sendo que, em média, é igual a uma semana, neste caso.

Como fixar agora o estoque de reserva? Na prática, tanto a demanda, como o tempo T_p necessário para repor o estoque são variáveis aleatórias. Assim, ao fim do período T_p, pode ocorrer um consumo acumulado maior do que a média prevista. É necessário então estabelecer um estoque de segurança ou reserva de forma a compensar essas flutuações aleatórias, evitando-se assim a falta do produto.

Seja s_d, o desvio padrão da demanda diária d. Seja S_{TP}, por outro lado, o desvio padrão do tempo T_p.

A demanda diária média *d* é simplesmente a divisão de *D* (demanda anual) por 365. Sendo D_{TP} a demanda acumulada durante os T_P dias, as seguintes expressões permitem calcular o valor médio de D_{TP} e seu desvio padrão:

$$D_{TP} = \begin{bmatrix} \text{demanda} \\ \text{média} \\ \text{acumulada} \end{bmatrix} T_P * (D/365)$$

$$s_2 = \text{variância} = T_p * sd^2 + (D/365)^2 * s^2_{TP}$$

No nosso exemplo, a demanda diária média é *d* = 12.000/365 = 32,9 itens, sendo T_P = 25 dias. Temos tambem s_d = 2,3 itens e S_{TP} = 3,5 dias. Então:

$$D_{TP} = 25 * 32,9 = 822,5 \text{ itens}$$

$$s^2 = 25 * (2,3)^2 + (32,9)^2 * (3,5)^2 = 13.391,8 \text{ e, portanto, } s = 115,7.$$

Considerando-se uma distribuição normal para representar o nível de demanda ao fim de T_P dias e admitindo um nível de confiança de 98% (vide Cap.1, item 4), a demanda máxima prevista nesse período será:

$$D_{MÁX} = D_{TP} + 2,05 * s = 822,5 + 2,05 * 115,7 = L059,7$$

Ou seja, o excesso de demanda em relação ao valor médio é 1.059,7—822,5 = 237,2. Por isso, precisamos manter um estoque de reserva de 237 unidades, de forma a evitar eventuais faltas do produto.

Pela Fig. 8.1, observamos que o nível de estoque oscila, em média, entre os pontos B1, B2, B3 e os pontos A1, A2, A3... O primeiro patamar (B1, B2, B3) é igual ao estoque de reserva *R* mais o lote padrão *E*, encomendado em cada pedido. O patamar inferior (A1, A2, A3.) corresponde ao lote de reserva *R*. Como a variação é linear, o estoque médio é igual à média entre esses dois níveis, ou seja:

$$E_M = \begin{bmatrix} \text{estoque} \\ \text{médio} \end{bmatrix} = \frac{(E+R)+R}{2} = (E/2) + R$$

Para o nosso exemplo *E* = 230 e *R* = 237. Portanto, o estoque médio E_M é igual a (230/2) + 237 = 352 unidades.

Resta ainda discutir a regra prática (e necessariamente simples) para que o encarregado efetue os pedidos nas ocasiões apropriadas. Como a entrada efetiva do produto no estoque demora T_P dias após realizado o pedido, admitimos que, no inicio do processo, deverá haver pelo menos uma quantidade suficiente para atender às necessidades nesse período, mais o estoque de reserva. No nosso caso, vimos que o consumo médio é de 32,9 itens/dia, sendo T_P = 25 dias, levando a uma expectativa de consumo igual a 32,9 * 25 = 823 itens. Somando-se esse valor com o estoque de reserva 237, chegamos ao nível de 1.060 unidades, que deve ser o estoque disponível no início do processo (data zero).

Vimos também que o lote econômico para os pedidos é de 230 peças por vez. O critério prático para renovar o estoque é, então, o seguinte:

(a) No primeiro dia, fazemos um pedido num total de 230 peças (nosso pedido padrão). Sendo S_0 o nível de estoque na data zero, estabelecemos o próximo ponto de controle no nível $S_0 - 230$.

(b) O nível de estoque é permanentemente observado até que atinja o ponto de controle $S_0 - 230$. Nesse momento, fazemos um novo pedido de 230 peças, e redefinimos o próximo ponto de controle, subtraindo 230 unidades do valor anterior: $S_0 - 230 - 230 = S_0 - 460$.

(c) Toda vez que chegar ao depósito a remessa de um pedido, adicionamos a quantidade respectiva ao nível de controle. Suponhamos, por exemplo, que o ponto de controle, num certo momento, estava fixado em $S_0 - 690$. Nesse mesmo dia, chega uma remessa com 230 unidades. Adicionamos então esse valor ao nível de controle: $S_0 - 690 + 230 = S_0 - 460$.

(d) O processo se repete sempre dessa forma, mantendo-se o registro do ponto de controle próximo e corrigindo-o sempre que houver uma alteração, conforme indicado.

Na Fig. 8.2, é mostrado o gráfico de variação do nível de estoque, renovado segundo a sistemática Q, e cobrindo um período de aproximadamente 40 dias. Nos Quadros 8.1 e 8.2, são mostrados os principais resultados obtidos por meio de simulação, segundo sistemática Q.

Deve-se notar que, no caso de econômias inflacionárias como a nossa, o tempo T_P de atendimento do pedido supera, muitas vezes, o intervalo ótimo entre pedidos sucessivos. É o que acontece no nosso exemplo em que o intervalo médio entre pedidos é de 7 dias e o

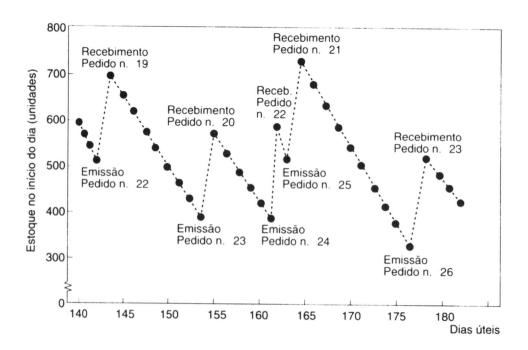

Figura 8.2 — Variação do estoque com renovação segundo sistemática "Q"

NÍVEIS DE ESTOQUE

tempo para repor o estoque, após realizado o pedido, é de 25 dias. Assim, na simulação, cada pedido é identificado por um número, possibilitando localizar rapidamente as datas de emissão do pedido e de recebimento do produto.

Muito embora a sistemática Q conduza a um nível médio de estoque um pouco menor do que a sistemática P, as empresas preferem trabalhar com a segunda pelas razões já apontadas. Vamos analisar agora os procedimentos dessa outra forma de gerenciar estoques.

O cálculo do lote ótimo E é exatamente o mesmo do caso anterior. Para o nosso exemplo, vimos que $E = 230$ itens, com intervalo médio entre pedidos igual a 7 dias. Considerando agora a sistemática P, tornamos fixos os instantes de renovação do estoque. Ou seja, toda semana, no mesmo dia, devemos checar o nível de estoque e preparar um novo pedido. Obviamente, essa periodicidade vale para nosso exemplo, sendo diferente para cada caso em particular.

O estoque de segurança é calculado de uma forma um pouco diferente da anterior. Temos de considerar agora as variações aleatórias na demanda, que ocorrem no período que vai entre um pedido qualquer e o pedido subseqüente. Temos de levar em conta também as variações na demanda que podem ocorrer no tempo necessário para atender um pedido (tempo T_P). Sendo t o período entre pedidos sucessivos (fixo) e T_P o tempo necessário para atender um pedido, a demanda acumulada ao fim do intervalo $t + T_P$ e dada por:

$$D = \begin{bmatrix} \text{Demanda média} \\ \text{acumulada ao} \\ \text{fim de } t + T_P \end{bmatrix} = (t + T_P * (D/365)$$

$$s^2 = (t + T_P) * s_d^2 + (D/365)^2 * S_{TP}^2$$

Para o nosso exemplo $t = 7$ dias, $T_P = 25$ dias, $D/365 = 32,9$ itens/dia, $s_d = 2,3$ itens e $S_{TP} = 3,5$ dias, temos então:

$$D = (7 + 25) * 32,9 = 1.052,8 \text{ itens}$$

$$s^2 = (7 + 25) * (2,3)^2 + (32,9)^2 * (3,5)^2 = 13.428,8 \text{ e portanto } s = 115,9.$$

Aplicando distribuição normal com nível de confiança de 98%, a demanda máxima prevista para o período $t + T_P$ será:

$$D_{MÁX} = D + 2,05 * s = 1.052,8 + 2,05 * 115,9 = 1.290,4$$

Ou seja, o estoque de reserva para compensar as variações aleatórias na demanda durante o período $t + T_P$ é igual a $2,05 * 115,9 = 238$ unidades. No início do processo, devemos ter no estoque 1.290 peças (isto é, o nível máximo calculado acima). Semanalmente, verificamos o nível de estoque e encomendamos uma quantidade de itens do produto igual à parte que falta para completar o nível máximo. Suponhamos, por exemplo, que num certo instante de verificação do estoque havia 1.000 peças armazenadas. O pedido deverá ser, portanto, de $1.290 - 1.000 = 290$ peças.

Na Fig. 8.3, é mostrada a variação do nível de estoque simulada, seguindo a sistemática P. Os resultados da simulação também são apresentados parcialmente nos Quadros 8.3 e 8.4. O programa executa a simulação, seguindo uma das sistemáticas analisadas, à escolha do usuário.

Quadro 8.1 Simulação de estoque, estratégia Q

Dia	Tipo operação	Quantidade	Estoque inicial	Estoque final
140	Posição do estoque		605	572
141	Posição do estoque		572	538
142	Posição do estoque		538	504
143	Recebimento de pedido n. 19	230		
143	Emissão de pedido n. 22	230		
143	Posição do estoque		504	699
144	Posição do estoque		699	665
145	Posição do estoque		665	631
146	Posição do estoque		631	596
147	Posição do estoque		596	564
148	Posição do estoque		564	533
149	Posição do estoque		533	501
150	Posição do estoque		501	473
151	Posição do estoque		473	438
152	Posição do estoque		438	405
153	Posição do estoque		405	373
154	Recebimento do pedido n. 20	230		
154	Emissão do pedido n. 23		230	
154	Posição do estoque		373	568
155	Posição do estoque		568	534
156	Posição do estoque		534	501
157	Posição do estoque		501	465
158	Posição do estoque		465	434
159	Posição do estoque		434	400
160	Posição do estoque		400	366
161	Recebimento do pedido n. 22	230		
161	Emissão do pedido n. 24	230		
161	Posição do estoque		366	565
162	Posição do estoque		565	530
163	Recebimento do pedido n. 21	230		
163	Emissão do pedido n. 25	230		
163	Posição do estoque		530	727
164	Posição do estoque		727	691
165	Posição do estoque		691	662
166	Posição do estoque		662	630
167	Posição do estoque		630	600
168	Posição do estoque		600	569
169	Posição do estoque		569	536

NÍVEIS DE ESTOQUE

Dia	Tipo operação	Quantidade	Estoque inicial	Estoque final
170	Posição do estoque		536	502
171	Posição do estoque		502	470
172	Posição do estoque		470	436
173	Posição do estoque		436	406
174	Posição do estoque		406	377
175	Posição do estoque		377	345
176	Emissão do pedido n.º 26	230		
176	Posição do estoque		345	311
177	Recebimento do pedido n.º 23	230		
177	Emissão do pedido n.º 27	230		
177	Posição do estoque		311	511
178	Posição do estoque		511	481
179	Posição do estoque		481	449
180	Posição do estoque		449	417
181	Posição do estoque		417	384
182	Posição do estoque		384	3,53
183	Posição do estoque		353	318
184	Recebimento do pedido n.º 24	230		
184	Emissão do pedido n.º 28	230		
184	Posição do estoque		318	513
185	Posição do estoque		513	480
186	Posição do estoque		480	448
187	Posição do estoque		448	414
188	Recebimento do pedido n.º 25	230		
188	Posição do estoque		414	610
189	Posição do estoque		610	578
190	Posição do estoque		578	541
191	Posição do estoque		541	509
192	Posição do estoque		509	477
193	Posição do estoque		477	442
194	Posição do estoque		442	407
195	Posição do estoque		407	370
196	Posição do estoque		370	338
197	Emissão do pedido n.º 29	230		
197	Posição do estoque		338	308
198	Posição do estoque		308	271
199	Posição do estoque		271	238
200	Recebimento do pedido n.º 27	230		
200	Emissão do pedido n.º 30	230		
200	Posição do estoque		238	434

Quadro 8.2 Resultados de simulação da evolução do estoque segundo sistemática Q

Renovação ótima de estoque	Resultados gerais
Sistemática de renovação do estoque:	Q
Intervalo de tempo coberto pela simulação:	200
Lote econômico para pedido:	230
Intervalo entre pedidos (dias):	7
Estoque de reserva:	237
Nível máximo observado de estoque:	1.060
Nível mínimo observado de estoque:	136
Estoque médio no período:	441,6

Nem sempre os níveis de estoque no armazém são passíveis de otimização da forma como foi aqui exposta. Muitas vezes, o depósito funciona como um pulmão entre o processo produtivo e a comercialização/distribuição, sem que o gerente do subsistema armazém tenha ingerência nas decisões sobre produção e vendas. É claro que alguma forma de controle deve existir. Assim, se o nível de estoque de um certo produto começar a cair muito, o gerente do depósito acionará a fábrica para atendê-lo com prioridade.

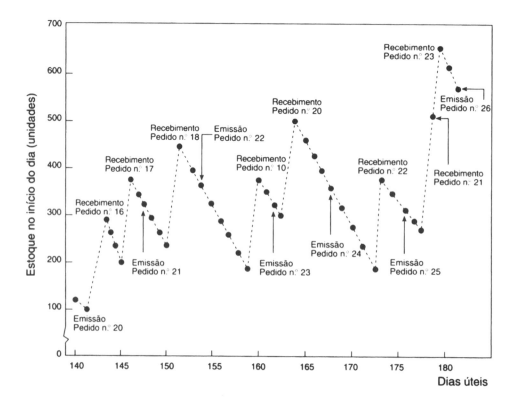

Figura 8.3 — Variação do estoque com renovação segundo sistêmica "P"

Quadro 8.3 Resultados de simulação da evolução do estoque segundo sistemática P

Renovação ótima de estoque	Resultados gerais
Sistemática de renovação do estoque:	P
Intervalo de tempo coberto pela simulação:	200
Lote econômico para pedido:	230
Intervalo entre pedidos (dias):	7
Estoque de reserva:	238
Nível máximo observado de estoque:	1.290
Nível mínimo observado de estoque:	96
Estoque médio no período:	407,9

Em geral, a descrição formal do processo de variação do estoque, com as entradas e saídas flutuando aleatoriamente e envolvendo alguma forma de controle, leva a modelos bastante complexos, exigindo conhecimentos mais avançados de Matemática e Estatística. Uma forma de contornar essa dificuldade é através da simulação do processo com o auxílio de computador. Essa técnica permite representar situações específicas, com grau de detalhamento bastante satisfatório. Os modelos de simulação são desenvolvidos caso a caso, não tendo uma formulação geral como os modelos matemáticos clássicos.

Para fins de dimensionamento das instalações físicas de um armazém (o edifício), precisamos do nível de estoque máximo previsto para o horizonte de projeto. Devemos lembrar também que a empresa tende a crescer, levando a níveis mais elevados de produção e de consumo. Definindo, no entanto, um modelo que represente razoavelmente bem as variações do nível de estoque, podemos prever os valores máximos para situações futuras, considerando para isso as projeções de produção e de demanda obtidas do setor de planejamento da empresa.

ESPAÇO FÍSICO PARA ARMAZENAGEM

A partir do estoque máximo provável para uma certa categoria de produto, podemos calcular o volume necessário para armazenar a mercadoria. Para isso, partimos do volume unitário (volume de um item do produto, incluindo embalagem), como também do peso unitário do mesmo. Multiplicando-se o volume unitário e o peso unitário pelo estoque máximo esperado (medido em número de peças), obtemos o volume total a ser reservado e o peso da carga na sua condição extrema. É comum acrescentar uma margem para futuras expansões, que pode variar de 10% a 50% do valor inicialmente previsto, dependendo das projeções, caso a caso.

Voltemos ao exemplo de cálculo de estoque visto na seção anterior deste capítulo. Suponhamos que o nível máximo provável de estoque do produto em questão seja de 1.450 unidades. Cada unidade é embalada em caixas de papelão de 36 × 36 × 36 cm. Cada caixa (unidade) tera então um volume unitário de 0,36 * 0,36 * 0,36 = 0,047 m^3. As 1.450 unidades previstas no estoque ocuparão, portanto, 0,047 * 1450 = 68,1 m^3. Cada caixa do produto pesa 19,2 kg; portanto o peso total é de 1.450 * 19,2 = 27.840 kg, ou 27,8 toneladas.

Quadro 8.4 Simulação de estoque, estratégia *P*

Dia	Tipo operação	Quantidade	Estoque inicial	Estoque final
140	Recebimento de pedido n.° 20	230		
140	Posição do estoque		131	98
141	Recebimento de pedido n.° 16	231		
141	Posição do estoque		98	293
142	Posição do estoque		293	261
143	Posição do estoque		261	229
144	Posição do estoque		229	198
145	Recebimento do pedido n.° 17	228		
145	Posição do estoque		198	389
146	Posição do estoque		389	356
147	Emissão do pedido n.° 21	234		
147	Posição do estoque		356	322
148	Posição do estoque		322	284
149	Posição do estoque		284	253
150	Recebimento do pedido n.° 18	232		
150	Posição do estoque		253	454
151	Posição do estoque		454	426
152	Posição do estoque		426	391
153	Posição do estoque		391	359
154	Emissão do pedido n.° 22	229		
154	Posição do estoque		359	323
155	Posição do estoque		323	288
156	Posição do estoque		288	252
157	Posição do estoque		252	218
158	Posição do estoque		218	182
159	Recebimento do pedido n.° 19	238		
159	Posição do estoque		182	389
160	Posição do estoque		389	359
161	Emissão do pedido n.° 23	238		
161	Posição do estoque		359	328
162	Posição do estoque		328	295
163	Recebimento do pedido n.° 20	230		
163	Posição do estoque		295	490
164	Posição do estoque		490	456
165	Posição do estoque		456	424
166	Posição do estoque		424	391
167	Posição do estoque		391	359
168	Emissão do pedido n.° 24	230		
168	Posição do estoque		359	324

ESPAÇO FÍSICO PARA ARMAZENAGEM   *155*

Dia	Tipo operação	Quantidade	Estoque inicial	Estoque final
169	Posição do estoque		324	291
170	Posição do estoque		291	254
171	Posição do estoque		254	223
172	Posição do estoque		223	189
173	Recebimento do pedido n.º 22	229		
173	Posição do estoque		189	384
174	Posição do estoque		384	348
175	Emissão do pedido n.º 25	240		
175	Posição do estoque		348	316
176	Posição do estoque		316	283
177	Posição do estoque		283	252
178	Recebimento do pedido n.º 21	234		
178	Posição do estoque		252	452
179	Recebimento do pedido n.º 23	238		
179	Posição do estoque		452	658
180	Posição do estoque		658	626
181	Posição do estoque		626	595
182	Emissão do pedido n.º 26	225		
182	Posição do estoque		595	563
183	Posição do estoque		563	533
184	Posição do estoque		533	500
185	Posição do estoque		500	466
186	Posição do estoque		466	431
187	Posição do estoque		431	402
188	Posição do estoque		402	370
189	Emissão do pedido n.º 27	225		
189	Posição do estoque		370	337
190	Posição do estoque		337	305
191	Posição do estoque		305	273
192	Recebimento do pedido n.º 24	230		
192	Posição do estoque		237	469
193	Posição do estoque		469	437
194	Posição do estoque		473	406
195	Posição do estoque		406	371
196	Emissão do pedido n.º 28	229		
196	Posição do estoque		371	340
197	Posição do estoque		340	304
198	Posição do estoque		304	271
199	Posição do estoque		271	235
200	Recebimento do pedido n.º 25	240		
200	Posição do estoque		235	438

No dimensionamento do setor de estocagem do armazém, o aproveitamento das instalações, tanto em temos de área constituída, como da cubagem necessária, vai depender do processo de movimentação escolhido e da forma como são armazenados os produtos. Certos índices, bastante utilizados nesse tipo de análise, são úteis para se comparar os níveis de desempenho das diversas alternativas.

A *densidade de ocupação* mede a quantidade líquida de produto armazenado por metro quadrado ou metro cúbico de depósito. A quantidade de produto armazenado pode ser medida em peso (kg, tonelada) ou em volume (m^3).

No nosso exemplo, as caixas são arrumadas em *pallets* de $1,10 \times 1,10 \times 1,25$m, cabendo 27 unidades num estrado. O depósito em questão tem um pé direito livre de 4,8 metros, podendo ser empilhados até 3 *pallets* na dimensão vertical. Portanto, numa pilha, abrigaremos $27 \times 3 = 81$ caixas, com um volume útil de $81 \times 0,047 = 3,81$ m^3 por pilha, e um peso líquido (não incluindo os *pallets*) de $81 \times 19,2 = 1.555$ kg.

A área ocupada pela pilha, por sua vez, é dada pelo produto das dimensões horizontais do *pallet*: $1,10 \times 1,10 = 1,21$ m^2.

A *densidade superficial de ocupação útil* é obtida dividindo-se o peso ou volume útil pela área diretamente ocupada pela carga. Ou seja, considerando-se a medida em peso:

$$d.s.o. \text{ útil} = 1.555 \text{ kg} / 1,21 \text{ m}^2 = 1.285 \text{ kg/m}^2$$

e, considerando agora o volume:

$$d.s.o. \text{ útil} = 3,81 \text{ m}^3 / 1,21 \text{ m}^2 = 3,15 \text{ m}^3/\text{m}^2$$

Na realidade, o armazém é formado não somente por pilhas do produto, como também por corredores, áreas não aproveitadas, etc. Se dividirmos o peso ou volume da carga pela área bruta ocupada, incluindo as perdas de espaço, os corredores, etc., teremos então a *densidade superficial de ocupação real*.

No nosso exemplo, cada pilha ocupa uma área bruta de piso, incluindo corredores, espaços mortos, etc., igual a 3,6 m^2. A densidade superficial de ocupação real é dada agora por:

$$d.s.o. \text{ real} = 1.555 \text{ kg} / 3,6 \text{ m}^2 = 431,9 \text{ kg/m}^2 \text{ (em peso)}$$

$$d.s.o. \text{ real} = 3,81 \text{ m}^3 / 3,6 \text{ m}^2 = 1,06 \text{ m}^3/\text{m}^2 \text{ (em volume)}$$

Da mesma forma, podemos definir uma densidade volumétrica de ocupação útil, que é a relação entre a quantidade efetiva de carga estocada (medida em peso ou em volume) pelo volume diretamente ocupado no depósito. Assim, uma pilha de 3 *pallets* no nosso exemplo, ocupa um volume igual a $3 \times 1,10 \times 1,10 \times 1,35 = 4,54$ m^3. Então:

$$d.v.o. \text{ útil} = 1.555 \text{ kg} / 4,54 \text{ m}^3 = 342,5 \text{ kg/m}^3 \text{ (em peso)}$$

$$d.v.o. \text{ útil} = 3,81 \text{ m}^3 / 4,54 \text{ m}^3 = 0,84 \text{ m}^3/\text{m}^3 \text{ (em volume)}$$

Analogamente, podemos considerar o volume bruto ocupado por uma pilha, que é igual à área bruta (3,6 m^2) vezes o pé direito (4,8 m), ou seja $3,6 \times 4,8 = 17,3$ m^3. Temos, então, a densidade volumétrica de ocupação real:

$$d.v.o. \text{ real} = 1.555 \text{ kg} / 17,3 \text{ m}^3 = 89,9 \text{ kg/m}^3 \text{ (em peso)}$$

$$d.v.o. \text{ real} = 3,81 \text{ m}^3 / 17,3 \text{ m}^3 = 0,22 \text{ m}^3/\text{m}^3 \text{ (em volume)}$$

Esses índices são úteis para efetuar comparações entre soluções alternativas, contemplando formas diversas de armazenagem, tipos de movimentação, equipamentos, etc. Um índice muito importante que permite comparar soluções alternativas é o *fator de aproveitamento*, que pode ser medido em relação à área de piso ocupada pela carga, como também em relação ao volume. O fator de aproveitamento é dado por:

$$F_s = \begin{bmatrix} \text{Fator de aproveitamento} \\ \text{de superfície} \end{bmatrix} = \frac{\text{d.v.o. real}}{\text{d.v.o. útil}}$$

$$F_v = \begin{bmatrix} \text{Fator de aproveitamento} \\ \text{volumétrico} \end{bmatrix} = \frac{\text{d.v.o. real}}{\text{d.v.o. útil}}$$

Para o nosso exemplo temos:

$$f_s = \frac{431{,}9 \text{ kg/m}^2}{1.285 \text{ kg/m}^2} = 0{,}336$$

$$f_v = \frac{431{,}9 \text{ kg/m}^2}{1.285 \text{ kg/m}^2} = 0{,}262$$

Se utilizarmos as densidades medidas em volume, os resultados serão os mesmos.

As variáveis ligadas ao *layout* e à movimentação, que constituem o pano de fundo da análise, resultam em valores diferentes de aproveitamento. No nosso exemplo, temos um aproveitamento efetivo de 34% da área constituída e 26% da cubagem do armazém, considerando apenas o setor destinado à estocagem de produtos.

Esses índices são aceitáveis? É possível melhorá-los? O objetivo de sua quantificação é exatamente comparar os resultados com situações padrões conhecidas ou relatadas na literatura especializada. A escolha final do *layout* e da forma de movimentação vai depender do cotejo das vantagens das várias alternativas com os custos e investimentos necessários em cada caso.

ARRANJO DOS DIVERSOS PRODUTOS NO ARMAZÉM

Neste ponto da análise, já definimos a cubagem necessária para armazenar os diversos tipos de produto. Dentro do armazém, no entanto, existem pontos mais acessíveis e outros mais distantes, que obrigam a movimentações mais demoradas e, por isso, mais custosas. Como, então, dividir o espaço disponível para armazenagem entre os diversos tipos de produto de uma forma racional?

O critério mais simples para isso é classificar os produtos segundo o número médio de movimentações (acesso ao estoque) previsto para um mês ou um ano. Assim, quanto mais movimentos forem realizados, mais próximo deverá ficar o produto. Supondo que a descarga da mercadoria se faça numa plataforma e o despacho noutra, é difícil, ou mesmo impossível, arranjar a carga no armazém de forma que os produtos fiquem igualmente ordenados em relação às duas plataformas. Devemos, então, eleger uma delas como referência para organizar espacialmente a distribuição dos produtos no armazém.

Na maioria das empresas, a mercadoria chega ao depósito em lotes razoavelmente grandes, muitas vezes em *pallets*. A saída, por outro lado, vai se processando de forma picada, atendendo aos pedidos que vão chegando diariamente. Isso significa que o número de vezes que um funcionário vai ao local onde o produto está estocado no armazém tende a ser bem maior no despacho que no recebimento. A grande maioria dos armazéns situa-se nessa condição mas, é claro, sempre há exceções.

Portanto, um critério usualmente satisfatório para ordenar a distribuição espacial dos produtos no armazém e classificá-los na ordem decrescente de movimentações (número de pedidos) em relação à saída. Devem ficar mais próximos da saída os produtos que apresentam maior número de movimentações e, mais longe, aqueles que são pouco movimentados.

Nem sempre o critério acima representa a melhor solução. Por exemplo, o produto mais movimentado pode precisar de um espaço muito grande, empurrando os produtos seguintes para posições muito distantes no armazém. Se colocarmos mais próximos da saída produtos que ocupam pouco volume, conseguiremos abrigar maior número de itens diversos em pontos mais acessíveis, reduzindo então o esforço geral de movimentação. Isso pode ser conseguido, juntando os dois critérios (número de movimentações e volume ocupado) num só. Para tal define-se um índice dado por:

$$I_k = V_k / P_k \ (k = 1,2,3...)$$

onde V_k é o volume necessário para abrigar o produto k (m^3), P_k é o número médio de pedidos por ano ou por mês, e I_k é o índice correspondente ao produto em questão. Quanto menor for o índice I_k, mais próximo da saída deverá ficar o produto k correspondente.

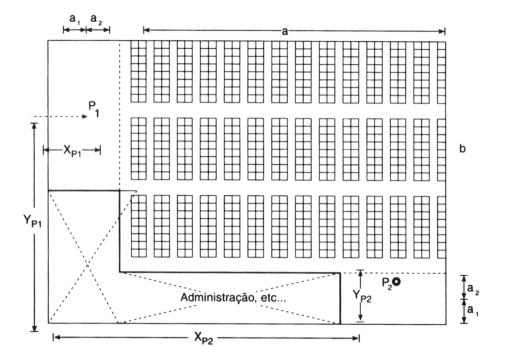

Figura 8.4 — Layout de um armazém

ARRANJO DOS DIVERSOS PRODUTOS NO ARMAZÉM

Quadro 8.5 Dados para estudo da distribuição do espaço físico para armazenamento de produtos

(a) Classe do produto	(b) Volume unitário (m³)	(c) Volume ocupado (m³)	(d) Demanda (pedidos por mês)	(e) Índice (1)
A	0,86	915	44.467	1,3
B	0 36	476	2.423	148,6
C	0,60	1.145	2.863	209,6

(1) Volume unitário dividido pelo número mensal de pedidos, e multiplicado por 1.000.000

Vamos ilustrar a aplicação desse critério com um exemplo. Na Fig. 8.4 é apresentado o *layout* de um armazém em que a carga é estocada em *pallets*, movimentados por meio de empilhadeiras. Cada célula do desenho abriga um *pallet*, podendo ser empilhados verticalmente até três estrados. O arranjo da Fig. 8.4 permite estocar 1.944 *pallets*, ou um volume útil de 2.536 m³ de carga.

Os produtos foram classificados nas categorias A, B e C, apresentando as características indicadas no Quadro 8.5. O índice I_k é calculado, dividindo-se o volume unitário (coluna b, Quadro 8.5) pelo número mensal de pedidos (coluna d). Os valores resultantes são colocados na coluna (e) do mesmo quadro.

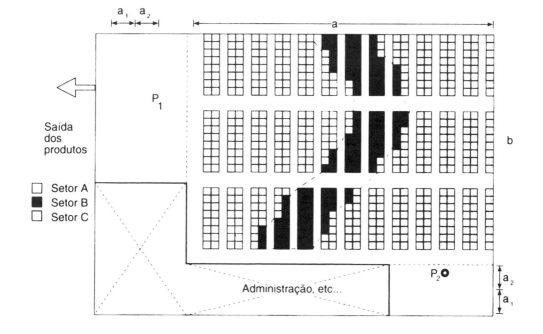

Figura 8.5 — Divisão do espaço de um armazém com saída pela face noroeste

A análise dos valores de I_k, apresentados no Quadro 8.5, mostra que os produtos da categoria A devem ficar mais próximos da saída e os da classe C mais longe, permanecendo os itens da categoria B numa posição intermediária.

Na elaboração do *layout* do armazém do nosso exemplo, a plataforma de saída da mercadoria poderá ser localizada na face noroeste do edifício ou na parte sudeste (Fig. 8.4). O centro médio de concentração da carga na primeira plataforma é representado pelo ponto P, e, na segunda, pelo ponto P_2.

Através de um programa de computador, foram calculadas as distâncias médias percorridas desde a plataforma (ponto P_1 ou P_2) até cada uma das células representadas no desenho. Depois de calculadas as distâncias, as células são ordenadas segundo esse parâmetro. Finalmente, o espaço disponível no armazém é dividido na proporção dos volumes requeridos para cada categoria de produto. Por exemplo, a classe A ocupa um volume de 915 m³ (coluna c, Quadro 8.5) ou 36% do total, e assim por diante.

Os resultados são indicados graficamente nas Figs. 8.5 e 8.6. No primeiro caso, a ordenação dos produtos é feita em relação ao ponto P, (saída pela ala noroeste) e, no segundo, em relação ao ponto P_2 (ala sudeste).

Ponderando-se as distâncias percorridas para acessar cada célula do armazém, pelo número respectivo de pedidos (coluna d, Quadro 8.5), o computador calcula o percurso médio global para cada caso. Para a primeira configuração (saída pela ala noroeste), a distância média percorrida é de 31,0 m, enquanto para a segunda (saída pela face sudeste), o percurso médio é de 29,2 metros.

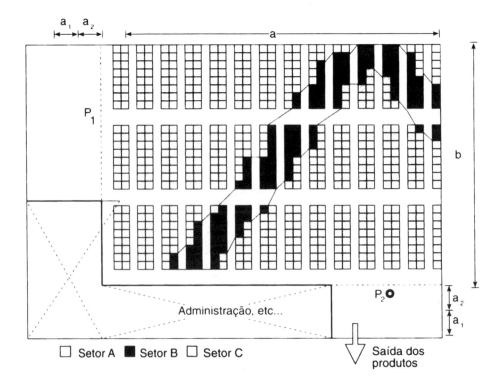

Figura 8.6 — Divisão do espaço de um armazém com saída pela face sudoeste

Esse tipo de análise pode ser realizado para estudar comparativamente *layouts* diversos, como também para quantificar as necessidades de movimentação (pessoal, equipamentos) e respectivos custos.

FORMAS DE MOVIMENTAÇÃO E ARMAZENAGEM

Após o desembarque na doca, os produtos são transferidos até o ponto do depósito onde ficarão armazenados. Na saída, ocorre a operação inversa: o produto é tirado da célula onde está armazenado (prateleira, gaveta, *pallet*, etc.), sendo movimentado até a doca de despacho. As opções para movimentação de produtos envolvem combinações múltiplas em termos de equipamentos, formas de operação, etc.

Na Fig. 8.7, é mostrado um diagrama das combinações mais utilizadas na prática, em termos de movimentação de materiais. A primeira grande divisão envolve um aspecto muito importante na concepção e operação de um armazém, que é a *utilização ou não da dimensão vertical* na estocagem de produtos.

Consideramos que há apenas *movimento horizontal* quando as unidades deslocadas (*pallets*, caixas, sacas) são dispostas nos seus locais de destino por um homem, sem a ajuda de equipamentos de elevação. Ou seja, a colocação e retirada dos itens é feita diretamente pelo homem, o que implica em alturas de estocagem compatáveis com essa condição.

As soluções que implicam em *movimentação vertical*, além da horizontal, pressupõem o uso de equipamentos apropriados, tais como empilhadeiras, transelevadores, pontes rolantes, etc.

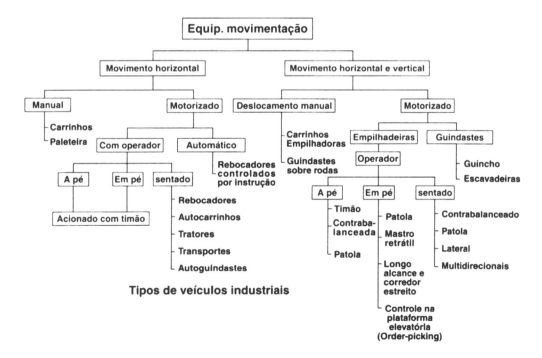

Figura 8.7 — Classificação dos equipamentos de movimentação de materiais

Outra grande divisão nos tipos de movimentação refere-se ao uso ou não de equipamentos motorizados. No *deslocamento manual*, o indivíduo transporta a carga nos braços, em carrinhos, paleteiras, etc., mas toda a movimentação é feita com suas próprias forças. O outro grupo, que corresponde à movimentação motorizada, pressupõe o emprego de equipamentos acionados por motores elétricos ou de combustão interna (gasolina, gás, etc.).

Outra forma de encarar o processo de movimentação num armazém é a *ocorrência ou não de automação*. No Brasil, a maioria dos armazéns não é automatizada, isto é, a colocação ou busca de um item no local de estocagem é feita pelo homem, com o auxílio ou não de equipamentos mecânicos. Nos armazéns automatizados há uma central de controle remoto, que comanda a movimentação de transelevadores (ou outro tipo de equipamento) sem a interveniência direta do homem.

Na Fig. 8.8, é mostrado o equipamento mais simples de movimentação manual de volumes: o carrinho-de-mão. É usado na grande maioria dos armazéns para deslocamento horizontal de caixas, sacas, etc.

Para mercadorias arranjadas em *pallets*, o deslocamento manual se faz com o auxílio de paleteiras (Fig. 8.9). Uma alavanca permite abaixar a plataforma da paleteira de forma a encaixá-la debaixo do estrado. Acionando a alavanca, o estrado é levantado, podendo então o conjunto ser deslocado sobre os rodízios da paleteira.

Para acessar manualmente prateleiras mais altas, podem ser usadas escadas móveis sobre rodas (carrinho-escada) conforme mostrado na Fig. 8.10.

Dos equipamentos mecânicos mais utilizados, cabe destaque à empilhadeira, que permite deslocar *pallets* e grandes volumes tanto horizontal como verticalmente (Fig. 8.11). Os tipos de empilhadeiras variam muito. A mais comum é a *empilhadeira frontal*, em que a carga movimentada é balanceada por um contrapeso existente na parte traseira do equipamento. A carga é apanhada na parte da frente, o que obriga a manobras nos corredores

Figura 8.8 — Carrinho-de-mão para volumes

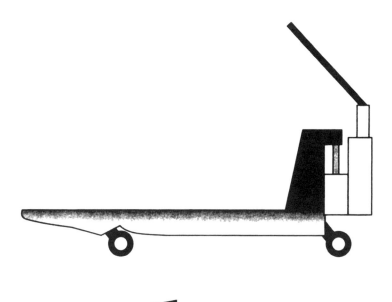

Figura 8.9 — Paleteira

Figura 8.10 — Carrinho-escada

para acessar os pontos de estocagem em movimentos perpendiculares às estantes. As *empilhadeiras laterais* transportam a carga no lado, facilitando o deslocamento de produtos de comprimento grande (tubos, por exemplo), além de permitir melhor aproveitamento da superfície de armazenagem (corredores mais estreitos). Um tipo mais sofisticado é a *empilhadeira trilateral*, que permite movimentação para a frente e para trás, deslocamento lateral e movimentação vertical. Esse tipo de empilhadeira requer menos espaço de corredores, melhorando a densidade real de ocupação do armazém.

Antes de selecionar e adquirir uma empilhadeira, é muito importante analisar cuidadosamente suas especificações técnicas. Uma característica básica é o gráfico de capacidade, que fornece a carga máxima que pode ser levantada (em kg) em função da

Figura 8.11 — Empilhadeira

distância do centro de carga à face dos garfos verticais. Outra característica importante está ligada às diversas alturas atingidas com os garfos.

A *altura total — abaixado* corresponde à distância do solo à parte superior do montante, com os garfos totalmente abaixados e o montante na posição vertical (Fig. 8.12a). Essa característica é importante para verificar as condições de acesso da empilhadeira ao local de trabalho, devendo ser verificadas as alturas livres de portas e outras obstruções eventuais, de forma a garantir a passagem do equipamento.

A *altura máxima — elevado* corresponde à situação limite de elevação vertical dos garfos, com e sem protetor de carga (Fig. 8.12 b). Finalmente, é importante também analisar a *altura máxima dos garfos* (Fig. 8.12b), medida na sua face superior, e que permite avaliar a altura máxima da superfície em que poderá ser colocado um *pallet* ou um volume com o auxílio do equipamento.

Há ainda outras características das empilhadeiras que devem ser consideradas na sua seleção e posterior aquisição: estabilidade estática e dinâmica com máxima carga, velocidade de elevação e descida, habilidade de vencer rampas, raios de giro nas curvas, etc.

Outra forma de movimentação de materiais muito utilizada para determinados tipos de produtos é constituída pelos equipamentos suspensos, tais como pontes rolantes, monovias, talhas, etc. Esse tipo de equipamento é normalmente utilizado para movimentar materiais pesados e/ou volumosos.

A ponte rolante é constituída por uma viga de aço que se movimenta sobre trilhos elevados ao longo do depósito. São normalmente dotadas de uma talha que permite elevar a carga e deslocá-la horizontalmente, tanto no sentido longitudinal como no transversal.

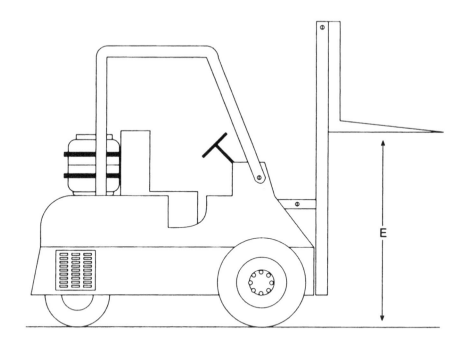

Figura 8.12 — Dimensões operacionais de empilhadeiras

Há também a ponte rolante empilhadeira que combina as características de ambos os equipamentos. Esse tipo de equipamento realiza quatro movimentos: longitudinal, transversal, ascendente/descendente e giratório.

Uma forma alternativa e o transelevador, que é uma torre rolante dotada de uma plataforma (empilhadeira) que desliza no sentido vertical. Garfos telescópicos, quando acionados, penetram lateralmente nas prateleiras para colocar ou retirar *pallets*. A grande vantagem do transelevador é a economia de espaço que se obtém através da redução da largura dos corredores. Além disso, permite ao operador um controle mais estreito das operações, porque a cabina de comando acompanha o movimento da carga, subindo com ela até o ponto de carga/descarga.

Outros tipos de equipamento de movimentação são também utilizados na prática. O leitor interessado em maiores detalhes deve consultar a literatura especializada.

FORMAS DE ARMAZENAGEM

A armazenagem de produtos se apóia, atualmente, no conceito de garantia plena de mobilidade, tanto para os equipamentos de movimentação como para os materiais estocados. Ou seja, evitam-se soluções fixas, que não permitem alterações no *layout*, quando necessárias, dando-se preferência por esquemas flexíveis, em que a rápidez e a facilidade de acesso são aspectos fundamentais. Assim, o antigo almoxarifado, dotado de prateleiras fixas, tem sido substituído por estruturas fácilmente desmontáveis, que permitem rearranjos sempre que forem precisos.

O tipo mais comum de estrutura para armazenagem de produtos é formado por cantoneiras metálicas perfuradas, dotadas de prateleiras com altura regulável, feitas em chapa de aço dobrada. Esse tipo leve de prateleira metálica permite armazenar unidades com até 35 kg e 0,5 m^3 de cubagem, sem o auxílio de equipamentos.

Outro tipo semelhante, porém mais robusto, é a estrutura porta-estrados, metálica, que permite a estocagem de *pallets* em alturas diversas. O porta-estrado típico possui vigas fixadas nas colunas, onde se apóiam os *pallets*. Há os porta-estrados com profundidade simples, em que todos os *pallets* estocados ficam em contato direto com um corredor. O porta-estrado com dupla profundidade, por outro lado, permite estocar dois *pallets* numa determinada posição. Um dos p*allets* ficará ao fundo da estrutura, exigindo empilhadeiras especiais de maior alcance para movimentá-lo. Esse tipo de arranjo aumenta a densidade de estocagem, pois há uma diminuição sensível do número de corredores. No entanto, o acesso ao p*allet* posterior é prejudicado, fazendo com que a primeira unidade armazenada acabe sendo consumida por último.

Para evitar esse tipo de problema e agilizar as operações, criou-se um tipo de estrutura que permite a rolagem natural dos *pallets*, de forma a gerar uma renovação dinâmica no consumo do produto estocado. Os *pallets* são colocados num dos lados da estrutura; a retirada dos estrados é feita pelo lado oposto. Toda vez que um *pallet* é retirado, o conjunto restante desliza por força da gravidade, renovando dinamicamente o estoque na ponta de saída. Isso permite que a mercadoria seja utilizada na ordem correta (primeiro a chegar, primeiro a sair), mas exige *pallets* de modelo especial e um cuidadoso projeto do processo mecânico (roletes, tamanho da pista, declividade, etc.).

Uma forma de armazenagem mais sofisticada, idealizada para melhor aproveitamento da superfície do depósito (maior densidade superficial de ocupação) é constituída por *estruturas móveis*, em que o espaço é utilizado de forma quase compacta. As prateleiras permanecem encostadas umas as outras, existindo apenas um corredor cuja posição é ajustada sempre que necessário. As estruturas que suportam as prateleiras e *pallets* são apoiadas em rodas que se movem em trilhos embutidos no pavimento. Quando se deseja acessar uma determinada estante, move-se o conjunto por meio de um motor (ou, em alguns casos, manualmente), abrindo-se um corredor na posição desejada. Esse sistema é usado quando se precisa armazenar grandes quantidades de produtos, em prédios com restrições severas de espaço. É necessário também que a freqüência de movimentação seja relativamente pequena.

Tanto a movimentação como a armazenagem de materiais constituem um capítulo a parte dentro dos estudos logísticos, tendo em vista a grande variedade de soluções e as características específicas dos equipamentos e dos diversos tipos de operação. Neste texto, procuramos apenas tocar nos pontos principais, remetendo o leitor interessado à bibliografia mais especializada.

9 DISTRIBUIÇÃO FÍSICA DE PRODUTOS

A DISTRIBUIÇÃO FÍSICA HOJE

Nos dias atuais, a distribuição física de produtos passou a ocupar um papel de destaque nos problemas logísticos das empresas. Isso se deve, de um lado, ao custo crescente do dinheiro (custo financeiro), que força as empresas a reduzir os estoques e a agilizar o manuseio, transporte e distribuição de seus produtos.

Mas há outros fatores importantes que não podem ser esquecidos. A concorrência entre as empresas tem exigido melhores níveis de serviço no atendimento aos clientes. Essa melhora na qualidade é traduzida na prática de formas diversas: entrega mais rápida, confiabilidade (pouco ou nenhum atraso em relação ao prazo estipulado), existência do tipo desejado de produto na hora da compra (tipo, cor, etc.), segurança (baixa ocorrência de extravios, produtos sem defeitos), etc.

Por outro lado, o esquema produtivo no mundo moderno está tendendo cada vez mais para a diversificação da produção. No começo da indústria automobilística nacional, no fim da década de 50, os automóveis de cada marca eram constituídos praticamente por um único tipo de produto. Os Volkswagens fabricados naquela época vinham sem acessórios, as cores disponíveis eram poucas e o motor era de tipo único. Hoje, ao contrário, os veículos incorporam motores de potência diferente, transmissões diversas (4 ou 5 marchas, transmissão automática), acessórios variados de fábrica, etc., aumentando em muito o leque de componentes. Isso gera maiores custos de estoque, maior número de funcionários para controle e administração, etc.

Nos EUA, esses problemas chegaram a tal ponto que muitas empresas passaram a adotar novas formas de comercialização e distribuição de um grande número de produtos, objetivando a redução dos custos logísticos. Uma forma de comercialização que se alastrou nos últimos anos, naquele país, foi as compras via telefone ou correio, sendo as entregas efetuadas por meio de empresas especializadas em carga parcelada (Federal Express, United Parcel Service, DHL, etc.). O comprador vê o anúncio do produto numa revista, num jornal ou na televisão. Disca um número de telefone de chamada gratuita (*toll free*) e faz sua encomenda. O produto lhe é entregue dois ou três dias depois, em sua casa, por meio de uma das empresas transportadoras de carga fracionada. Com esse sistema, o fabricante ou comerciante mantém um estoque centralizado bem menor e elimina intermediários e outros problemas operacionais. É claro que um sistema desses pressupõe a existência de serviços de coleta/distribuição muito eficientes e cobrindo todo o território nacional. As maiores empresas de distribuição de carga fracionada nos Estados Unidos possuem grandes frotas de caminhões, aeronaves próprias, centrais computadorizadas, etc. e faturam na faixa de bilhões de dolares anuais. Em 1988, foram registrados quase 300 milhões de despachos naquele país, ilustrando uma situação avançada e muito particular. As condições brasileiras, que ainda são relativamente modestas, tendem a evoluir rapidamente, o que nos obriga a preparar o caminho para garantir futuramente o apoio logístico necessário.

Problemas mais ou menos sérios de distribuição física de produtos são comuns no caso brasileiro, envolvendo desde o planejamento e projeto dos respectivos sistemas (frota, depósitos, coleta, transferência, distribuição, etc.), até sua operação e controle. São exemplos típicos de distribuição física: abastecimento de lojas com eletrodomésticos a partir da fábrica ou do depósito central; distribuição de produtos de consumo em pontos de varejo (cigarros, bebidas, massas e biscoitos, etc.); entrega domiciliar de gás engarrafado (GLP); entrega de jornais e revistas em bancas e residências; distribuição de remédios em farmácias e drogarias, etc.

Neste capítulo, vamos abordar alguns tópicos básicos do problema de distribuição física de produtos.

NÚMERO DE ZONAS, PERIODICIDADE E FROTA NECESSÁRIA

Vamos considerar o caso de uma empresa que distribui seus produtos a partir de um depósito, atendendo a uma determinada região. Normalmente, a região atendida é subdividida em zonas de entrega, cujo dimensionamento será discutido mais adiante, neste capítulo.

Cada zona de entrega é atendida por um veículo, com uma periodicidade prefixada. Por exemplo, a zona 1 pode ser visitada toda segunda-feira, a zona 2, toda terça-feira, e assim por diante. A periodicidade da entrega pode ser semanal, diária, quinzenal, mensal, etc., dependendo das características específicas de cada caso. A escolha do período em que as visitas se repetem vai depender basicamente de dois fatores antagônicos: de um lado, o atendimento ao cliente, que se sente melhor atendido quando as entregas são mais freqüentes; de outro, o custo do transporte para o distribuidor, que é levado a operar com carregamentos maiores para seus veículos, sendo obrigado a espaçar mais os intervalos entre visitas sucessivas.

Há casos em que o veículo pode executar mais de um roteiro de entrega por dia. Nessa situação, ele volta ao depósito, é carregado novamente e vai atender outra zona.

Nos problemas de distribuição física, é importante conceituar a relação existente entre o número necessário de veículos, a periodicidade das visitas, o número de zonas e o número de clientes atendidos por roteiro.

Seja:

m = número de zonas em que a região deve ser dividida;

t = período de atendimento aos clientes, isto é, o intervalo de tempo entre visitas sucessivas. Por exemplo, para visitas diarias $t = 1$; para visitas semanais $t = 7$, etc.

T = total de dias úteis na semana (usualmente, trabalha-se aos sábados, levando a $T = 6$ dias úteis/semana).

n_R = número de roteiros que um veículo pode fazer por dia, visitando uma zona em cada viagem.

n_V = número de veículos em operação na frota de distribuição.

q = número de paradas ou visitas por roteiro, podendo ser para coleta ou entrega de produtos.

N = número total de pontos a serem visitados num período t.

O número de zonas em que a região é dividida corresponde ao número de roteiros diversos executados no período t. Em cada roteiro, são atendidos q pontos de parada. Então:

$$m = N / q \qquad (9.1)$$

Um veículo de distribuição trabalha T dias úteis por semana. Realizando n_R roteiros por dia, fará então $n_R * T$ roteiros por semana. Durante um período t, medido em semanas, realizará então um total de roteiros dado por:

$$n_R * T * (t / 7) \qquad (9.2)$$

Como cada zona está associada a um roteiro de entrega ou de coleta, o número de veículos necessários é dado então pela divisão de (9.1) por (9.2):

$$nv = \frac{m}{n_R * T * (t/7)} \qquad (9\text{~}3)$$

Quando a freqüência de atendimento aos clientes for diária, a expressão (9.3) fica mais simples:

$$n_V = m / n_R \qquad (9.4)$$

Suponhamos, por exemplo, que a região atendida tenha um total de 3.600 pontos a serem visitados com freqüência bissemanal ($t = 14$ dias). Cada roteiro compreende 20 pontos de parada, em média. O número de zonas é então:

$$m = 3.600/20 = 180 \text{ zonas}$$

Supondo que cada veículo realize dois roteiros por dia, operando 6 dias por semana, temos:

$$n_v = \frac{180}{2 * 6(14/7)} 7,5 \text{ veículos}$$

Somos obrigados a arredondar o resultado para 8 veículos. Mas, ao fazer isso, o número de zonas vai aumentar e o número de pontos de parada vai diminuir. Da equação (9.3), tiramos:

$$m = n_V * n_R * T * (t / 7) \qquad (9.5)$$

Substituindo-se $n_V = 8 * n_R = 2$, $T = 6$, e $t = 14$ em (9.5), obtemos:

$$m = 8 * 2 * 6 * (14 / 7) = 192$$

Temos, então, 192 zonas em lugar das 180 anteriormente calculadas. Considerando-se agora a expressão (9.1), tiramos:

$$q = N / m = 3.600 / 192 = 18,7$$

Assim, em cada roteiro serão atendidos, em média, 18,7 clientes (número de paradas para entrega ou coleta).

DISTÂNCIA PERCORRIDA E TEMPO DE CICLO

Cada roteiro de visitas é constituído pelos seguintes componentes (Fig 9.1):

(a) Um percurso desde o depósito até a zona de entrega;
(b) Percursos diversos entre pontos de parada sucessivos, dentro da zona de entrega;
(c) Paradas nos clientes para coleta ou entrega dos produtos;
(d) Percurso de retorno, desde a zona de entrega até o depósito.

Vamos analisar primeiramente a distância percorrida pelo veículo num roteiro típico. Seja $d0$ a distância entre o depósito e a zona de entrega. Assim, os percursos de ida e volta até a zona de entrega perfazem um total de 2 * $d0$ quilômetros.

Uma forma aproximada de estimar a distância total percorrida dentro da zona de entrega (Novaes, ver referências) é através da seguinte fórmula:

$$dz\ k * \alpha \sqrt{A * q} \qquad (9.6)$$

onde:

d_z = distância total percorrida dentro da zona (km)
A = área da zona, em km^2
q = número de pontos visitados na zona
α = coeficiente de correção que transforma distância em linha reta (euclidiana) em distância real
k = coeficiente empírico

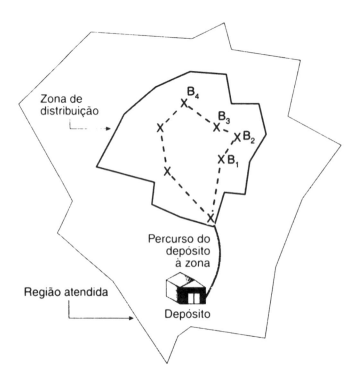

Figura 9.1 — Esquema típico de um sistema de distribuição

O coeficiente k foi ajustado empiricamente por pesquisadores diversos, obtendo-se o valor $k = 0,765$. Já o coeficiente α leva em conta os efeitos das sinuosidades das vias (ruas, estradas) e do tráfego (ruas com uma mão de direção, etc.) na distância percorrida. Na Fig. 9.2, é mostrado o significado do coeficiente de correção α. Tomando dois pontos quaisquer A e B, a distância euclidiana (linha reta) entre eles é representada por AB. Suponhamos que o percurso real entre A e B corresponda a uma distância d. Obviamente, d é igual ou maior do que AB. O coeficiente α é calculado, dividindo-se d por AB, e como $d >\, = AB$, o valor de α será sempre igual ou maior que a unidade.

Para se ter uma medida representativa de α, é conveniente levantar um conjunto razoavelmente grande de pares de pontos, calculando-se para cada par a distância em linha reta (AB) e o percurso real ao longo do sistema viário (d). Sejam ABi e di os valores de AB e d encontrados para o par i ($i = 1,2,3$). A fórmula estatística que permite calcular α é a seguinte:

$$\alpha \left(\sum_i \overline{ABi} * di \right) / \left(\sum_i \overline{ABi}^2 \right) \tag{9.7}$$

No Quadro 9.1, são apresentadas as distâncias euclidianas (em linha reta) e reais medidas entre 10 pares de pontos escolhidos ao acaso, na cidade de São Paulo. São pontos situados não muito distantes entre si (distância média real em torno de 3,4 km). No Quadro 9. 1, é mostrado o ajuste do coeficiente α para esse caso, tendo sido obtido o valor $\alpha = 1,52$.

$$\alpha = (\sum ABi * di) / (\sum AB^2) = 1,52 \tag{9.8}$$

Quando a distância entre os pares de pontos aumenta, o valor de α tende a cair, porque os efeitos das sinuosidades e restrições de trânsito passam a ser menos significativos. Na literatura especializada, é comum se adotar um valor de α igual a 1,35 para distribuição urbana, considerando-se, para isso, um levantamento suficientemente grande de pares de pontos e com distâncias bastantes variadas entre si.

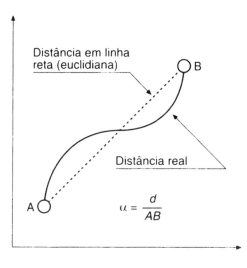

Figura 9.2 — Relação entre distância real e distância euclidiana

Quadro 9.1 Cálculo do coeficiente α para dez pares de pontos situados na cidade de São Paulo

Par A, B	Distância em linha reta (AB) (km)	Distância real (d) (km)	Alpha	AB * d	AB²
1	3,0	4,1	1,37	12,3	9,0
2	1,6	2,0	1,28	3,2	2,6
3	3,9	5,1	1,31	19,9	15,2
4	1,1	2,3	2,01	2,6	1,3
5	1,2	1,7	1,36	2,1	1,5
6	1,6	1,9	1,20	3,0	2,6
7	2,6	4,0	1,53	10,4	6,8
8	1,6	2,7	1,71	4,3	2,6
9	2,2	3,2	1,44	7,0	4,8
10	3,1	6,6	2,17	20,5	9,6

média AB = 2,2 km
média d = 3,4 km

$$\alpha \left(\sum_i ABi * di \right) / \left(\sum_i ABi^2 \right) = 1,52$$

Para deslocamentos regionais na rede rodoviária, Novaes (ver referências) encontrou o valor $\alpha = 1,11$ ao analisar 110 ligações no Estado de São Paulo, considerando pares de pontos distanciados a mais de 60 km entre si.

A distância total percorrida num roteiro é dada, então, pela soma das distâncias do depósito à zona e vice-versa, mais a distância percorrida dentro da zona:

$$D = 2 * d_o + d_z = 2 * d_o + k * a * \sqrt{A * q} \qquad (9.8)$$

Suponhamos, no nosso exemplo anterior, que a região atendida tenha 830 km² de área. Havendo 192 zonas, e cada uma terá, em média, 4,32 km² de área. A distância média entre o depósito e as zonas é igual, no exemplo, a 11,3 km (dado do exemplo). Em cada zona, são atendidos, em média, $q = 18,7$ pontos. Adotando $\alpha = 1,52$ e $k = 0,765$, obtemos o percurso estimado para um roteiro de entregas qualquer:

$$D = 2 * 11,3 + 0,765 * 1,52 * \sqrt{4,32 * 18,7} = 33,0 \text{ km}$$

Para estimar o tempo médio de ciclo, isto é, o tempo necessário para realizar um roteiro completo de entregas (ou coletas), consideramos adicionalmente as seguintes variáveis:

v_o = velocidade média no percurso entre o depósito e a zona, e vice-versa (km/h);

v_z = velocidade média no percurso dentro da zona de entrega (km/h);

t_p = tempo médio de parada em cada ponto visitado (minutos);

O tempo de ciclo, em horas, é dado por:

$$T_c = \frac{2*d_o}{V_o} + \frac{d_z}{V_z} + \frac{t_P}{60} * q \qquad (9.9)$$

No nosso exemplo (distribuição urbana) v_o = 30 km/h, v_z = 27 km/h e t_p = 7,5 minutos. O tempo estimado de ciclo é dado então por:

$$T_c = (2 * 11,3 / 30) + (10,4 / 27) + (7,5/60) * 18,7 = 3,5 \text{ horas}$$

No dimensionamento de um sistema de distribuição física, é necessário considerar ainda alguns aspectos importantes.

Em primeiro lugar, no caso de regiões relativamente grandes atendidas por um único depósito, há zonas próximas do armazém e outras bem mais distantes. Os veículos, no segundo caso, gastam um tempo significativamente maior para se deslocar do depósito à zona, e vice-versa. Isso faz com que a produção dos veículos de distribuição nas zonas mais afastadas, medida em número de clientes visitados por viagem, seja menor que a produção dos caminhões que atendem as zonas mais próximas. É necessário assim um ajuste compensatório, aumentando-se as áreas das zonas mais próximas e diminuindo-se as das zonas distantes.

Outro aspecto a considerar e a natureza probabilística do tempo de ciclo. Como ele é formado pela soma de um número relativamente grande de segmentos, o resultado final (valor de T_c) pode apresentar variações apreciáveis em torno da média (ou seja, o desvio padrão é relativamente alto). Quando isso ocorrer, é preciso analisar com cuidado a variação do tempo de ciclo T_c de forma a evitar que haja, de um lado, excesso de horas de trabalho para a tripulação (motorista e ajudante) e, de outro, jornadas diárias muito curtas. É necessário dimensionar com cuidado o tamanho das zonas, a capacidade dos veículos e o número de pontos a serem visitados em cada roteiro, de forma a evitar esses tipos de problema.

A capacidade física dos veículos é um dos aspectos que devem receber a devida atenção no dimensionamento de sistemas de distribuição física de produtos. A capacidade física pode se manifestar em termos de *peso* ou de *volume*. O primeiro caso ocorre para cargas de densidade mais elevada e, o segundo, para mercadorias leves. Algumas vezes, quando o produto é acondicionado de forma homogênea, em *pallets*, em caixas uniformes, em sacas, etc., a capacidade é expressa, na prática, por meio dessas unidades. Por exemplo, a capacidade de um caminhão que distribui botijões de gás GLP de 13 kg pode ser expressa através do número máximo de unidades carregadas que pode transportar.

Quando o veículo não for bem dimensionado para a distribuição dos produtos específicos da indústria ou da empresa comercial em questão, poderão ocorrer situações insatisfatórias. Por exemplo, se o veículo estiver superdimensionado, a tendência é aumentar o número de clientes visitados por rota. Mas isso poderá estourar o tempo máximo de trabalho diário da tripulação, com efeitos negativos em termos de produtividade, relações trabalhistas, etc. Se o veículo estiver subdimensionado, poderá haver sobras inesperadas de mercadoria no depósito, obrigando à realização de viagens extras (de custo mais elevado) ou deixando a carga para a viagem seguinte, o que prejudica o nível de serviço oferecido aos clientes.

COLETA E DISTRIBUIÇÃO

O transporte de carga parcelada nos moldes modernos exige atenção especial no que diz respeito aos prazos de entrega. Nessas condições, as principais rotas atendidas devem operar com freqüências diárias nas transferências entre depósitos. Esses depósitos funcionam como centralizadores da carga de diversos clientes, através da coleta ou da recepção das mercadorias. A consolidação da carga nesses armazéns permite que se formem carregamentos completos maiores, que são transferidos para outros centros de distribuição, para posterior entrega aos destinatários.

Na Fig. 9.3, é mostrado, de forma esquemática, o processo de coleta, transferência e distribuição típico. Na cidade de origem (cidade A na Fig. 9.3), é realizada a apanha da carga nos diversos clientes por meio de roteiros diversos percorridos por veículos coletores. A mercadoria é recebida no depósito 1, sendo feita a triagem da mesma em função dos vários destinos (corredores) servidos pelo sistema.

Da cidade A para a cidade B, a mercadoria é transferida, em veículos adequados para tráfego de longa distância (muitas vezes interestadual), para a cidade B, sendo descarregada no depósito 2 (Fig. 9.3). Nova triagem é feita de acordo com os roteiros de entrega locais. Finalmente, a mercadoria é entregue aos seus destinatários finais na cidade B, por meio de um sistema de distribuição local.

Nos processos de coleta e de entrega, devem ser utilizados veículos adequados a esse tipo de operação, considerando aspectos tais como capacidade física, potência, facilidades de manobra, acesso ao compartimento de carga, etc. Maiores detalhes sobre a escolha do equipamento e sobre o dimensionamento da frota serão dados no exemplo apresentado logo adiante neste capítulo.

Nas transferências, são normalmente utilizados veículos de maior capacidade. São usualmente empregados caminhões tipo *truck* (com eixo traseiro adicional e 12.000 kg de capacidade) ou carretas, estas com capacidade na faixa de 18.000 a 25.000 kg.

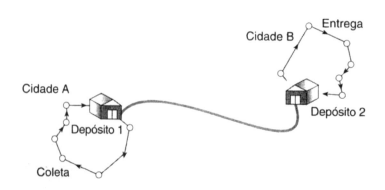

Figura 9.3 — Esquema típico de coleta, transferência e distrbiuição

PRAZOS

O esquema descrito na secção anterior, e representado na Fig. 9.3, reflete uma situação padrão. Na prática, pode ocorrer mais de uma transferência entre depósitos antes que a mercadoria seja efetivamente distribuída localmente. A carga é apanhada no cliente-origem pela filial mais próxima ao local em que esse está estabelecido. A mercadoria é então conduzida até o depósito da filial (processo de coleta). Desse depósito, ocorre uma transferência até outro depósito local. Nova triagem é realizada, sendo a mercadoria transferida para outro terminal, e assim por diante, até chegar à filial mais próxima à localidade de destino final. Nesse depósito, é feita a triagem segundo os roteiros de entrega, efetuando-se, então, a distribuição aos diversos pontos de destino (clientes).

Dessa forma, o prazo total de entrega, de porta a porta, é composto pela soma dos seguintes tempos:

(a) Tempo reservado para a coleta na localidade de origem;
(b) Tempo de transferência entre depósitos trocais, intermediários, situados ao longo da rota;
(c) Tempo reservado à descarga, triagem, espera e ao carregamento em cada depósito da rota;
(d) Tempo de distribuição local.

Apresentamos, a seguir, alguns exemplos típicos. Inicialmente vamos analisar uma rota bastante longa, ligando Porto Alegre a Manaus. Dois depósitos intermediários são utilizados: São Paulo e Belém. A coleta em Porto Alegre é normalmente executada pela manhã. Às 14 horas sai um caminhão carregado, transferindo a carga para o terminal de São Paulo. Essa transferência pode se realizar em aproximadamente 18 horas, com revezamento de motoristas e sem paradas intermediárias para pernoite ou descanso (os motoristas dormem a bordo).

No terminal de São Paulo, é gasto um dia para descarga, triagem e novo carregamento. De São Paulo a Belém, são 3 dias de viagem direta noutro veículo. No terminal de Belém, a carga permanece por 3 dias, em média, à espera de transferência, seguindo o Rio Amazonas. Esse percurso consome 8 dias de viagem. Em Manaus, é gasto mais um dia para distribuição local. Temos então a seguinte composição de tempos:

(a)	Coleta em Porto Alegre e transferência para São Paulo	1 dia
(b)	Permanência no terminal de São Paulo	1 dia
(c)	Transferência São Paulo—Belém	3 dias
(d)	Permanência em Belém	3 dias
(e)	Transferência Belém—Manaus	8 dias
(f)	Distribuição em Manaus	1 dia
	Total:	17 dias

Vamos analisar agora o prazo de transferência e distribuição de mercadoria coletada em Curitiba e entregue em Fortaleza. A coleta e a transferência para o terminal de São Paulo consomem um dia. Em São Paulo, gasta-se um dia para descarga, triagem, etc. De São Paulo a Fortaleza, a viagem consome 3 dias. Finalmente, é gasto um dia adicional para a distribuição local. Resumindo:

(a) Coleta em Curitiba e transferência para São Paulo	1 dia
(b) Permanência no terminal de São Paulo	1 dia
(c) Transferência São Paulo—Fortaleza	3 dias
(d) Distribuição local em Fortaleza	1 dia
Total:	6 dias

Se o destinatário estiver localizado no interior do Ceará, serão necessarios mais três dias (num total de 9) para a entrega final ao destinatário.

Outro caso típico é o de mercadorias originadas em Curitiba e destinadas a clientes localizados em Belo Horizonte:

(a) Coleta em Curitiba e transferência para São Paulo	1 dia
(b) Permanência no terminal de São Paulo e transferência (à noite) para Belo Horizonte	1 dia
(c) Distribuição local em Belo Horizonte	1 dia
Total	3 dias

Caso o destinatário final não se localize em Belo Horizonte, e sim numa cidade relativamente próxima atendida por aquela filial, deve-se acrescentar mais dois dias, elevando o prazo para 5 dias no total.

Dos exemplos apresentados, pode-se notar a grande importância da conjugação operacional entre coleta, transferência, triagem e distribuição. Em geral, somente empresas grandes, com ampla estrutura de apoio e um bom esquema operacional, são as que conseguem atender a clientela dentro de níveis de serviço compatíveis com o padrão logístico moderno.

CUSTO E NÍVEL DE SERVIÇO NAS TRANSFERÊNCIAS

Quando se trata do transporte e da distribuição de carga fracionada com características de um verdadeiro serviço logístico, o custo por tonelada deslocada não pode ser a única variável a ser considerada na definição do sistema. Como o prazo de entrega é de primeira importância nesse tipo de serviço, é necessário manter freqüências regulares entre os terminais. Nas grandes empresas de carga fracionada, essa freqüência chega a ser diária.

Nas transferências entre os terminais regionais, podem ser utilizados caminhões semipesados, do tipo *truck* (terceiro eixo), com 12 t de carga útil ou carretas de 18 a 25 t, tracionadas por cavalos mecânicos.

Alguns aspectos conceituais importantes devem ser considerados na organização da operação. Dependendo do tipo de produto e do mercado, podem ocorrer oscilações grandes nos fluxos de transporte. Uma forma de contornar esse problema é a contratação de serviços de carreteiros, sempre que o volume a transportar exceda a capacidade da frota própria da empresa. Ou seja, seriam contratados *carros de mercado* para executar o transporte da carga excedente.

Essa prática não é recomendada para sistemas logísticos em que o prazo de entrega dos produtos é um elemento fundamental. Isso porque o *carro de mercado* perde em velocidade média para o serviço realizado com a frota própria. Isso é devido a fatores diversos, incluindo problemas de manutenção (quebras inesperadas dos veículos na estrada), menor controle das condições de segurança (fadiga, bebida, etc.), pouco ou nenhum engajamento do carreteiro nas metas logísticas da empresa, etc.

Uma forma de contornar esse tipo de problema, sem incorrer em custos excessivamente altos, é evitar rotas e clientes com grandes oscilações na quantidade de carga transportada. Outra forma, essa presente no mercado norte-americano, é a formação de empresas transportadoras e distribuidoras de carga de grande porte.

Para essas empresas, as oscilações eventuais dos fluxos de alguns clientes não chegam a perturbar o conjunto, tal seu tamanho.

No Brasil, as empresas de maior porte que se especializam no transporte/ distribuição de carga fracionada tem se utilizado, além da frota própria, de *carros agregados*. São veículos de terceiros que trabalham exclusivamente com cargas da empresa, sob contratos de longo prazo. Esse esquema permite imprimir ao caminhoneiro os padrões de serviço da empresa, evitando, por outro lado, as deficiências, custos adicionais e encargos que surgem na operação de frota própria.

O acompanhamento de diversos casos no Brasil mostrou que a eficiência dos *carros agregados*, trabalhando com um sistema de remuneração em que são dados incentivos à produtividade, é pelo menos duas vezes maior, em termos de resultados econômicos, da que normalmente se consegue com frota própria. Essa proporção pode subir para cerca de três vezes, caso os operadores agregados sejam mini ou microempresarios, pois, além do incentivo à produtividade, ainda existem as vantagens administrativas desses tipos de empresa.

No caso do transporte de uma forma geral, em que as exigências de nível de serviço (prazos de entrega, confiabilidade, etc.) não sejam de fundamental importância, ainda é comum, no Brasil, a utilização de caminhoneiros avulsos (*carros de mercado*). Vimos no Capítulo 5, que o custo fixo de um veículo tipo *truck*, de 12 t de carga, é aproximadamente 17% menor quando operado por um carreteiro, do que a operação correspondente com frota própria. O custo variável, por sua vez, é cerca de 21% menor. Sabemos que nem sempre um valor menor significa realmente custos mais baixos. Muitas vezes, é a forma de apropriação das despesas, por parte dos carreteiros, que é deficiente. Mas há fatores institucionais que também explicam parte dessas diferenças. Um fator importante são os níveis de impostos e de obrigações que incidem sobre as empresas mas não sobre o autônomo ou sobre a microempresa. Por isso, os carreteiros ainda são muito utilizados pelas empresas, de uma forma geral. Muito embora se tenha constatado que a frota de caminhões na mão dos carreteiros esteja se tornando excessivamente velha, ainda assim seus serviços continuam sendo requisitados.

Outro aspecto que tende a favorecer o carreteiro nas transferências de carga (transporte intermunicipal e interestadual) é a carga de retorno. Para consegui-la, geralmente é preciso deslocar o veículo para uma localidade um pouco fora da rota principal. Além disso, a procura da carga de retorno, as esperas, o carregamento e a entrega no destino podem consumir um tempo relativamente grande no processo. As empresas que operam serviços regulares, transportando carregamentos urgentes, não se interessam normalmente pela carga de retorno, porque os efeitos negativos no nível de serviço superam de muito a receita marginal eventualmente conseguida com esse tipo de carga. Já os carreteiros costumam buscá-la e, como conseqüência, o frete nas rotas principais tende a baratear um pouco mais.

DIMENSIONAMENTO DE UMA FROTA DE DISTRIBUIÇÃO: UM EXEMPLO

Nosso exemplo refere-se a um sistema de distribuição numa grande cidade. A região atendida pelo sistema tem 639 km^2 de área e é subdividida em três sub-regiões razoavelmente homogêneas, com as características indicadas no Quadro 9.2.

A sub-região A é formada pelas zonas de distribuição localizadas no entorno do depósito. A sub-região C e constituída pelas zonas distantes, enquanto a sub-região B corresponde às zonas intermediárias. A freqüência das visitas (entrega de produtos) é semanal. Um levantamento dos dados de entregas resultou nas seguintes informações:

- *Tempo de parada em cada ponto visitado*:
    - média: .... 7,5 minutos
    - desvio padrão: .... 2,1 minutos
- *Quantidade de mercadoria entregue em cada ponto visitado*:
    - média: .... 3,5 caixas
    - desvio padrão: .... 1,5 caixa

O produto em questão apresenta densidade relativamente alta (lota o caminhão por peso e não por volume), sendo que cada caixa pesa 45 kg.

Vamos examinar dois tipos de veículo para a distribuição do produto de nosso exemplo: (a) Caminhão leve, de 3,5 t úteis (MB L 708 E); (b) Caminhão médio, de 6,1 t úteis (MB 1214). A análise pode se estender a outras marcas e tipos de veículo. A metodologia aqui apresentada pode ser aplicada a vários tipos de veículo, de forma a garantir uma análise exaustiva das possibilidades.

Os custos fixos e variáveis, para os dois tipos de veículo, são apresentados a seguir:

- *Caminhão Mercedes Benz, MB L 708 E (3,5t)*:
    - Custo fixo (R$/mes): .... R$ 4.704,76
    - Custo variável (R$/km): .... R$ 0,71
- *Caminhão Mercedes Benz, 1214 (6,1t)*:
    - Custo fixo (R$/mes): .... R$ 5.492,26
    - Custo variável (R$/km): .... R$ 0,88

Quadro 9.2 Características das sub-regiões a serem atendidas

Sub-região	Área (km)	Distância média ao depósito (km)	Número de pontos de entrega
A	200	5,9	1.730
B	220	12,0	1.309
C	219	17,6	1.090
	639		4.129

Inicialmenle, vamos analisar a sub-região A, considerando em primeiro lugar o veículo menor, de 3,5 toneladas úteis. Admite-se que o sistema de distribuição opere durante 6 dias por semana. O número de roteiros de entrega (ciclo) que cada veículo faz por dia é denominado n_R. O número de veículos necessários para executar o serviço (por enquanto somente na sub-região A) é n_V, sendo N_A o número de pontos (clientes a serem visitados por semana) na sub-região em questão. Em cada roteiro, o número de clientes a serem alocados a um veículo é dado por:

$$q_a = \text{(clientes num roteiro)} = \frac{N_a}{6 * n_b * n_v} \qquad (9.10)$$

Vamos verificar inicialmente o limite máximo de paradas que o veículo poderá fazer, levando em conta sua capacidade de carga. Cada entrega, em média, pesa 3,5 caixas vezes 45 kg/caixa, ou 157,5 kg/entrega. A capacidade do veículo menor é de 3.500 kg e, portanto, poderá realizar, no máximo, 3.500/ 157,5 = 22 paradas por roteiro.

Na realidade, como a quantidade de mercadoria entregue em cada ponto não é fixa, e sim uma variável aleatória, não podemos alocar 22 paradas por roteiro, porque provocaria sobras excessivas de carga no depósito em diversas ocasiões. Vamos fixar tentativamente o número de clientes por roteiro em $q_A = 18$. Calculamos agora o desvio padrão do carregamento do caminhão, considerando 18 pontos de entrega por roteiro. Para isso, temos de determinar inicialmente a variância do número total de caixas no caminhão, quando carregado com as mercadorias destinadas aos 18 clientes. Temos:

- quantidade média de caixas num carregamento = 18 * 3,5 = 63
- variância do número de caixas por cliente = $1,5^2$ = 2,25
- variância da quantidade de caixas num carregamento = 18 * 2,25 = 40,5
- desvio padrão da quantidade de caixas num carregamento =40,5 = $\sqrt{40,5}$ =6,4

Vimos, no Cap. 1, item 4, que 97,7% dos casos estão compreendidos dentro de um limite de dois desvios padrões acima da média, no caso, 2 * 6,4 = 13 caixas. Somando-se esse intervalo a média temos:

- quantidade máxima provável de caixas num carregamento = 63 + 13 = 76

Como cada caixa pesa 45 kg, o carregamento de 76 caixas pesará 76 * 45 = 3.420 kg. Se tentarmos aumentar q para 19 paradas por roteiro, em lugar de 18, veremos que o carregamento excede a capacidade do veículo. Então $q_A = 18$ é uma escolha adequada.

Da equação 9.10, podemos calcular o número de veículos necessários para atender a sub-região A:

$$n_V = \frac{N_A}{6 * q_r * N_r} \qquad (9.11)$$

Do Quadro 9.2, tiramos $N_A = 1.730$; temos também $q_A = 18$ e $n_R = 1$, levando a n_V = 16 veículos.

A cada roteiro é associada uma zona de distribuição. Cada veículo realiza 6 * n_R roteiros por semana. Como existem n_V veículos, o número de zonas, na sub-região A, é dado por:

$$m_A = 6 * n_R * n_V \qquad (9.12)$$

Temos $n_R = 1$ e $n_V = 16$, levando então a um total de 96 zonas na sub-região A. Como a sub-região A tem uma área total de 200 km², cada zona terá, em média, 200/96 = 2,08 km² de área.

Vamos estimar agora o tempo de ciclo gasto por um veículo num roteiro dentro da sub-região A. Conforme vimos neste capítulo, o tempo de ciclo correspondente a um roteiro padrão é dado pela relação 9.9:

$$T_C = \frac{2*d_0}{V_0} + \frac{d_z}{V_z} + \left(\frac{t_P}{60}\right)*q$$

No caso, $d_0 = 5,9$ km (para sub-região A), $t_P = 7,5$ minutos, e $q = 18$. Adotamos também $v_0 = 30$ km/hora e $v^z = 27$ km/hora. Conforme analisado anteriormente neste capítulo, a distância d_Z percorrida dentro da zona de entrega é estimada através da seguinte relação:

$$d_z k ** \sqrt{A \& q} = 0,765 * 1,52 * 2,08 * 18 = 7,1 \text{ km}$$

Substituindo os valores de d_z e das demais variáveis na expressão de T_C, obtemos:

$$T_C \frac{2*5,9}{30} + \frac{7,1}{27} + \left(\frac{7,5}{60}\right)*18 = 3,0 \text{ horas}$$

Pode-se observar que o tempo de ciclo de um roteiro é baixo quando comparado à jornada diária normal de 8 horas. Uma alternativa para melhorar o nível de utilização da frota é a programação de dois roteiros por veículo e por dia. Devemos lembrar, no entanto, que os tempos que compõem o ciclo do veículo também apresentam oscilações, fazendo com que T_C seja uma variável aleatória. Se forem realizados dois roteiros por veículo e por dia, o tempo total diário de ciclo será igual a 2 * 3,0 = 6,0 horas. Deve-se acrescentar a esse valor o tempo necessário para carregar o veículo antes da segunda viagem. Neste exemplo, admitimos que o carregamento do veículo, para a primeira viagem do dia, seja realizado durante a noite pelo pessoal do depósito. Dessa forma, o veículo já está carregado quando a tripulação (motorista e ajudante) iniciam o serviço pela manhã.

Alocando-se uma hora para o segundo carregamento, o tempo médio de ciclo diário, para um veículo, é igual a 2 * 3,0 + 1,0 = 7,0 horas. Esse tempo é suficiente para absorver as oscilações aleatórias, de forma a não ultrapassar 8 a 8 1/2 horas de serviço por dia. Assim, podemos admitir dois roteiros por veículo e por dia ($n_R = 2$).

Substituindo N_A por 1.730 (Quadro 9.2), q_A por 18 e n_R por 2 na equação 9.11, obtemos $n_V = 8$. São necessários, então, 8 veículos para atender a sub-região A, cada veículo realizando dois roteiros por dia e visitando, em média, 18 clientes por roteiro.

Para calcular os custos operacionais dos veículos, precisamos estimar a quilometragem mensal percorrida. Vimos que, dentro da zona, o caminhão percorre uma distância média aproximada dada por:

$$d_z = k * a * \sqrt{A*q} \qquad (9.13)$$

A expressão 9.12 mostra que o número de zonas, na sub-região A, permanece a mesma. De fato, dobramos o número de roteiros por veículo, mas a frota necessária foi dividida por dois. Continuamos, assim, com 96 zonas, tendo cada zona uma área média de 2,08 km².

Colocando-se $k = 0,765$, $a = 1,52$, $A = 2,08$ e $q_A = 18$ na expressão 9.13, obtemos d_z = 7,1 km/roteiro. A distância média do depósito à zona é igual a 5,9 km (Quadro 9.2). O percurso médio para um roteiro na sub-região A é, então:

$$D_A = 2 * 5,9 + 7,1 = 18,9 \text{ km}$$

Cada veículo percorre dois roteiros por dia, perfazendo então $2 * 18,9 = 37,8$ km/dia. Admitindo-se 25 dias úteis por mês, a quilometragem mensal de um veículo que atende a sub-região A é igual a $25 * 37,8 = 945$ km/mês.

O custo mensal é a soma do custo fixo (R$ 4.704,76/mês) com o custo quilométrico (945 km * R$ 0,71 = R$ 673,16), levando a R$ 5.377,85 por veículo e por mês.

Cada veículo visita, em média, 18 clientes por roteiro, realizando $2 * 25 = 50$ roteiros por mês. Portanto, cada veículo realiza $18 * 50 = 900$ visitas por mês. O custo médio por parada é, então, R$ 5.377,85 /900 = R$ 5,97/visita.

Resumindo: para atender a sub-região A é necessário uma frota de 8 veículos de 3,5 t, atendendo em média 18 clientes por roteiro, realizando 2 roteiros por dia, durante 25 dias úteis/mês, a um custo médio de R$ 5,97 por visita.

A seguir, repetimos os cálculos para veículos de 6,1 toneladas. O limite máximo de clientes atendidos num roteiro é dado agora por $6.100 / 157,5 = 39$ visitas. Adotando-se 34 paradas por roteiro e analisando a variação máxima provável da carga, verificamos que o carregamento mais desfavorável totalizaria 136 caixas, correspondendo a 6.120 kg. Adotamos, portanto, 34 visitas por roteiro.

Admitindo-se inicialmente que cada veículo realize um roteiro por dia, durante 6 dias por semana, e lembrando-se que existem 1.730 clientes a serem atendidos semanalmente na sub-região A (Quadro 9.2), o número de veículos necessários é dado por:

$$n_V = 1.730 / (6 * 34 * 1) = 8,5 = 9 \text{ veículos.}$$

Adotando $n_V = 9$, o número médio de clientes visitados por roteiro cai de 34 para 32. O número de zonas de distribuição na sub-região A é dado agora por:

$$m_A = 6 * n_R \, n_V = 6 * 1 * 9 = 54 \text{ zonas.}$$

Como a sub-região A tem área de 200 km^2, cada zona terá aproximadamente $200/54$ = 3,70 km^2.

Recalculando agora a distância percorrida por um veículo num roteiro e o tempo de ciclo, obtemos $D_A = 24,4$ km/roteiro e $T_C = 4,9$ horas. Se admitirmos que um veículo realize dois roteiros por dia, o tempo médio diário de operação será de $2 * 4,9 = 9,8$ horas, mais 1 hora para efetuar o carregamento da segunda viagem, ou seja, um total de 10,8 horas. Considerando-se as oscilações aleatórias em torno desse valor, o tempo de ciclo poderá atingir 12 a 13 horas por dia, o que é excessivo. Somos obrigados a restringir, assim, o número de roteiros a um por dia, para cada veículo.

Cada caminhão percorre, então, 24,4 km/dia, perfazendo uma quilometragem mensal média de $24,4 * 25 = 610$ km/mês. Somando-se ao custo fixo (R$ 5.492,26/ mês) a parcela de custo variável (610 km vezes R$ 0,88/km), obtemos R$ 6.032,76 por veículo e por mês. Cada veículo atende, em média, $32 * 25 = 800$ clientes por mês. O custo médio por visita é, então, R$ 6.032,76 /800 = R$ 7,54.

Quadro 9.3 Resultados do dimensionamento do sistema de distribuição do exemplo

		Veículo 3,5 t	Veículo 6,1 t
Sub-região A:	Número de veículos	8	9
	Número de zonas	96	54
	Roteiros/dia/veículo	2	1
	Visitas por roteiro	18	32
	Custo por visita (R$)	5,97	7,54
Sub-região B:	Número de veículos	6	7
	Número de zonas	72	42
	Roteiros/dia/veículo	2	1
	Visitas por roteiro	18	31
	Custo por visita (R$)	7,25	8,19
Sub-região C:	Número de veículos	5	6
	Número de zonas	60	36
	Roteiros/dia/veículo	2	1
	Visitas por roteiro	18	30
	Custo por visita (R$)	7,72	8,82
Sub-região — totais:	Número de veículos	19	22
	Número de zonas	2 8	132
	Custo por visita (R$)	6,84	8,08

Observamos que o veículo menor, de 3,5 t, apresenta custo significativamente mais baixo do que o de 6,1 t. Além disso, suas características operacionais estão mais ajustadas ao caso específico que estamos analisando. Por exemplo, a utilização diária efetiva do veículo é 40 % maior para o caminhão de 3,5 t. Há também que considerar as condições de tráfego urbano que favoreçam o veículo de menor tonelagem.

Repetimos agora os cálculos para as sub-regiões B e C, seguindo os mesmos passos e considerações efetuados para a sub-região A. Os resultados são apresentados no Quadro 9.3.

Em todas as três sub-regiões, o veículo de 3,5 t se apresentou como a melhor opção. Isso ocorre porque o caminhão mais leve permite realizar dois roteiros por dia, enquanto o outro só consegue efetuar um. É importante notar que os problemas de distribuição física de produtos são fortemente condicionados, na maioria dos casos, por restrições de tempo. Essa característica leva, muitas vezes, à escolha de veículos menores, mais ágeis. É o contrário do que ocorre nas transferências de média e longa distância, em que veículos mais pesados são quase sempre mais econômicos.

É claro que, ao analisar um problema do tipo apresentado, é recomendável ampliar o estudo a outros tipos de veículo, de forma a garantir um espectro mais abrangente de resultados. Não se pode esquecer, no entanto, outros fatores, tais como padronização da frota, vantagens na aquisição dos veículos (descontos, prazos maiores), durabilidade e confiabilidade do equipamento, etc.

Analisando os resultados apresentados no Quadro 9.3, vemos que são necessarios 19 veículos de 3,5 t para atender adequadamente ao serviço de distribuição do exemplo. Não está contada aí a frota de reserva, que inclui os veículos parados na oficina ou paralisados por outros motivos.

Uma vez que cada veículo realiza dois roteiros por dia, é recomendável que sejam alocados diariamente, a cada caminhão, um roteiro mais próximo ao depósito e outro mais distante, de forma a manter mais ou menos equilibrados os tempos de ciclo e a quilômetragem da frota.

Finalmente, é preciso frisar que os resultados desse exemplo não devem ser extrapolados para outras situações. Outras marcas e tipos de veículos podem ser recomendáveis para situações diversas da analisada no exemplo, devendo o problema ser analisado caso a caso.

ROTEIRIZAÇÃO DE VEÍCULOS

O processo de distribuição física de produtos incorpora, nas pontas, um roteiro de coleta ou de entrega, em que o veículo visita um certo número de clientes localizados numa determinada zona. Alguns tipos de distribuição física apresentam pontos fixos a serem visitados. Por exemplo, a distribuição de cigarros, nos pontos de venda, segue roteiros fixos, em que os clientes (varejistas) já foram previamente cadastrados e são visitados periodicamente. No extremo oposto, estão as grandes lojas de departamento, em que os pontos de entrega (os domicílios dos clientes que adquiriram produtos nas lojas) variam diariamente.

O processo tradicional de roteirização dos veículos de coleta e de entrega se baseia na experiência do encarregado do depósito. Com base na prática de muitos anos, e conhecendo as condições viárias e de tráfego da região atendida, o encarregado define os roteiros, indicando o número e a seqüência de clientes a serem visitados em cada percurso. Ainda hoje, muitos depósitos e terminais de carga no Brasil se apóiam em funcionários com esse tipo de experiência para a elaboração dos roteiros de distribuição de produtos.

O rápido desenvolvimento da informática nos últimos anos é responsavel pelo surgimento de programas de computador voltados à solução desse tipo de problema. *Pacotes* específicos são comercializados, operando em micro ou minicomputadores. Os programas mais sofisticados levam em consideração as coletas e entregas de cada rota, permitindo o uso de diferentes tipos de veículo, controlando o carregamento por peso, volume ou por número de paradas, e estabelecendo horários de partida e de chegada ao depósito.

Como os problemas de roteirização são variados em sua natureza, com facetas diversas que afetam a forma de resolução do problema, nem sempre os pacotes disponíveis resolvem satisfatoriamente os problemas da empresa. Por exemplo, há casos em que os pontos de entrega estão muito concentrados, sendo atendidos muitos clientes por roteiro (a distribuição de jornais a domicílio é um exemplo).

Muitos *pacotes* limitam o número de pontos por roteiro (cinqüenta, por exemplo), obrigando o usuário a concentrar os pontos em pólos fictícios, prejudicando assim a precisão dos resultados.

Outros casos, envolvendo restrições severas de horários para coleta ou entrega (janelas de tempo), dificuldade na identificação das coordenadas geográficas dos pontos (caso das grandes lojas, por exemplo, em que os clientes a serem visitados variam diariamente), densidades elevadas de pontos por km^2, etc. podem dificultar a seleção de um *pacote* aplicativo adequado.

A dificuldade básica dos problemas de roteirização é o aumento excessivo dos tempos de computação, quando o número de variáveis cresce além de um certo limite. Assim, um problema de roteirização envolvendo 20, 30 e até, digamos, 50 ou 60 pontos, é resolvido com certa facilidade. Problemas de grande porte exigem que se faça uma redução prévia de suas dimensões, levando a resultados nem sempre os mais adequados. Para resolver problemas de roteirização, os programas se apóiam em *métodos heurísticos*, que levam a soluções relativamente boas, mas sem a garantia de que tais resultados sejam realmente ótimos. São métodos engenhosos e muitas vezes eficiêntes, e que satisfazem, geralmente, as necessidades nas aplicações reais.

Vamos ilustrar esse tipo de problema com um exemplo simples. Na Fig 9.5, é mostrada uma zona de distribuição na qual estão localizados 18 pontos a serem visitados num roteiro de entrega. No Quadro 9.4, são fornecidas as coordenadas *x*, *y* de cada ponto. A origem dos eixos *x* e *y* coincide com a localização do depósito. No Quadro 9.4, são apresentadas também as quantidades de mercadoria a serem entregues a cada cliente.

A zona apresenta área de 2,03 km^2 e dista 13,4 km do depósito. Agora, estamos interessados não somente em estimar a quilometragem percorrida pelo veículo, como também na seqüência de clientes a ser seguida no roteiro. Para isso, vamos utilizar um dos processos heurísticos mais conhecidos e empregados na solução desse tipo de problema, que é o método de Clarke e Wright (vide em Referências, Novaes). Esse método trabalha com os ganhos que podem ser obtidos ao se efetuar a agregação de um novo ponto a um roteiro parcialmente construído.

De início, supomos, por absurdo, que cada roteiro contenha apenas um cliente. Ou seja, o veículo sairia do depósito com a carga de um único cliente, faria a entrega e retornaria ao depósito para um novo carregamento e uma nova entrega e, assim, sucessivamente. Essa situação é, obviamente, a pior possível em termos de custos e quilometragem percorrida, pois não se tira vantagem do uso compartilhado do veículo para atender vários clientes num único roteiro.

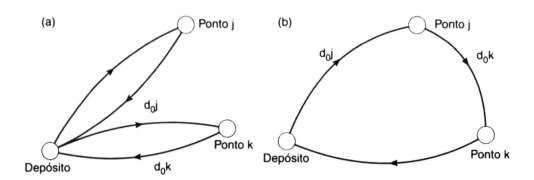

Figura 9.4 — Ligações alternativas entre depósito e dois pontos quaisquer

Quadro 9.4 Características dos pontos a serem visitados no exemplo de roteirização

Ponto número	Coordenada "x"(*)	Coordenada Y (*)	Caixas	Peso (kg)
1	7,52	5,35	6	270
2	7,09	5,43	6	270
3	8,27	6,43	9	405
4	8,37	6,35	8	360
5	8,35	5,54	11	495
6	8,53	6,00	9	405
7	7,56	5,84	4	180
8	7,40	6,50	5	225
9	8,11	5,69	9	405
10	8,05	6,12	7	315
11	7,83	6,51	7	315
12	7,71	6,39	8	360
13	7,24	5,96	5	225
14	8,22	5,15	9	405
15	7,90	5,32	9	405
16	7,88	5,67	4	180
17	7,37	5,23	9	405
18	7,68	6,09	7	315

(*) As coordenadas são referidas ao depósito.

Sendo $d(0,j)$ a distância desde o depósito até um ponto j qualquer, e $d(0, k)$ a distância a um outro ponto k, o veículo percorreria, no primeiro roteiro (Fig. 9.4 a), uma distância dada por:

$$Dj = 2 * d(0,j) \text{ e, na segunda visita:}$$
$$Dk = 2 * d(0, k)$$

Somando as duas distâncias temos:

$$D' = Dj + Dk = 2 * d(0,j) + 2 * d(0, k)$$

Admitamos agora que o veículo visite os dois pontos j e k numa única viagem ou roteiro, fazendo um percurso triangular conforme mostra a Fig. 9.4b. A distância total percorrida é agora:

$$D' = d(0,j) + d(j, k) + d(0, k)$$

Haverá então um ganho, representado pela redução da quilometragem percorrida, quando passamos do caso a, da Fig. 9.4, para o caso b. Esse ganho é dado pela diferença entre D e D':

$$g(j, k) = D - D' = 2 * d(0,j) + 2 * d(0, k) - d(0,j) - d(j, k)$$

O método de Clarke e Wright analisa inicialmente as combinações de pontos dois a dois, formando uma lista dos ganhos $g(j, k)$ na ordem decrescente de valores. A partir dessa lista hierarquizada, vão sendo agregados, passo a passo, os pontos, até se completar o roteiro. A descrição detalhada desse método pode ser encontrada em Novaes (vide referências).

Aplicando-se o método de Clarke e Wright ao nosso exemplo, chegamos ao seguinte roteiro (o depósito corresponde ao ponto 0):

0 – 2 – 13 – 14 – 5 – 9 – 10 – 6 – 4 – 3 – 11 – 12 – 8 – 18 – 7 – 16 – 15 – 1 – 17 – 0

A distância total percorrida pelo veículo nesse roteiro é 37,9 km. Analisando visualmente o roteiro gerado pelo método de Clarke e Wright, observamos que o mesmo ainda pode ser melhorado.

Utilizamos agora um método heurístico denominado 3-opt, que combina três arcos quaisquer (arcos são as ligações entre dois pontos no roteiro), e alterando, de forma sistemática, a ordem dos pontos. Para usar esse processo partimos da solução gerada pelo método de Clarke e Wright. A aplicação do método 3-opt forneceu o seguinte roteiro final:

0 – 2 – 13 – 8 – 12 – 11 – 3 – 4 – 6 – 10 – 18 – 7 – 16 – 9 – 5 – 14 – 15 – 1 – 17 - 0

A distância total percorrida pelo veículo nesse roteiro é 36,3 km, cerca de 4,3% mais curta que o resultado anteriormente obtido através do método de Clarke e Wright. O roteiro final é mostrado na Fig. 9.5.

Existem métodos mais sofisticados para resolver problemas de roteirização com restrições diversas (de tempo, de capacidade, etc.). É um assunto bastante vasto, que exige conhecimentos matemáticos avançados para seu entendimento.

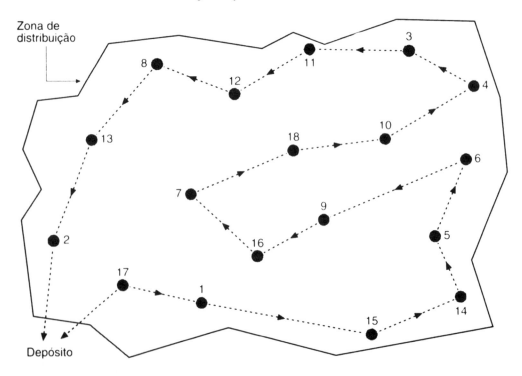

10 APÊNDICES

A — CÁLCULO DO DESVIO PADRÃO DE UMA AMOSTRA DE VALORES

Uma amostra de n valores reais é obtida, sendo que não se conhecem antecipadamente nem a média, nem o desvio padrão. Os valores das amostras são representados por:

$$x_1, x_2, \ldots, x_k, \ldots, x_n$$

A estimativa da média da amostra, denominada de x, é dada por:

$$x = \frac{\sum_{k=1}^{x_n} x_k}{n}$$

A variância, que é igual ao quadrado do desvio padrão, tem o seguinte valor estimado:

$$\text{var}[x] = \frac{\sum_{k=1}^{n}(X_k - x)^2}{n-1}$$

O desvio padrão s é obtido extraindo-se a raiz quadrada de var $[x]$.

No Quadro A.1, são apresentados os cálculos para a determinação da média e do desvio padrão do exemplo analisado no Cap. 1, Quadro A.1.

Nas equações abaixo, são apresentados os resultados do exemplo do Quadro A.1.

(a) $\bar{n} = \dfrac{S}{n} = \dfrac{42.337}{10} = 4.235$ kg

(b) $\text{var}[x] = \dfrac{S'}{n-1} = \dfrac{4.729.709}{9} = 525.523,2$

$\sigma = \text{var}(x) = 725$ kg

Quadro A.1 Cálculo da média e do desvio padrão de uma amostra de dados

(A) Número da observação	(B) Valor observado (X_k)	(C) Desvio ($x_k - x$)	Desvio ao quadrado $(x - x)^2$
1	4.817	583	339.889
2	5.023	789	622.521
3	3.776	− 458	209.764
4	5.196	962	925.444
5	2.992	− 1.242	1.542.564
6	4.331	97	9.409
7	3.535	− 699	488.601
8	4.253	19	361
9	4.750	516	266.256
10	3.664	− 570	324.900
	S = 42.337		S = 4.729.709

B — RELAÇÃO ENTRE DESVIO MÉDIO E DESVIO PADRÃO NUMA DISTRIBUIÇÃO NORMAL

Consideremos uma distribuição normal de média x e desvio padrão. Arbitrariamente fixamos a origem de x no valor médio para facilidade dos cálculos (Fig. B.1).

Vamos considerar a parte da curva correspondente a valores positivos (e nulo) de x, ou seja, o trecho à direita do eixo das ordenadas (eixo de $f(x)$).

O desvio médio DM corresponde à cota horizontal do centro de gravidade da área hachurada, e é dado por

$$DM = \frac{\int_0^\infty x f(x) d_x}{\int_0^\infty f(x)\, dx} \qquad (B.1)$$

O denominador da relação (B.1) é igual à metade da área total sob a curva da normal, que sabemos ser igual a unidade. Assim, o denominador de (B.1) é igual a 1/2.

A função densidade de probabilidade da distribuição normal, $f(x)$, é dada por:

$$f(x) = \frac{1}{\sigma\sqrt{2\pi}} \cdot \exp\left[-\frac{x_2}{2\sigma_2}\text{ right}\right] \qquad (B.2)$$

Substituindo no numerador de (B.1) e integrando, obtemos:

$$\int_0^\infty x\, f(x)\, dx = \int_0^\infty \frac{x}{\sigma\sqrt{2\pi}} \exp\left[\frac{-x^2}{2\sigma^2}\right] dx = \frac{\sigma}{\sqrt{2\pi}} \tag{B.3}$$

Assim, o desvio *DM* é dado por:

$$DM = \frac{\frac{\sigma}{\sqrt{2\pi}}}{\frac{1}{2}} = \frac{\sqrt{2}}{\pi} \cdot \sigma \tag{B.4}$$

Da expressão acima, tiramos:

$$\sigma = \frac{\sqrt{\pi}}{2} \cdot DM = 1{,}253 \cdot DM \tag{B.5}$$

Nos cálculos práticos a constante de multiplicação é freqüentemente admitida igual à 1,25.

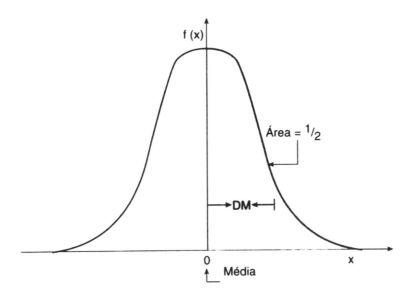

Figura B.1

C — ELEMENTOS DE MATEMÁTICA FINANCEIRA

A Matemática Financeira fornece métodos e fórmulas para o tratamento de problemas que envolvem grandezas monetárias associadas ao fator tempo. Neste apêndice apresentamos alguns pontos básicos e mais utilizados a respeito desse assunto. O leitor interessado em aprofundar seus conhecimentos poderá consultar, por exemplo, o texto de Fleischer.

VALOR FUTURO DE UMA GRANDEZA MONETÁRIA

Suponhamos que o tempo t seja medido a intervalos fixos (dias, meses, semestres, anos), correspondentes ao período de capitalização dos juros. Ou seja, se os juros são capitalizados mensalmente, então t é medido em meses, e assim por diante.

Se $t = 1$, então o valor futuro de P (o valor atual) é obtido multiplicando-se P por $1 + j$, onde j é a taxa de juros por unidade de tempo:

$$V_1 = (1 + j) * P \tag{C.1}$$

Para $t = 2$, e fazendo o mesmo raciocínio, concluímos que V_2 é igual a V_1 multiplicado por $1 + j$:

$$V_2 = (1 + j) * V_1 \tag{C.2}$$

Substituindo V_1 por (C.1) em (C.2) temos:

$$V_2 = (1 + j)^2 * P \tag{C.3}$$

Repetindo o raciocínio para $t = 3, 4, 5..., n$, chegamos à seguinte expressão:

$$V_n = (1 + j)^n * P \tag{C.4}$$

Então, conhecendo-se o valor presente P, a taxa de juros j e o período transcorrido n, pode-se calcular o valor futuro equivalente dessa grandeza (Fig. C.1).

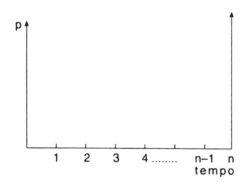

Figura C.1

VALOR PRESENTE DE UMA GRANDEZA MONETÁRIA FUTURA

Suponhamos agora uma grandeza monetária V que ocorre num instante de tempo $t = n$. Sendo j a taxa de juros, a relação (C.4) fornece:

$$P = \frac{V}{(1-j)^n} \tag{C.5}$$

VALOR PRESENTE DE UMA SÉRIE UNIFORME

Consideremos agora uma série uniforme de grandezas monetárias (pagamentos ou receitas) que ocorrem nos instantes $t = 1$, $t = 2,..., t = n$. Os valores são todos iguais entre si, sendo representados por R (Fig. C.2).

Calculamos inicialmente o valor presente de cada uma das parcelas, as quais ocorrem nos instantes 1, 2, 3,...n:

$$P_1 = \frac{R}{(1+j)^1}$$

$$P_2 = \frac{R}{(1+j)^2}$$

.
.
.

$$P_n = \frac{R}{(1+j)^n}$$

O valor presente total é igual à soma dos n valores presentes indicados acima:

$$P = P_1 = P_2 + \cdots + P_n = \frac{R}{(1+j)^1} + \frac{R}{(1+j)^2} + \cdots + \frac{R}{(1+j)^n} \tag{C.6}$$

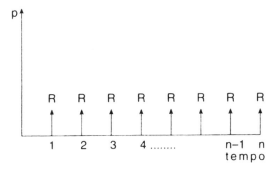

Figura C.2

O segundo membro da expressão (C.6) é a soma dos elementos de uma progressão geométrica cuja razão é igual a 1 / (1 + j), e cujos elementos iniciais e finais são respectivamente R / (1 + j) e R / (1 + j)^n. A soma desses termos resulta em:

$$P = \frac{(1+j)^n - 1}{j*(1+j)^n} * R$$

Inversamente, se conhecemos P (o valor presente) e desejamos calcular R, a expressão (C.7) fornece:

$$R = \frac{j*(1+j)^n}{(1+j)^n - 1} * P$$

O coeficiente que multiplica P na expressão (C.8) é denominado fator de recuperação do capital, ou abreviadamente FRC:

$$FRC = \frac{j*(1+j)^n}{(1+j)^n - 1}$$

Os diversos coeficientes utilizados nos cálculos de Matemática Financeira são usualmente tabelados em função de n e de j. As calculadoras financeiras fazem esses cálculos de forma cômoda para o usuário.

CUSTO DO CAPITAL

No Capítulo 6, vimos como transformar em despesa corrente um determinado investimento I, aplicado num certo momento em veículos ou equipamentos, de forma a calcular corretamente o custo operacional. Vamos deduzir, a seguir, a expressão matemática utilizada. Para isso, admitimos conhecidos: (a) o valor do investimento: I; (b) a taxa de juros adotada: j; (c) o tempo durante o qual o veículo/equipamento permanecerá em uso na empresa: n; (d) o valor residual do bem, após decorrido os n períodos: VR. Lembrar que os períodos de tempo podem ser expressos em meses, anos, etc., conforme o caso, devendo a taxa de juros ser expressa de forma compatível.

Ao fim do período de uso n, a empresa venderá o veículo para terceiros, apurando então uma importância igual a VR. O valor presente dessa importância, que só entrará no caixa da empresa após n períodos, é dado pela expressão (C.5), com V = VR. Dessa forma o desembolso líquido na data zero (compra do veículo), realizado pela empresa, é equivalente ao investimento I menos o resultado advindo da venda do bem no fim de sua vida útil. Ou seja:

$$P = \begin{pmatrix} \text{valor} \\ \text{presente} \end{pmatrix} = I - \frac{VR}{(1+j)^n} \qquad \text{(C.10)}$$

O custo equivalente desse valor P, por período (mês, ano, etc), é calculado através da expressão (C.8):

$$C = \begin{pmatrix} \text{custo} \\ \text{equivalente} \end{pmatrix} = \frac{j*(1+j)^n}{(1+j)^n - 1} * P = FRC * P \qquad \text{(C.11)}$$

Substituindo *P* por (C.10) na expressão (C.11) temos:

$$C = \left[I - \frac{VR}{(1+j)^n} \right] * FRC \qquad \text{(C.12)}$$

Somamos e subtraímos *VR* dentro do colchete da expressão (C.12):

$$C = \left[I + VR - VR - \frac{VR}{(1+j)^n} \right] * FRC \qquad \text{(C.13)}$$

$$C = [I - VR] * FRC + VR \left[1 - \frac{1}{(1+j)^n} \right] * \frac{j*(1+j)^n}{(1+j)^n - 1} \qquad \text{(C.14)}$$

Simplificando a expressão (C.14), obtemos finalmente:

$$C = [I - VR] * FRC + j * VR \qquad \text{(C.15)}$$

REFERÊNCIAS BIBLIOGRÁFICAS

APPLE, James M. *Plant Layout and Material Handling*. New York: Wiley, 1977.
APPLE, James M. *Material Handling Systems Design*. New York: Ronald Press, 1972.
BALLOU, Ronald H. *Business Logistics Management*. EUA: Prentice-Hall, 1973.
BALLOU, Ronald H. *Basic Logistics Management*. EUA: Prentice-Hall, 1978.
BALLOU, Ronald H. *Logística Empresarial*. São Paulo: Editora Atlas S.A, 1993.
FALCONER, P. e J. DRURY. *Almacenaje Industrial*. Madrid: H. Blume Ediciones, 1975.
FLEISCHER, G.A. *Teoria da Aplicação do Capital*. São Paulo: Editora Edgard Blücher, 1973.
MAGEE, John F. *Logística Industrial*. São Paulo: Livraria Pioneira Editora, 1977.
NEWELL, Gordon F. *Applications of Queueing Theory*. EUA: Chapman and Hall, 1971.
NOVAES, Antônio G. *Métodos de Otimização: Aplicação aos Transportes*. São Paulo: Editora Edgard Blücher, 1978.

GRÁFICA PAYM
Tel. [11] 4392-3344
paym@graficapaym.com.br